The Witches' Almanac

Primavera 2024—Primavera 2025

INCLUYE ilustraciones y descripciones explícitas de las fases mágicas de la Luna, así como información sobre los presagios astrológicos del año próximo y diversos aspectos del conocimiento oculto que permitirán a todos los lectores mejorar sus vidas al estilo antiguo.

The Witches' Almanac, Ltd.

Editor   Providence, Rhode Island
www.TheWitchesAlmanac.com

Dirija todas sus consultas e información a
THE WITCHES' ALMANAC, LTD.
P.O. Box 25239
Providence, RI 02905-7700

13-ISBN: 978-1-881098-95-9 The Witches' Almanac—Classic
13-ISBN: 978-1-881098-94-2 The Witches' Almanac—Standard
Español 13-ISBN: 978-1-881098-36-2 The Witches' Almanac—Standard
E-Book 13-ISBN: 978-1-881098-96-6 The Witches' Almanac—Standard

ISSN: 1522-3184

Primera impresión Julio 2023

Impreso en EE.UU.

Fundado en 1971 por Elizabeth Pepper

Prefacio

La astrología, antigua práctica derivada de las observaciones celestes, ha cautivado a la humanidad durante siglos, y su valor se extiende más allá de la simple adivinación. La Astrología ha tenido un profundo impacto en individuos y culturas de todo el mundo como herramienta de introspección, crecimiento personal y conexión con la humanidad y el cosmos. Desde las civilizaciones antiguas hasta las sociedades modernas, la Astrología ha influido en el arte, la ciencia, la política, la literatura, la guerra y los sistemas de creencias personales y culturales. La astrología se ha utilizado durante siglos en la práctica de la magia, la predicción del tiempo, para apaciguar a los dioses e incluso para elegir a los reyes.

Fundamentalmente, la Astrología brinda un lenguaje simbólico para que las personas descubran su personalidad y sus puntos fuertes y débiles. La compleja interacción de posiciones planetarias al nacer ofrece información sobre rasgos de carácter, preferencias y posibles trayectorias vitales. Un estudiante de Astrología podría dedicar toda una vida tan sólo de los Planetas. La Astrología faculta a las personas a abrazar su auténtico yo y a tomar decisiones informadas y alineadas con su naturaleza real, tal como se refleja simbólicamente en la carta natal. Además, la Astrología es un lenguaje utilizado por los magos para conversar sobre temas que requieren más que la lingüística ordinaria.

La Astrología fomenta una profunda conexión entre los individuos y el vasto universo cósmico. Los seres humanos están intrínsecamente conectados con el reino celeste y la Astrología es el puente hacia esa conexión. Le recuerda que forma parte de un gran tapiz cósmico en el que los cuerpos celestes y sus posiciones y relaciones entre sí influyen en su vida de forma sutil —y no tan sutil. Esta conexión propicia una sensación de asombro, maravilla y reverencia hacia el mundo natural, facilitando una profunda apreciación de los misterios que yacen más allá de nuestra existencia terrenal.

En *The Witches' Almanac* nos enorgullece ofrecerle una muestra de información astrológica/astronómica con cada número publicado: el horóscopo de las celebridades, eclipses y retrógrados, la siembra por la Luna, Presagio: predicciones para los doce signos del zodíaco, el Calendario Lunar, las horas de salida y puesta del sol y mucho más.

FESTIVIDADES
Primavera 2024 a Primavera 2025

20 de marzo de 2024 . . . . Equinoccio de primavera
1 de Abril . . . . Día de los Inocentes
30 de Abril . . . . Noche de Walpurgis
1 de Mayo . . . . Buenfuego
8 de Mayo . . . . Día del Loto Blanco
22 de Mayo . . . . Día de Vesak
29 de Mayo . . . . Día de la Manzana de Roble
5 de Junio . . . . Noche de los Vigilantes
20 de Junio . . . . Solsticio de Verano
24 de Junio . . . . Medio Verano
23 de Junio . . . . Año Nuevo del Antiguo Egipto
31 de Junio . . . . Víspera de Lugnasad
1 de Agosto . . . . Día de Lammas
13 de Agosto . . . . Día de Diana
17 de Agosto . . . . Día del Gato Negro
6 de Septiembre . . . . Ganesh Chaturthi
22 de Septiembre . . . . Equinoccio de otoño
31 de Octubre . . . . Víspera de Samhain
1 de Noviembre . . . . Día de Todos los Santos
16 de Noviembre . . . . Noche de Hécate
16 de Diciembre . . . . Noche de las Reinas Hadas
17 de Diciembre . . . . Saturnalia
21 de Diciembre . . . . Solsticio de Invierno
9 de Enero de 2025 . . . . Fiesta de Jano
29 de Enero . . . . Año Nuevo Chino
1 de Febrero . . . . Víspera de Imbolc
2 de Febrero . . . . Fiesta de la Candelaria
15 de Febrero . . . . Fiestas Lupercales
1 de Marzo . . . . Matronalia
19 de Marzo . . . . Día de Minerva

Director artístico . . . . Gwion Vran

Astróloga . . . . Dikki-Jo Mullen

Climatólogo . . . . Tom C Lang

Arte y diseño de portada . Kathryn Sky-Peck

Ventas . . . . Roy Singleton

Contabilidad . . . . D. Lamoureux

Cumplimiento . . . . Casey M.

ANDREW THEITIC
Editor ejecutivo

JEAN MARIE WALSH
Editora asociada

MAB BORDEN
Redactora

CONTENIDOS

CONTENIDOS

Cuenco de roble y jarra de barro,
Miel de abeja;
Leche de vaca y vino griego,
Maíz dorado del prado vecino—
Estas son nuestras ofrendas, Pan, para ti,
Dios de Arcadia con patas de cabra.

Cabeza cornuda y pezuña hendida—
Cervatillos que buscan y ninfas que
huyen—
Sonidos de viento claro se acercan
Por los valles de Arcadia—
Estos son los dones que tenemos de ti,
Dios del éxtasis jovial.

Ven, gran Pan, y bendícenos a todos:
Bendice al maíz y a la abeja.
Bendice las vacas y la vid,
Bendice los valles de Arcadia.
Bendice a las ninfas que ríen y huyen,
Dios de toda fertilidad.

Cantado por Mona Freeman
El Dios Pata de Cabra,
DION FORTUNE

Ayer, hoy y mañana

por Timi Chasen

EMBALSAMAMIENTO 101 Los científicos saben que en la antigua tierra de Kemet, ya se practicaba la momificación. El reciente hallazgo de talleres de momificación en la necrópolis a las afueras de El Cairo y en Saqqara indica que este arte se usaba hace más de 4400 años. De hecho, la tumba más antigua conocida es la del sacerdote y escriba Ne Hesut Ba, de alrededor del año 2400 a.C.

Los arqueólogos solían creer que el arte de la momificación surgió como respuesta al uso de ataúdes. Se creía que los cuerpos conservados del antiguo reino enterrados en el suelo estaban embalsamados de forma natural debido a la aridez del desierto. Esto ha sido refutado por recientes análisis, cuyos resultados muestran restos de resinas y perfumes en los cuerpos.

Otro descubrimiento notable es que la fórmula para embalsamar no era la misma en todo Egipto. La geografía y la posición social condicionaban el proceso. El cuerpo de un sacerdote o el de un miembro de la realeza se trataba con sal de natrón y las mejores resinas y perfumes, y luego era envuelto en finas tiras de lino. El de los menos afortunados probablemente no habría utilizado los métodos más recientes ni los mejores materiales.

El coste y escasez de la madera obligaba a muchos a reciclar el ataúd. Aunque los embalsamadores no solían asaltar tumbas, no tenían reparo en aprovecharse de las tumbas asaltadas. El negocio de los muertos realmente galopaba en el antiguo Egipto.

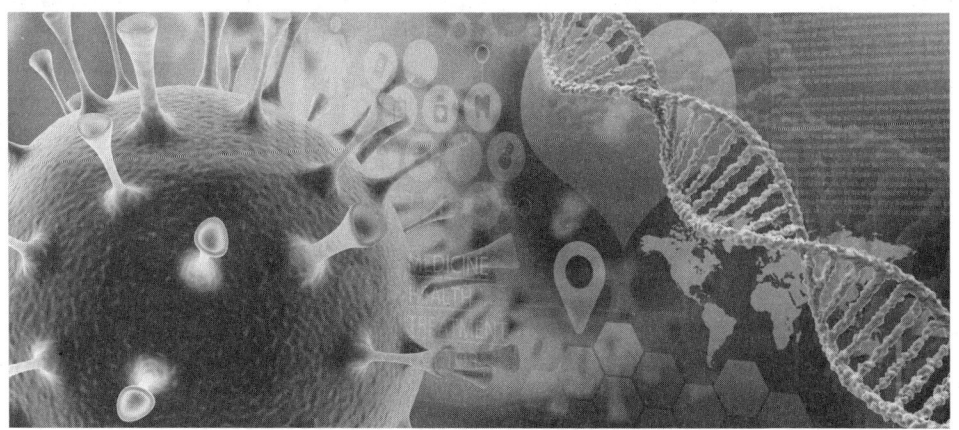

LOS ZOMBIS SE HACEN VIRALES

Congelados en el permafrost durante decenas de miles de años, hay una auténtica horda de virus que bien podrían ser una amenaza existencial para los seres vivos. La rapidez de la evolución tecnológica en comparación con lo que tardaron los grandes simios en evolucionar hasta el homo sapiens que somos ahora. Si no se controlan, estos avances que han facilitado la vida precipitarán nuestra desaparición.

Con el fin de evaluar la viabilidad de los virus congelados, varios científicos han tomado muestras de núcleos en una amplia gama de ubicaciones geográficas, llevando las muestras por encima del nivel de congelación. Se expusieron amebas unicelulares cultivadas a los patógenos, demostrando que podían infectar, utilizando virus que sólo infectan la vida unicelular. En la mayoría de los casos, los científicos utilizaron "virus gigantes" visibles al microscopio.

Una quinta parte del Hemisferio Norte está cubierta de permafrost. Debido al frío profundo y a la falta de oxígeno, estas tierras preservan mucha vida antigua, permitiendo estudiar directamente la vida animal y vegetal extinguida hace mucho tiempo. El descubrimiento de semillas ha permitido a los científicos cultivar plantas ahora extintas, así como explorar el mundo microbiano de antaño.

Además de ser almacén de vida antigua, el permafrost ha sido depósito de subproductos de la guerra fría, como sustancias químicas y residuos radiactivos.

Por desgracia, las regiones heladas del planeta se están calentando a un ritmo sin precedentes. Los científicos se apresuran a comprender el impacto que el deshielo tendrá en todos quienes compartimos este mundo.

LA ENERGÍA DE LOS ÁRBOLES A LAS ESTRELLAS

Los seres humanos llevan milenios persiguiendo una fuente de energía barata y accesible. La humanidad ha dependido casi siempre de fuentes de energía basadas en el carbono.

Inicialmente dependiente de combustibles orgánicos, la madera fue una fuente primaria de energía durante milenios. Otros materiales orgánicos, como la turba, se utilizaban donde había; la turba es el primer paso en la formación del carbón. Además, en muchas partes del mundo, como montañas de Europa y la India, se utiliza estiércol de vaca cocido y seco como combustible.

El agua y el viento fueron fuentes de energía limitada antes del siglo XX. Esta forma pasiva de energía se producía en los molinos. Con la llegada de la electricidad, las turbinas accionan la generación de energía y aportan cerca del dieciséis por ciento de las necesidades energéticas mundiales.

La Revolución Industrial supuso el paso de la madera a los combustibles fósiles como el carbón, el petróleo y el gas natural. Aunque estos recursos supusieron un importante impulso, también afectaron al medio ambiente.

Luego se pensó que la fisión nuclear era la solución. Al crear una inmensa energía dividiendo núcleos de metales pesados, las centrales nucleares ofrecían una alternativa más limpia a los fósiles.

Dos fuentes de energía completamente renovables quizá sean las verdaderas salvadoras del medio ambiente. La primera es el uso de paneles solares fotovoltaicos que convierten la radiación solar en energía eléctrica. Aunque la fabricación de los paneles deja un impacto de carbono, se trata de un hecho puntual. La segunda, aunque no es realmente solar, se basa en la física de las estrellas. Los reactores de fusión pretenden reproducir el

proceso que impulsa al Sol fusionando núcleos atómicos, liberando inmensas cantidades de energía limpia. El inconveniente es que las altas temperaturas necesarias para incitar la fusión requieren mucha energía y el confinamiento magnético del plasma supercalentado. Se ha logrado por fin contener el plasma y conseguir una ganancia neta de energía. La fusión, la energía que impulsa a las estrellas, podría ofrecer energía abundante, segura y prácticamente ilimitada, sin gases de efecto invernadero ni residuos radiactivos de larga vida.

CUANDO ESTÉ EN TOSCANA, HAGA COMO LOS ETRUSCOS Conocida por sus pintorescas vistas, la región central italiana de Toscana tiene profundas raíces que remontan a la civilización etrusca; una cultura avanzada e influyente que floreció en la península itálica entre los siglos VIII y III a. C. Conocidos por su dominio de la metalurgia y su estilo artístico

único, dejaron un rico patrimonio arqueológico.

El Ministerio de Cultura de Italia anunció el descubrimiento de figuras etruscas bien conservadas en el barro termal de San Casciano, en Toscana. La excavación reveló más de veinte estatuas de bronce, entre ellas Apolo e Hygieia, junto con 5.000 monedas de oro, plata y bronce. Antes de la dominación romana, la península itálica fue habitada por varios pueblos, entre ellos los romanos. Estas estatuas del siglo II a. C. fueron creadas durante un periodo en el que los etruscos fueron asimilados gradualmente en la sociedad romana. Esta incorporación se produjo tras siglos de guerras territoriales.

Este hallazgo es único, ya que la mayoría de las estatuas etruscas son de terracota. Las estatuas de bronce se expondrán en un nuevo museo situado en un edificio del siglo XVI de San Casciano.

www.TheWitchesAlmanac.com

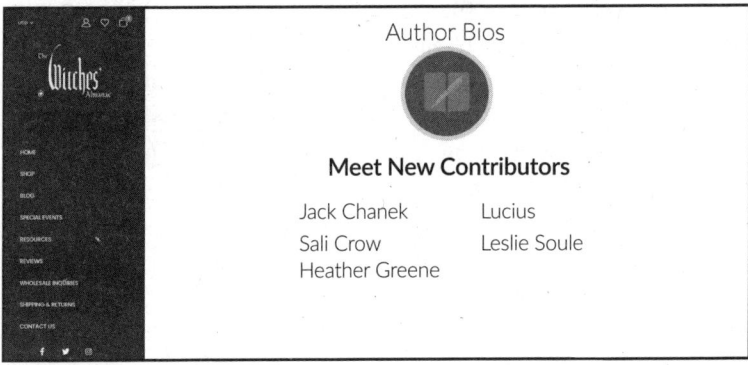

Author Bios

Meet New Contributors

Jack Chanek   Lucius

Sali Crow   Leslie Soule

Heather Greene

Merry Meetings

A candle in the window, a fire on the hearth,
a discourse over tea...

Come Meet Christina Oakley Harrington

Come visit us at the
Witches' Almanac website

Noticias de *The Witches' Almanac*

Buenas nuevas del personal

Ha llegado ese momento en el que nuestros esfuerzos de todo un año comienzan a dar sus frutos. La creación de la edición anual de *The Witches' Almanac* siempre ha sido, y será, un acto de amor. Es nuestra respuesta a una poderosa invitación a tomar acción, resaltando la importancia de la participación activa y el compromiso con las diversas voces de nuestra comunidad. Se nos recuerda que es tanto un privilegio como una responsabilidad proporcionar una plataforma en la que estas voces puedan informar libremente, impartir, compartir e incluso provocar.

Este año el tema que hemos elegido es "Fuego: Forjando la libertad". ¿Qué mejor manera de comprender la libertad que a través de las palabras y los pensamientos que encienden el alma y la inspiran a elevarse? Al encontrarnos en vísperas del mañana, perseveramos y luchamos por esa libertad no sólo para nosotros sino para todos.

Nos complace anunciar el lanzamiento de *Ancient Holidays*, una nueva y apasionante serie de libros dedicada a los calendarios espirituales de las civilizaciones antiguas. Mientras concluimos el Almanaque de este año, damos también los últimos retoques a los tres libros inaugurales de esta serie, para comenzar pronto con el cuarto. Escritos por nuestra Mab Borden, ofrecen profundas y esclarecedoras exploraciones de los calendarios de los antiguos egipcios, griegos y romanos. Esta serie no sólo proporcionará información valiosa, sino que también inspirará nuestras observaciones espirituales.

En número 43 de *The Witches' Almanac* presenta una emocionante colección de mentes brillantes; una mezcla de pensadores conocidos y prometedores en nuestra comunidad. Damos una calurosa bienvenida a Jack Chanek, Sali Crow, Heather Greene, Lucius y Leslie Soule a nuestras páginas. El número 43 del *The Witches' Almanac* es histórico, ¡es la primera edición del Almanaque que se traduce al español! Además, presentamos con orgullo el *2024 Witches' Almanac Wall Calendar*, centrado en el tema de los dioses de todo el mundo. Como siempre, encontrará imágenes cautivadoras y explicaciones concisas de cada deidad.

Queremos mejorar su experiencia en TheWitchesAlmanac.com, nuestra tienda en línea y centro de recursos paganos. Algunas actualizaciones importantes: las primeras ediciones de *The Witches' Almanac* se están agotando. Adquiéralas antes de que se agoten, ya que no estarán disponibles por mucho tiempo. Muchos de los exquisitos libros de Atramentous se están convirtiendo en codiciados objetos de coleccionista, ya que no se reimprimirán. Brujas galesas: *Welsh Witches: Narratives of Witchcraft and Magic from 16th and 17th Century Wales* ya está agotado en el Reino Unido y nuestras existencias se están agotando. The *50 Year Anniversary Edition of The Witches' Almanac* y Magic: *Magic: An Occult Primer—50 Year Anniversary Edition* son muy apreciadas por nuestros compradores. Se han convertido en imprescindibles y siguen teniendo una gran demanda. ¿Habrá reimpresiones? Sólo el tiempo lo dirá.

Cuando el arte popular se convierte en magia popular

Sobre el desarrollo de los signos hexagonales de los Dutchs de Pensilvania, el Fraktur y las artes populares mágicas

A VECES el arte ocurre como arte en sí mismo, a veces el arte registra la historia, y a veces ¡el arte se convierte en magia! De hecho, en las sociedades pre-literarias el arte se consideraba a veces un acto de magia y se convirtió más tarde en un medio de comunicación, así como en un medio de expresión. Con el paso del tiempo, el arte y la magia compartieron una vía de doble sentido, en la que el arte popular se desarrolló a partir de la magia y el arte mágico se filtró en la cultura, convirtiéndose en arte popular.

Un buen ejemplo de este intercambio entre el arte mágico, el arte popular y el arte como medio de comunicación lo encontramos en las sociedades del norte de Europa, de las tribus teutónicas y, como veremos, de sus descendientes que llegaron más tarde a Norteamérica. Como ocurre en muchas culturas, el sistema de escritura que utilizaban vagamente los proto germánicos—Futhark antiguo—tenía usos mágicos que iban mucho más allá de la simple comunicación. Cada símbolo del alfabeto representa tanto un sonido como una propiedad mundana/mágica.

Aunque los historiadores no están seguros de qué fue primero, si el uso mundano o mágico del Futhark antiguo, se hace muy evidente que su uso mágico era frecuente. El uso del Futhark en joyería se hizo algo común en el tiempo. Varias letras de Futhark se combinaban de forma artística para producir una protección o bendición deseada. El usuario sería consciente de la naturaleza oculta de la joya.

La costumbre de combinar letras del Futhark de forma utilitaria, pero con atractivo artístico, sigue siendo practicada por algunos ciudadanos de Islandia. Los amuletos mágicos conocidos como *galdrastafir* (pentagramas mágicos) son estéticamente atractivos a la vez que se emplean con un fin muy mágico. Para profundizar en el galdrastafir que se practica en Islandia, *Magia islandesa: secretos prácticos de los grimorios del norte* es un excelente punto de partida. En él hay un tesoro de dibujos detallados de los diversos amuletos.

No es difícil encontrar diversas runas que se incorporaban a las estructuras de los edificios. La popular construcción de postes y vigas—conocida como *holzfachwerk* en Alemania y *half-timbering* por los ingleses—era tanto decorativa como utilitaria. Las estructuras angulares de vigas se adaptaban fácilmente para permitir la incorporación de runas tanto en la construcción interior como en la exterior. Aunque este estilo de construcción y la inclusión de símbolos mágicos es evidente en las primeras estructuras germánicas, su popularidad aumentó en el siglo XV. La casa de la imagen superior tiene varias runas incorporadas a la arquitectura.

El acolchado y la labor de aguja son formas de arte que se han practicado en todo el mundo durante casi tanto tiempo como la historia documentada, si no más. Aunque no está claro cuándo llegaron a las sociedades teutonas, desde hace bastante tiempo existe una fuerte conexión con el acolchado como arte popular e indirectamente como magia entre los pueblos germánicos. Ni que decir tiene que las artes tan utilitarias del acolchado y la costura se prestaban fácilmente a ser medios de cruce en los que expresar la magia popular.

Los pueblos germánicos emigrantes de la década de 1600, que se convertirían en los Dutchs de Pensilvania (Deutch), trajeron consigo todas las artes y creencias populares mencionadas. Encontraron un terreno fértil para seguir creciendo e incluso cambiando al mezclarse con las numerosas etnias que encontraron.

Las dos formas de arte popular más reconocibles son el Fraktur y los Signos Hexagonales. Estas dos formas de arte son fácilmente reconocidas tanto por turistas como por coleccionistas como epítomes de las artes folclóricas domésticas de los diversos grupos de Dutchs de Pensilvania. De hecho, toda discusión relativa al arte popular y posteriormente a la magia popular en Pensilvania estaría incompleta sin estas dos formas de arte y el impacto que tuvieron entre sí.

Derivando su nombre de la letra caligráfica negra originaria de la Europa septentrional de habla alemana, el Fraktur consiste en un arte popular iluminado propio de los Dutchs de Pensilvania. Al igual que otros manuscritos iluminados, los Fraktur son documentos dibujados a mano que se utilizaban casi exclusivamente para registrar acontecimientos vitales, la mayoría de los cuales se vivían en un contexto religioso. Estos incluían, entre otros, nacimientos, bautizos y matrimonios. A medida que esta forma de arte evolucionó, su uso se amplió para marcar logros en la escuela como la capacidad escolar ejemplar y la graduación. Con la expansión a usos mundanos, el Fraktur también se convirtió en una forma de arte en la que se otorgaba una bendición a una persona o a un nuevo hogar o para la elevación espiritual, iluminando citas de la Biblia.

Existe un debate erudito sobre si los motivos empleados en el Fraktur son simplemente arte decorativo o si son iconografía. Aunque se podría argumentar a favor de ambos, la explicación debería incluir el examen de tendencias similares en los antecedentes europeos del Fraktur, que sí tendían hacia la iconografía. El arte popular empleado en el Fraktur conecta claramente con la comprensión comunal del significado

El Símbolo	Su Definición
Círculo	Eternidad o infinito
Distelfink (Pájaro)	Buena suerte y felicidad
Paloma	Paz y satisfacción
Águila	Buena salud, fuerza y coraje.
Estrella De Cuatro Puntas	Día soleado
Corazón	Amor y amabilidad
Cabeza De Caballo	Protege a los animales de las enfermedades y a los edificios de los rayos
Hoja De Arce	Satisfacción
Hoja De Roble	Fortaleza
Cuartos De Luna (4)	Cuatro estaciones del año
Gotas De Lluvia	Abundancia, fertilidad, lluvia
Roseta	Buena suerte, aleja la mala suerte y el mal.
Estrella	Buena suerte
Triple Estrella	Éxito, riqueza y felicidad.
Tulipán	Fe
Tulipanes (Trinidad-3)	Fe, esperanza y caridad
Roseta De Doce Puntas	Un mes alegre para cada mes del año.
Unicornio	Virtud y piedad: fe en Dios
Borde Ondulado	Navegando tranquilamente por la vida

simbólico detrás del arte. Una rosa no era simplemente una rosa: encerraba el misterio de la trascendencia mística. El *distelfink* (un pinzón dorado estilizado) asignaba al arte una bendición de buena suerte y felicidad. Este era un código que la mayoría de los Dutchs de Pensilvania entendían.

Directamente relacionados con el Fraktur están los signos Hex que se han extendido comercialmente en el siglo XX. Al igual que el Fraktur pueden haber tenido un comienzo humilde como simples signos de importancia artística o talismánica pintados en graneros, han evolucionado en sofisticación tanto como arte popular como forma de arte mágico.

La etimología de la palabra Hex es ciertamente debatida. Algunos creen que procede del significado alemán de "hex". Otros creen que puede tener su origen en la atribución del hexágono a un objeto de seis puntas: en muchos signos Hex aparecen estrellas con diferentes puntas.

Los alemanes de los Alpes tienen una rica historia de obras de arte similares a los signos Hex de los Dutchs de Pensilvania. Se cree que algunos de los símbolos son vestigios precristianos de la sociedad germánica. Por ejemplo, una roseta circular se llama el Sol de los Alpes. Aunque no hay pruebas concluyentes, no está de más creerlo.

Ya fuera por capricho o por los hechos, Zook contribuyó decisivamente a extender la popularidad del Hex. Creía que los signos Hex eran algo más que arte, tenían un significado y posiblemente estaban destinados a ser talismán. Su Jacob Zook's Family Crafts difundió ampliamente los signos Hex. Más tarde escribiría *Hexología: La Historia y los Significados de los Símbolos Hex* que, en muchos sentidos, codificó los símbolos e hizo populares a los muchos comercios que empezaron a distribuir signos Hex a los turistas.

Los signos hexagonales son el ejemplo perfecto de la evolución del arte popular a la magia popular. El arte del hexmeister solo está limitado por la habilidad y la imaginación. En la página anterior encontrará una lista de los símbolos más comunes utilizados en hexología. ¡Que comience la magia!

—DEVON STRONG

$\mathcal{L}$as $\mathcal{V}$erdaderas $\mathcal{M}$aravillas del $\mathcal{M}$undo $\mathcal{A}$ntiguo

LA MAYORÍA ha oído hablar de las clásicas Siete Maravillas del Mundo Antiguo, aunque no estén realmente familiarizadas con lo que eran exactamente. Se trataba de las maravillas helenísticas, registradas hace más de dos mil años por un antiguo historiador griego llamado Antípatro de Sidón, cuyo mundo abarcaba en general las zonas que rodeaban el mar Mediterráneo.

La más antigua de las maravillas era la Gran Pirámide de Guiza: la construcción y los cálculos matemáticos involucrados en el complejo de Guiza son realmente asombrosos. Al este se encontraban los Jardines Colgantes de Babilonia, situados en lo que hoy es Irak y que fueron construidos alrededor del año 600 a.C. Se trataba de un jardín de varios pisos con plantas y árboles procedentes de todas las tierras conocidas en aquella época. Fue construido por el rey Nabucodonosor II para su esposa Amytis, quien echaba de menos la exuberante vegetación de su Persia natal. Una de sus características más notables era el sofisticado sistema de riego construido para regar la vegetación de la superficie.

Dos maravillas se encontraban en la costa turca. La primera fue el templo griego de Artemisa en Éfeso, construido en 541 a.C. La enorme estructura medía 430 pies de largo por 60 de ancho, ¡con 127 columnas de mármol! Se construyó en honor a Artemisa, la diosa griega que presidía la caza, el desierto, el parto y la castidad. En Éfeso, la estatua de Artemisa estaba adornada con muchos pechos, símbolo de su cuidado de los niños. Cien millas al sur había otra maravilla: el Mausoleo de Halicarnaso. Construido alrededor del año 350 A.C. para el rey persa Mausolo y su esposa Artemisia II de Caria, es una de las pocas maravillas que aún sobreviven en alguna forma. Esta estructura funeraria estaba ornamentada y ¡se contrató a cinco escultores para crear diferentes partes de esta! El rey Mausolo dio su nombre a un tipo de edificio en su honor y su edificio se utilizó como modelo en el periodo neoclásico.

Un transbordador puede llevarle desde Halicarnaso, a solo noventa millas al sur, hasta la isla griega de Rodas, sede de otra maravilla. En la antigüedad, lo habría visto desde la cubierta antes de desembarcar: el famoso Coloso de Rodas, construido en el año 292 a.C. Aproximadamente de la misma altura y proporción que la Estatua de la Libertad en el puerto de Nueva York, esta estatua de Helios estaba construida en bronce sobre un armazón de hierro, se alzaba sobre un gran pedestal, posiblemente sostenía un brazo utilizado como luz y estaba adornada con una corona de rayos solares. Sin embargo, la colosal estatua duró poco, ya que cayó al suelo durante un terremoto en el año 226 a.C. Las ofertas para reconstruirla fueron rechazadas por los rodios porque un oráculo había advertido contra ello. En la Grecia continental, la estatua de Zeus en Olimpia—una figura sentada de cuarenta pies de altura—se encontraba dentro de un edificio que no era lo suficientemente alto como para que se mantuviera en pie. Zeus era una estatua criselefantina, lo que significa que estaba construida en marfil sobre madera y bronce dorado. Esta maravilla se construyó hacia el 435 a.C. y es posible que sobreviviera hasta el 425 d.C., cuando ardió el templo que la albergaba.

Volviendo a Egipto, la última maravilla del mundo antiguo fue el Faro de Alejandría. Construido alrededor del año 260 a.C., este magnífico faro utilizaba una serie de espejos de metal pulido para guiar a los navegantes varias millas mar adentro. Estos espejos—colocados en la parte superior de la estructura que se alzaba más de trescientos pies—se utilizaban principalmente de día, ya que la navegación marítima nocturna no era frecuente en aquella época. Sin embargo, se podían encender fuegos en la base de la estructura y reflejarlos hacia arriba hasta el espejo principal para su uso nocturno. Posiblemente, también empleaba un

Zeus sentado en Atenas

sistema tipo elevador de cuerdas para subir la leña hasta la parte superior. El faro se mantuvo en pie hasta 1375 d.C., cuando sus materiales se reutilizaron para construir una fortaleza.

Aunque estas siete estructuras eran ciertamente dignas de mención, existen hazañas artísticas mucho más maravillosas por todo el mundo y muchas son mucho más antiguas. Esperamos que una breve explicación de algunas de estas maravillas anime al lector a seguir investigando y a embarcarse en un fascinante viaje por el mundo antiguo. Empezando de nuevo por la Gran Pirámide de Guiza, una lista más exhaustiva incluye todos los restos increíblemente antiguos de la civilización egipcia. Describir brevemente estos restos es imposible: ¡llenaría una biblioteca! La mejor manera de empezar a comprender la antigüedad de la Esfinge, la complejidad del Templo de Dendera o el techo del Templo de Hathor es verlos.

Las Américas

Volviendo a otro rincón del planeta, la península de Yucatán, en México, está repleta de ruinas y es un lugar turístico muy popular para comenzar a explorar. Con muchas similitudes con la meseta de Guiza, la Pirámide del Sol en Teotihuacán, México, forma parte de una compleja ciudad antigua en las afueras de la moderna Ciudad de México. Esta pirámide—con muchas capas construidas sobre las anteriores—fue construida originalmente sobre una antigua cueva. Se encuentra adyacente a la Pirámide de la Luna, así como a varias otras estructuras más pequeñas, y parece estar encima de muchas ruinas inexploradas visibles con radar de penetración terrestre y otras nuevas tecnologías. Estas estructuras estaban alineadas para observar determinados acontecimientos solares y lunares.

Las increíbles pirámides y ruinas ornamentadas de Centroamérica y Sudamérica merecen toda la atención posible. Los imperios perdidos de las civilizaciones tolteca, olmeca, inca, azteca y maya dejaron ruinas muy antiguas y extremadamente sofisticadas por toda América Central y del Sur, con un nivel de magnificencia que aumenta cuanto más atrás en el tiempo se viaja. En las partes más bajas y antiguas de las estructuras se encuentran enormes piedras megalíticas cuya carpintería parece fundirse en su lugar con cada bloque de múltiples caras. Estos elementos se ven en otras partes del globo por la misma época y se suelen denominar construcciones ciclópeas, un adagio que hace referencia a la mítica raza gigante de los cíclopes que serían capaces de levantar los bloques de piedra. Otros yacimientos importantes de esta zona son el Copán en Honduras, Tikal en Guatemala y Caracol en Belice. En Sudamérica, Tiwanaku y Puma Punku en Bolivia son fácilmente maravillas por sí mismas. Puma Punku presenta bloques megalíticos perfectamente fresados que parecen haber formado parte de una fortaleza o muralla, pero no se sabe muy bien cómo se hicieron. Lo más probable es que el yacimiento fuera construido por el pueblo Tiwanaku y reutilizado por los incas.

A unas cuatrocientas millas al norte de Puma Punku, la Ciudad Perdida de los Incas se encuentra en la cima del monte Machu Picchu, a 7.970 pies sobre el nivel del mar. Una vez más, la construcción ciclópea se puede ver en esta remota ciudad, con los bloques de cimentación más antiguos, siendo mucho más grandes y refinados que los bloques medianos (pero aún enormes y expertamente elaborados) construidos en una época posterior por encima de ellos y los bloques más nuevos, más pequeños y sin refinar en la cima, colocados por culturas más modernas. Estos bloques más antiguos están unidos tan estrechamente que parece como si de algún modo se hubieran ablandado y empujado juntos como si fueran arcilla. Pero son de granito duro, ¡a miles de metros de altura en la cima de una montaña! ¿Qué magia pudo participar para ayudar a formarlos?

La India es rica en templos de piedra megalíticos y extremadamente ornamentados. Hay miles de templos en todo el subcontinente indio, algunos increíblemente antiguos y en ruinas y otros utilizados en las oraciones diarias hasta nuestros días. El templo de Meenakshi en Madurai, Tamil Nadu, es un ejemplo dravidiano de un complejo de templos moderno. Las cuevas de Ellora son más de cien cuevas excavadas en basalto duro para templos hindúes, budistas y jainistas. Las dieeisiete cuevas hindúes incluyen el templo de Kailasa, que es una obra maestra de varios pisos tallada en roca maciza que rivaliza fácilmente con las catedrales europeas construidas a partir de bloques de piedra comparativamente pequeños. La ingeniería y la habilidad necesarias para esculpir una estructura de esta magnitud -completada con ornamentadas obras de arte decorativas- son difíciles de concebir. ¡Este era un templo dedicado a Shiva y es ciertamente digno de un Dios! Las doce cuevas budistas son algo más sencillas en cuanto a ornamentación, pero siguen siendo comparables a grandes edificios monasteriales de tres pisos perfectamente excavados en sólidos acantilados de basalto. La cueva diez es la excepción, ya que presenta un techo redondo y abovedado de aspecto orgánico. Los santuarios incluyen numerosas tallas de gran tamaño de Buda Gautama, bodhisattvas y santos. Por último, las cinco cuevas jainistas presentan poesía tallada en piedra.

Asia y Oceanía

Desplazándonos hacia el este, el Ankor Wat de Camboya es un complejo de ciudades y templos construidos en piedra. Las enormes estructuras con numerosas caras de piedra están rodeadas de ciudades templo similares construidas también por los jemeres. Angkor Thom está cerca y el templo Ta Phrom ha permanecido intacto durante siglos, con el crecimiento de la selva reclamando partes de la antigua obra de piedra tallada. Son auténticas maravillas de la creación humana, que comparten la exuberante vegetación verde en simbiosis con la naturaleza.

En China, en 1992 se descubrió en la provincia de Zhejiang un grupo de cuevas realmente enorme llamado Cámaras de Piedra de Xiaonanhai o Cuevas de Longyou. Estas veinticuatro cavernas artificiales de arenisca tienen alturas de 98 pies, con una superficie total -perfectamente excavada- de 320.000 pies cuadrados, con fines desconocidos.

Situada en el océano Pacífico, la isla de Pascua alberga numerosas estatuas de gran

Machu Picchu

Angkor Wat

tamaño llamadas Moai. Fueron talladas en roca volcánica por el pueblo rapanui y su tamaño puede alcanzar los 33 pies de altura. Cientos de estas estatuas fueron extraídas, moldeadas, transportadas a lugares remotos y colocadas en su lugar para que miraran al océano. Se han encontrado algunas que incluían cuerpos completos: estaban enterradas hasta el pecho, pero con todo lujo de detalles y protegidas de los elementos mientras permanecieron en el suelo de la isla.

Una estructura muy extraña se encuentra en la isla de Pohnpei llamada Nan Madol parte de Micronesia, en el Océano Pacífico, al este de Papúa Nueva Guinea. Esta estructura o fortaleza amurallada estaba construida con columnas de piedra basáltica, muy parecida a una enorme cabaña de troncos de piedra. Quién, cuándo y por qué construyó esto en medio del Océano Pacífico es un misterio que ha dado lugar a muchos mitos locales. La intriga crece con el mito de que podría formar parte del continente perdido de Mu o Lemuria, según escribió James Churchward en 1926.

Europa y África

En Capadocia, Turquía, una serie de extensas cuevas y túneles forman una antigua ciudad subterránea. Esta red se completa con establos para animales, numerosos pozos de ventilación, zonas defensivas y trampillas, todo ello conectado en múltiples niveles. La Iglesia de San Jorge en Lalibela, Etiopía, es otra estructura megalítica esculpida en roca firme, similar a las que se encuentran en la India. Este edificio de varios pisos fue cortado por debajo del nivel del suelo y tiene la forma de una cruz de brazos iguales que se alza en un hueco perfectamente excavado en la piedra. La construcción es una vez más ciclópea y muestra lo que parece ser un reblandecimiento de la piedra donde fue esculpida como si fuera arcilla, aunque no se conocen técnicas que expliquen cómo se hizo.

En todo el mundo se ven restos megalíticos realmente enormes, cuya construcción o traslado con la tecnología actual sería casi o imposible. En el Líbano, las Piedras de Baalbek se encuentran entre las más grandes jamás extraídas por el ser humano. Llamadas así por el Templo de

Júpiter Baal, el mayor de estos bloques monolíticos se estima en 1.650 toneladas. Estas piedras incluyen la Piedra de la Mujer Embarazada, la Piedra del Sur, la Piedra Olvidada y el Trilitón, un grupo de piedras colocadas que posiblemente formaron una vez la base del Templo de Júpiter Baal. Cada una mide alrededor de sesenta y dos pies de largo, trece pies de alto y doce pies de grosor, ¡con pesos de 750–800 toneladas individualmente!

Adentrándonos en épocas más remotas, los dólmenes son estructuras de piedra únicas que se asemejan a las casas de Pedro Pica piedra. Estos sepulcros se construyeron bien ahuecando perfectamente un bloque macizo de granito, bien colocando juntos grandes componentes planos de granito para formar un castillo de naipes enormemente pesado. Un único orificio forma la puerta de entrada, aunque algunos conservan su puerta redonda en forma de tapón de granito macizo. Los dólmenes pueden encontrarse en muchos lugares, pero son especialmente comunes en el norte de Europa y en la península de Corea.

Pasando a una ruina megalítica muy extraña, la cueva extremadamente profunda, en forma de pozo, excavada por un grupo desconocido de personas en Kebardino-Balkaria, en Rusia, parece realmente de otro mundo. Este pozo vertical fue cortado con precisión en granito y se extiende hacia abajo cientos, si no miles de pies. El pozo forma varios ángulos rectos antes de volver a extenderse hacia abajo siguiendo el mismo eje, casi como si fuera una trampa o un mecanismo para impedir que las cosas caigan directamente a las profundidades aparentemente sin fondo. Es verdaderamente único.

Para poner punto final a este viaje, considere que las Maravillas del Mundo clásicas son magníficas, pero de un enfoque algo limitado; hay cosas mucho más maravillosas y por conocer. Quizá incluso algunos de los accidentes geográficos naturales que habitualmente se dan por sentados formaron parte en su día de algo más grandioso y representan los restos de civilizaciones perdidas hace mucho tiempo y completamente olvidadas por el mundo moderno, permaneciendo en tal estado de ruina y decadencia que las hace invisibles al ojo desprevenido. Parece que cuanto más vamos atrás en la línea de tiempo, más grandiosas y misteriosas se vuelven las maravillas del mundo.

—JOHN N

Iglesia de Lalibela en Etiopía

PODER DIVINO PARA CURAR O DAÑAR

Veneno Sagrado

*"Dentro de todo bien (luz, vida) está el mal (oscuridad, muerte),
y dentro de todo mal (oscuridad, muerte) está el bien (luz, vida)."*

TODAS LAS COSAS contienen sus opuestos: la muerte contiene la vida y la vida la muerte, el bien contiene el mal y el mal el bien, la luz contiene la oscuridad y la oscuridad contiene la luz. La idea de que los papeles en el universo mágico del bien y del mal son cada uno una parte del mismo todo universal se expresa globalmente en numerosas tradiciones espirituales y mágicas. En Extremo Oriente, el símbolo del yin y el yang ilustra este concepto. Un círculo dividido en porciones iguales de oscuridad (yin) y luz (yang) con un punto de blanco dentro del lado negro y un punto correspondiente de negro incrustado en la mitad blanca muestra cómo las polaridades se abrazan.

Entre el panteón de deidades paganas, los poderes sagrados que curan y dañan están presentes para apoyar este tema recurrente. Curiosamente, los venenos pueden ser mortales y, sin embargo, tener la capacidad de salvar vidas y servir de herramienta a dioses y diosas. Las tarántulas son un ejemplo. Hay más de 800 especies de estas arañas grandes, peludas y embrutecidas que se encuentran por todo el mundo. Muchas proceden de la región mediterránea, así como de México y Sudamérica. Las tarántulas se venden en tiendas de animales con un precio entre 20 y 200 dólares, dependiendo de su tamaño y rareza. Son carnívoras, basan su dieta en insectos y viven felizmente en ambientes húmedos como los terrarios domésticos. Las brujas de todas las épocas las han hecho su familia.

Las arañas están relacionadas con poderes mágicos y divinos en muchas tradiciones de dioses y diosas. Maya, una deidad hindú asociada con las ilusiones, es una de ellas. Su araña teje una tela sagrada que proporciona invisibilidad. Las leyendas de los nativos americanos presentan un tótem de araña al que invocar para mantener el equilibrio en el mundo. En el libro de referencia de Lady Wilde de 1877 *Leyendas Antiguas, Encantos Místicos y Supersticiones de Irlanda*, las arañas se relacionan con los telares sagrados, las ruedas y la gasa, un hilo utilizado por las hadas para tejer. Las

creencias celtas también consideraban a las arañas con admiración, ya que sus telas podían recogerse y utilizarse como compresa salvavidas para detener hemorragias excesivas. En la Torá, las arañas salvaron la vida de David cuando se escondió en una cueva de los soldados de Saúl y las arañas tejieron una enorme tela en la entrada. Esto hizo que los soldados se dieran la vuelta, pensando que no podía haber nadie dentro porque la telaraña bloqueaba la entrada.

Varias culturas nativo americanas tienen también historias de la creación que giran en torno a historias sagradas de arañas. Existe una enseñanza de la tribu Pima sobre una enorme tela de araña tendida sobre el vacío para crear la Tierra. Los pima son nativos americanos de Arizona y remontan su ascendencia al pueblo hohokam, originario de los aztecas. En las regiones costeras del centro y el sur de California se encuentran los chumash, cuyos narradores tienen otra tradición sagrada de creación de la araña. Ésta implica el viaje diario del Dios Sol que descansa en un agujero creado para él por la Mujer Araña. Las pinturas rupestres halladas en California representan este vínculo divino.

Hoy en día, los científicos reconocen los poderes divinos y vivificantes de las arañas en el veneno ordeñado de las tarántulas. El veneno contiene una toxina peptídica identificada como ProTx-II. ¡Olvídese de la aspirina! Este veneno puede procesarse para fabricar un medicamento que alivie los dolores de cabeza, de espalda y otras molestias corporales. Aunque las mordeduras venenosas de las tarántulas rara vez son mortales, pueden provocar visión borrosa, temblores y desmayos. También puede producirse una irritación cutánea con la mordedura de una tarántula, pero en realidad se debe a la irritación provocada por los pelos erizados de estas criaturas, similares a las ortigas urticantes. Las lesiones de este tipo se denominan picaduras urticantes.

En el siglo XIV, en Italia, los trabajadores del campo picados con frecuencia por tarántulas idearon una danza sagrada para librarse de la Vieja Madre Tarántula. Esta danza folclórica se llama la tarantela, la danza de la araña. Se originó en la pequeña ciudad de Taranto. Se creía que bailando en un frenesí hasta quedar exhausto hasta el colapso, se anularían los efectos malignos y mortales de la picadura. Músicos especiales tocaban un acompañamiento musical con panderetas, mandolinas y guitarras mientras la víctima completaba la danza sagrada que le salvaba la vida. Hoy en día, la danza de la tarantela sobrevive como un acto social: se considera de mala suerte bailarla en solitario. Los bailarines presentan la tarantela como un espectáculo entretenido. A menudo visten trajes rojos, verdes y blancos, como la bandera italiana.

—GRANIA LING

Supersticiones Modernas Acerca del Estornudo

extraído de The Magic of the Horseshoe with Other Folk Lore
Notes *por Robert Means Lawrence (1898)*

ESTORNUDAR al comienzo de una faena, ya sea una iniciativa importante o el acto más cotidiano, se suele considerar de mala suerte. Por ejemplo, según una creencia teutónica moderna, si un hombre estornuda al levantarse por la mañana, debe volver a acostarse durante otras tres horas, pues de lo contrario su mujer será su dueña durante una semana. Del mismo modo, el piadoso hindú que estornuda al comenzar sus oraciones matutinas en el río Ganges, reanuda inmediatamente sus oraciones y su aseo; y entre los alfooranos o aborígenes de la isla de Célebes, en el archipiélago indio, si alguien estornuda cuando está a punto de salir de una reunión entre amigos, debe permanecer sentado durante un rato antes de volver a levantarse.

Cuando un nativo de las islas Banks, en Polinesia, estornuda, se imagina que alguien le está llamando por su nombre, ya sea con buena o mala intención, siendo el motivo revelado por el tipo de estornudo. Así pues, un estornudo suave implica un sentimiento bondadoso por parte de quien habla de él, mientras que un paroxismo violento indica una maldición.

En este último caso, se recurre a una forma peculiar de adivinación para averiguar quién le maldice. Consiste en levantar los brazos por encima de la cabeza y hacer girar los puños cerrados uno alrededor del otro. La revolución de los puños es la pregunta: "¿Es fulano de tal?". Entonces se lanzan los brazos y la respuesta, presumiblemente afirmativa, viene dada por el crujido de las articulaciones de los codos.

En Escocia, incluso personas con estudios han sostenido que los idiotas son incapaces de estornudar, y por lo tanto, si esto es cierto, la inferencia es clara de que el acto de estornudar es evidencia *prima facie* de la posesión de un cierto grado de inteligencia.

Las enfermeras británicas creían que los bebés permanecían hechizados hasta que estornudaban. "Dios salve al bebé", exclamaba una vieja enfermera escocesa cuando su pequeño pupilo estornudaba largamente, "no es un hechicero".

El pueblo irlandés también alberga creencias similares. Así, en la obra de Lady Wilde "Ancient Cures, Charms, and Usages of Ireland" (p. 41) aparece la siguiente descripción de una ceremonia mágica para la curación de un niño hechizado. Se hace un buen fuego, en el que se arrojan ciertas hierbas prescritas por las mujeres hadas; y después de que se haya un humo espeso, se lleva al niño tres veces alrededor del fuego mientras se repite un encantamiento y se rocía con mucha agua bendita. Deben cerrarse todas las puertas, no sea que entre algún hada curiosa y espíe, y los ritos mágicos deben continuarse *hasta que el niño estornude tres veces*, pues así se deshace el hechizo, y el pequeño se libra para siempre del poder de las brujas.

En pueblos alejados de la civilización, el estornudo de un niño pequeño tiene algo místico y se le asocia íntimamente con su futuro bienestar o mala suerte. Cuando un bebé maorí estornuda, su madre recita en el acto un largo rezo de palabras. Si el estornudo se produce durante una comida, se cree que es el pronóstico de una visita, o de alguna noticia interesante; mientras que en Tonga se considera una señal maligna.

También entre los neozelandeses; si un niño estornuda al recibir su nombre, el sacerdote oficiante le pone enseguida al oído la imagen de madera de un ídolo y canta unas palabras místicas.

En una nota anexa a su "Mountain Bard", el Pastor de Ettrick dice, respecto a las supersticiones de Selkirkshire: "Cuando estornudan al levantarse de la cama por la mañana, se les certifica que habrá extraños en el transcurso del día, en números que estornuden".

Una creencia flamenca afirmaba que estornudar durante una conversación demostraba que lo que uno decía era la verdad, una doctrina que debió de gustar mucho a los fumadores.

En el folclore shetlandés y galés el estornudo de un gato indica vientos fríos del norte en verano y nieve en invierno; y los bohemios tienen una supuesta prueba infalible para reconocer al Diablo, pues creen que estornuda violentamente al ver una cruz.

Según una superstición china, estornudar en Nochevieja es de mal agüero para el año venidero y, para contrarrestarlo, la persona que estornuda debe visitar a tres familias de apellidos diferentes y pedir a cada una un pequeño pastel en forma de tortuga, que debe comerse antes de medianoche.

En el Turquestán, cuando una persona a la que se dirige un comentario estornuda, es una aseveración de que la opinión o afirmación es correcta, igual que si la persona abordada exclamara: "¡Es cierto!". En el mismo país, tres estornudos dan mala suerte. Cuando, además, alguien tose, es de etiqueta decir: "Me has robado algo", y se supone que esta frase en esos momentos produce buena suerte.

Los japoneses atribuyen un significado al número de veces que un hombre estornuda. Así, un estornudo indica que alguien le está elogiando, mientras que dos significan censura o menosprecio; un estornudo triple es corriente y significa simplemente que una persona se ha resfriado. En México, también se creía antiguamente que alguien hablaba mal de quien estornudaba, o que una o varias personas se referían a quien estornudaba.

La gente de Sussex tiene prejuicios contra los gatos que desarrollan propensión a estornudar, pues creen que, cuando un felino estornuda tres veces, es un mal augurio para la salud del hogar, y es premonitorio de gripe y afecciones bronquiales.

En un interesante artículo de la "Macmillan's Magazine", titulado "Del cuaderno de notas de un médico rural", un médico que ejerce en una remota zona de Cornualles cuenta una peculiar cura para la sordera que le llamó la atención recientemente.

Una de sus pacientes, una anciana llamada Grace Rickard, se quejaba de que ya no podía oír los gruñidos de sus cerdos, un sonido que, desde niña, la había despertado del sueño por la mañana temprano. El médico se vio obligado a decirle que la dificultad se debía al avance de la edad.

Poco después, al llamar a su casa, la encontró sentada ante el fuego con una tabla en su regazo y profundamente absorta en sus pensamientos. Justo cuando se abrió la puerta, ella exclamó: "Señor, líbrame de mis pecados", y esta petición fue seguida de un ruido peculiar que sonó como un estornudo abortado. "No te asustes, zur", dijo ella, "sólo es un estornudo". "Es el estornudo más extraño que he oído nunca", dijo el doctor; "¿por qué no puedes estornudar normalmente?".

"Lo hago, cuando puedo", explicó ella; "pero ahora tendrán que ser nueve ocasiones, y todo lo que sé es que tengo que estornudar nueve veces más".

Al parecer, Grace estaba probando una cura infalible para la sordera, cuyo aparato consistía de una tabla y alfileres gruesos. Uno de estos se clava en la tabla cada mañana, cruzando el paciente los dedos índices sobre el alfiler, mientras se repite la piadosa jaculatoria antes mencionada simultáneamente con un enérgico estornudo. A la mañana siguiente deben clavarse dos alfileres en la tabla, repitiendo la petición y el estornudo; a la mañana siguiente tres alfileres, tres oraciones y tres estornudos, y así hasta nueve veces.

—ROBERT MEANS LAWRENCE (1898)

El tigre y la rana

Un cuento del Himalaya

RARA VEZ los tigres abandonan sus guaridas naturales, o las ranas, las suyas; el tigre, su cálida selva, y la rana, su hogar en el pantano. Sin embargo, lo hacen. Aquí está la historia de un tigre y una rana que se alejaron mucho de sus hogares. El hogar del Tigre estaba en Nepal, y el de la Rana en el Tíbet. En cuanto a la Rana, era curiosa, eso era todo.

En cierto lugar fronterizo entre los dos países, el Tigre había encontrado un estanque y bebió largamente, pues tenía mucha sed. Por casualidad, la Rana estaba saltando cerca y vio al Tigre bebiendo, y el Tigre, al levantar la vista, vio a la Rana. La curiosidad de la Rana le llevó a saltar hasta el estanque, y también bebió un trago. Cuando tragó el agua, sintió un cosquilleo en la garganta.

"¡Hola!" dijo el Tigre "¿Quién eres?"

"Soy una rana" respondió, y le preguntó al Tigre quién era.

"Soy un tigre."

La Rana había oído hablar de tigres y preguntó ansiosamente al Tigre qué comía.

"Ranas," respondió el Tigre, abriendo rápidamente sus grandes mandíbulas y mostrando una doble hilera de muelas. "Las ranas son de lo más suculento. Como ranas."

Al oír esto la Rana se sintió alarmada y deseó haberse quedado en casa. Sin embargo, el Tigre podría haberle atrapado de un salto si hubiera intentado huir, así que dijo rápidamente "Qué raro, porque yo como tigres."

Al oír esto el Tigre rugió de risa hasta que sus grandes costados temblaron. "Si de verdad comes ranas" continuó la Rana, "demuéstramelo. Devuélveme lo que has comido, porque me resulta difícil de creer."

"Lo haré" dijo el Tigre "si usted hace lo mismo, pues su historia es aún más difícil de creer."

"De acuerdo" dijo la Rana, que tenía en su garganta un cabello del Tigre y que le hacía cosquillas. "Nada podría ser más fácil que probar que lo que te he dicho es cierto. El Tigre, entonces, cogió un poco de hierba, pero la Rana, al toser, sacó el pelo del Tigre."

"Aquí tienes" dijo la Rana. Pero el Tigre no esperó a oír nada más. Dio media vuelta y salió corriendo, dejando que la Rana se complaciera del éxito de su treta.

Como era una rana sabia, regresó tan rápido como pudo a su pantano natal para presumir ante sus amigos de cómo había burlado a un tigre y se había salvado el pellejo.

En cuanto al Tigre, corrió más rápido de lo que había corrido nunca en su vida. Seguía corriendo cuando un Chacal se cruzó en su camino.

"¡Hola, Tigre!" gritó el Chacal. "¿Por qué tanta prisa? Corres como si te persiguiera un demonio."

"¿Un demonio?" jadeó el Tigre al bajar el ritmo. "Peor que eso. Allá en el Tíbet conocí a una rana que come tigres."

"¡Una rana que come tigres!" exclamó el Chacal. "Eso es absurdo. Ven, ata tus bigotes a los míos y juntos volveremos a darle un vistazo a ese curioso monstruo."

"No, no" dijo el Tigre, temblando. Pero el Chacal dijo: "Tigre, qué cobarde eres." E insistió en que dieran media vuelta.

Así que el Tigre y el Chacal se juntaron los bigotes y regresaron. Al cabo de un rato llegaron al pantano donde vivía la Rana. La Rana estaba en cuclillas sobre una piedra tomando el sol cuando el Tigre y el Chacal hicieron su aparición.

"Hola" dijo la Rana, que había contado su historia tantas veces que realmente creía que podía comerse a un tigre. "Veo que has vuelto para ser comido, Tigre."

"¡Ya está! ¿Qué te dije?" dijo el Tigre al Chacal. Y se dio la vuelta echando a correr y arrastrando al pobre Chacal tras él. El Tigre corrió y corrió, y el Chacal, que no podía correr tan deprisa quedó

cada vez más exhausto, hasta que todo el aliento abandonó su cuerpo y murió.

El Tigre, sintiendo el peso muerto del Chacal, pensó: "Ah, está intentando arrastrarme de vuelta. Es aliado de la Rana."

"Desátame los bigotes" ordenó el Tigre. No hubo respuesta. "Desátame los bigotes." Seguía sin haber respuesta. "¡Toma eso!" dijo el Tigre, medio girándose, y le dio al Chacal un golpe en la oreja.

El Chacal, que ahora estaba rígido, se balanceó con rigidez.

"¡Jum!" exclamó el Tigre. Así que me llevaste a la Rana para que me comiera, y le dio otro buen golpe al Chacal antes de sermonearle.

"Sí" Continuó el Tigre. "Pensaste que podías atraparme atando tus bigotes fuertemente a los míos, para que me comiera la Rana, bestia traicionera. Toma esto y esto" y le dio al Chacal unos cuantos golpes más.

El Chacal se balanceó y cayó de lado.

"Sufrir la indignidad de ser devorado por una rana" y el Tigre arrancó sus bigotes de los del Chacal.

El Chacal yacía rígido y descarnado en la carretera. El Tigre percibió un olor desagradable.

"El diablo ha entrado en él y finge estar dormido." Pensó el Tigre, cuyos nervios estaban a flor de piel.

Liberado del chacal, corrió aún más rápido. Al poco se encontró con una tortuga. Una tortuga le llamó: "¿A dónde vas tan rápido, Tigre?" El Tigre se detuvo para contarle.

"He dejado un chacal por ahí," dijo "que lleva un demonio dentro; un granuja traicionero que intentó que me devorara una rana."

"¿Dónde?" preguntó la tortuga. "¿Te importa si le doy un vistazo?"

"Adelante" dijo el Tigre, y cayó desmayado del cansancio.

La Tortuga se arrastró hasta donde yacía el pobre Chacal y comprobó que estaba muerto. "Qué tigre más tonto" pensó la Tortuga, y dio al Chacal un entierro decente.

"Un tigre que teme a un chacal muerto y a una rana inofensiva. El gran señor de las bestias que se queda desmayado" la Tortuga suspiró y se deslizó al agua.

La brujería y el mundo de los sueños
Recorriendo el espacio interior

UNA BUENA noche de sueño es crucial para mantener tanto la salud mental como la física. Cada vez vemos más trastornos del sueño, quizá relacionados con el estrés, la elección de alimentos y otros factores que forman parte de la vida moderna. Cosechar conocimiento analizando los sueños y despertarse renovado y descansado son los objetivos de mejorar los potenciales del sueño y del tiempo de soñar.

El extraño y misterioso mundo de los sueños ha tentado y desconcertado a la gente durante miles de años. Se encuentran referencias a mensajes recibidos en sueños en los primeros textos religiosos, así como en poemas e historias. Incluso los registros jeroglíficos de los antiguos egipcios contienen relatos de sueños. Los sueños son una llave al espacio interior, ¡y el universo interior al que accede al dormir es donde transcurre casi un tercio de su vida!

Los sueños son vitales para el bienestar físico y emocional. Los experimentos demuestran que la privación de sueños conduce al desarrollo de muchos síntomas indeseables como la depresión y la paranoia. En los primeros tiempos, las brujas y los chamanes guiaban deliberadamente los temas de los sueños para ayudar en la evolución de aquellos que se encontraban en el camino espiritual. La quema de incienso al retirarse por la noche, así como el uso de almohadas oníricas rellenas de hierbas, eran técnicas utilizadas para realzar y magnificar el paisaje onírico.

La tradición onírica europea es antigua y variada. El escritor del siglo II d.C. Artemidoras compiló el primer libro de sueños. Escribió que los sueños se infunden en las personas para su provecho e instrucción. El misticismo de Europa del Este se refiere a un *doppelgänger*, una palabra alemana que significa doble del cuerpo y que era el yo en la sombra, la naturaleza animal que controlamos de día y que se vuelve salvaje por la noche. De ahí surgieron los cuentos de hombres lobo y las leyendas de Jekyll y Hyde vinculadas al estado onírico. Centrarse en los sueños abre una percepción del yo completamente nueva.

A los psicólogos Sigmund Freud y Carl Jung se les reconoce el mérito por superar la postura indiferente que la gente tenía ante los sueños a finales del siglo XIX y principios del XX. Hoy en día, la sociedad ha abarcado todo lo referente a los sueños. Una vez más, registrar los sueños para futuras referencias y detenerse en un tema con la esperanza de explorarlo en el estado onírico son prácticas habituales. Los sueños recurrentes, los sueños compartidos, los sueños precognitivos, la comunicación con el mundo de los espíritus y las pesadillas son variaciones de la experiencia onírica.

El estudio de los sueños es a la vez práctico e informativo. Algunas pautas para empezar implican ser consciente de los temas comunes que se experimentan en los sueños. Éstos son:

Sueños relacionados a la comida: están relacionados con deseos y apetitos que buscan ser satisfechos. Los sueños con comida pueden ser una metáfora del dinero y el poder, así como de la satisfacción en el amor.

Volar: el vuelo en sueños puede mostrar un impulso de escapar, de salir adelante o de avanzar en una búsqueda espiritual hacia un nivel superior.

Sueños proféticos y preparatorios: describen acontecimientos venideros y son la forma que tiene la mente de prepararse para el futuro.

Un sueño sin interpretar es como una carta sin leer. Se puede encontrar una enorme reserva de consuelo y curación trabajando con los sueños. Empiece por llevar un diario, ya sea por escrito o grabado. Con el tiempo le resultará más fácil recordar más detalles a medida que se acostumbre a registrar los sueños cada día. Incluso para aquellos que dicen que no sueñan ni recuerdan sueños nunca, el simple hecho de anotar una sola palabra o una emoción persistente pronto les aportará un nuevo nivel de comprensión. Es importante hacer un registro de los sueños inmediatamente después de despertarse. Una vez que los pies tocan el suelo estamos enraizados en el mundo cotidiano de la vigilia y los sueños se desvanecen, por lo que es mejor realizar el trabajo onírico mientras aún se está tumbado en la cama.

Los preparados de hierbas, así como los cristales, son recursos maravillosos que han sido utilizados por las brujas durante generaciones. Algunas hierbas ayudan a conciliar un sueño profundo y reparador, mientras que otras son mejores para recordar los sueños. Experimentar con combinaciones de hierbas para dormir y soñar es una forma fácil de personalizar el propio tiempo de sueño y ensueño. Una receta sencilla para preparar un té del sueño consiste en añadir una cucharadita colmada de hierbas secas a ocho onzas -una taza estándar- de agua hirviendo. Déjelo reposar unos cinco minutos, luego cuélelo y tómelo a sorbos. Añada limón y edulcorante si lo desea. Para un té helado, añada más hierbas, aumente el tiempo de espera y añada hielo. Las bebidas elaboradas con hierbas frescas se denominan tisanas y requieren una mayor cantidad de las hojas, flores o raíces. Las tisanas son un poco más difíciles de preparar, pero ofrecen la ventaja adicional de añadir minerales, vitaminas y enzimas frescas.

Hierbas para dormir y soñar

Romero para profundizar el sueño a la vez que controla los sueños perturbadores y los terrores nocturnos.

Hierba gatera proporciona un sueño relajante y profundo.

Artemisa mejorará el recuerdo de los sueños y generará sueños lúcidos.

Lúpulo para la paz interior y la liberación de los recuerdos dolorosos, las decepciones o la ira que pueden perturbar el sueño.

Lavanda para calmar y aliviar al mismo tiempo que combate los dolores de cabeza.

Manzanilla servía como té tradicional de guardería para calmar niños de todas las edades y promover un sueño tranquilo y sin sueños.

Clavo supera los escalofríos y aporta sueños vívidos y creativos (utilícelo con moderación, sólo uno, dos o tres clavos por taza).

Menta verde para sueños claros y vívidos, fáciles de recordar y de interpretar.

Menta piperita Llamada la aspirina del mundo de las hierbas, la menta piperita es un tónico general favorito para aliviar el cansancio, los dolores vagos y el malestar general.

Como alternativa a la preparación de las hierbas sugeridas en forma de té, también pueden recogerse en una bolsita para utilizarlas como almohada de sueños para aromaterapia. Utilice unas tres cucharadas de hierbas secas. Añada unas gotas de aceite esencial -la lavanda o la menta son excelentes opciones- para obtener una fragancia extra. Duerma junto a la bolsita de los sueños o suspéndala sobre su cama, tal vez unida a un atrapasueños.

Cristales para dormir y soñar

Los cristales pueden añadirse a una bolsita de sueños, llevarse como anillo o colgante o montarse en una bolsa medicinal para sujetarlos o suspenderlos sobre la cama. Éstas son opciones muy populares.

Malaquita ayuda a interpretar los sueños y alivia las pesadillas.

Diamante Herkimer o Cuarzo Claro amplifica y aclara los sueños

Crisoprasa aporta una sensación de protección y seguridad, alivia las pesadillas y aporta seguridad frente a los episodios de sonambulismo.

Amatista para una noche tranquila libre de insomnio, aporta sueños apacibles.

Citrino para comprender los sueños, experimentar sueños compartidos o para ayudar en las sesiones de diario de sueños o de grupo de estudio de los sueños.

Lepidolita alivia la confusión y los pensamientos perturbadores que pueden bloquear los sueños tranquilos.

Ágata para viajes oníricos variados e interesantes, ayuda a experimentar la proyección astral y los sueños compartidos.

Si el sueño sigue esquivándole, una técnica eficaz que puede incluir con infusiones de hierbas, almohadas de ensueño y cristales es la numerología. Después de prepararse para acostarse, con los ojos cerrados visualice el número 100. Cuente lentamente hacia atrás, viendo 99, 98, etc. Entre en el estado de sueño mientras los números se desvanecen.

¡Buenas noches y dulces sueños!

—DIKKI-JO MULLEN

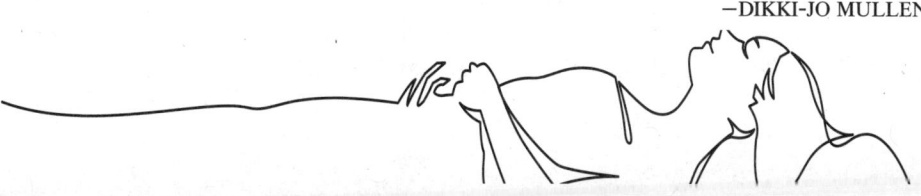

Un nstrumento musical

I.

¿Qué estaba haciendo, el gran dios Pan,
    ¿Abajo en los juncos junto al río?
Esparciendo la ruina y dispersando la prohibición,
Chapoteando y remando con pezuñas de cabra,
Y rompiendo los lirios dorados a flote
    Con la libélula en el río.

II.

Arrancó una caña, el gran dios Pan,
    Desde el profundo y fresco lecho del río:
El agua cristalina corría turbia,
Y los lirios rotos yacían moribundos,
Y la libélula había huido,
    antes de sacarla del río.

III.

En lo alto de la orilla se sentó el gran dios Pan,
    Mientras fluía turbiamente el río;
Y cortó y talló como lo hace un gran dios,
Con su duro y sombrío acero a la paciente caña,
Hasta que no hubo ni rastro de una hoja siquiera
    Para probarlo recién sacado del río.

IV.

Lo acortó, el gran dios Pan,

    (¡Qué alto estaba en el río!)

Luego sacó la médula, como el corazón de un hombre,

Con constancia desde el anillo exterior,

Y entalló la pobre cosa seca y vacía

    En agujeros, mientras se sentaba junto al río.

V.

"Ésta es la manera," rió el gran dios Pan,

    Reía mientras se sentaba junto al río,

"La única manera, ya que los dioses empezaron

a hacer dulce música, de que tengan éxito".

Entonces, dejando caer su boca hasta un agujero de la caña

    Sopló con fuerza junto al río.

VI.

Dulce, dulce, dulce, ¡oh Pan!

    ¡Agudos dulces junto al río!

Dulzura cegadora, ¡oh gran dios Pan!

El sol de la colina se olvidó de morir,

Y los lirios revivieron, y la libélula

    Volvió a soñar en el río.

VII.

Sin embargo, media bestia es el gran dios Pan,

    Para reír mientras se sienta junto al río,

Hacer de un hombre un poeta:

Los verdaderos dioses suspiran por el costo y el dolor,

Por la caña que nunca más crece

    Como una caña con las cañas del río.

—ELIZABETH BROWNING

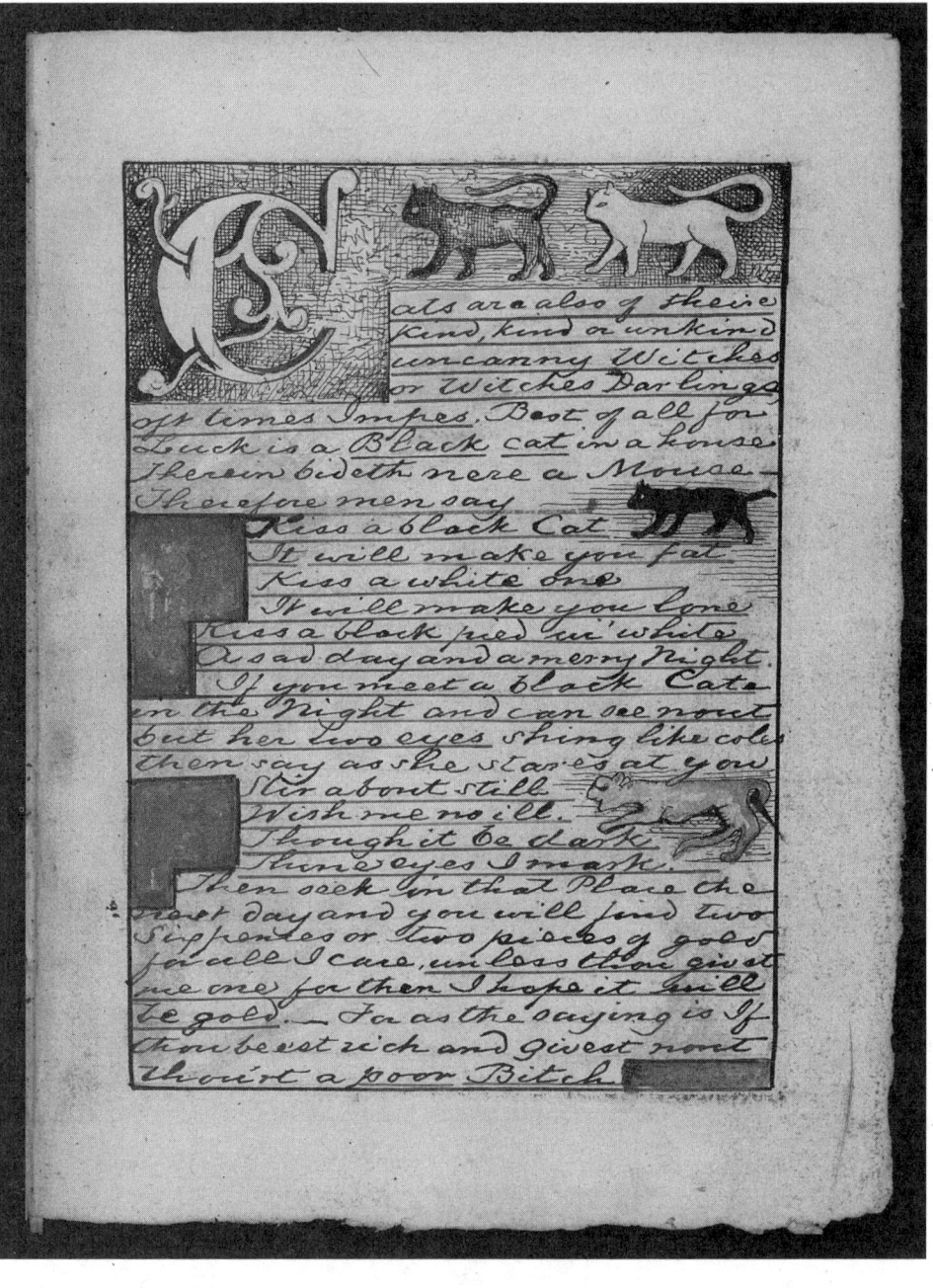

Cats are also of theire
kind, kind or unkind
uncanny Witches
or Witches Darlings
oft times Impes. Best of all for
Luck is a Black cat in a house
Therein bideth nere a Mouse
Therefore men say

Kiss a black Cat
It will make you fat
Kiss a white one
It will make you lone
Kiss a black pied w' white
A sad day and a merry Night.
If you meet a black Cate
in the Night and can see nout
but her two eyes shing like coles
then say as she stares at you
Stir about still
Wish me no ill.
Though it be dark
Thine eyes I mark.
Then seek in that Place the
next day and you will find two
Sixpences or two pieces of gold
for all I care, unless thou givest
me one for then I hope it will
be gold. — For as the saying is If
thou beest rich and givest nout
thou'rt a poor Bitch.

Extracto de

The Witchcraft of Dame Darrel of York

Los gatos también son, en su especie, amables o antipáticos, extraños brujos o brujas y, a menudo, insoportables. Nada es mejor para la suerte que tener un gato negro en casa. Por eso los hombres dicen: Ahí no se atreve a vivir ni un ratón.

Besar un gato negro
Te hará engordar
Besar uno blanco
Te hará sentirte solo
Besar uno negro con rayas blancas
Un día triste y una noche alegre
Si te encuentras con una Cate negra en la noche y no puedes
ver más que sus dos ojos brillantes como coles, entonces dile
mientras te mira fijamente
Sigue tu camino,
No me desees ningún mal.
Aunque esté oscuro,
Puedo ver tus ojos.

Busca en ese lugar al día siguiente y encontrarás dos monedas de seis peniques o dos piezas de oro, realmente no me importa, a menos que me des una, porque entonces espero que sea oro. Porque, como dice el refrán. Si eres rico y no das nada eres una pobre Perra.

Jugando con la Luna:
Adivinación y Libertad

Un extracto del libro de Rachel Pollack
A Walk through the Forest of Souls

LOS CUENTOS EGIPCIOS suelen tener muchas variantes, es decir, diferentes versiones de la misma historia básica (igual que el tarot, con todas las barajas diferentes). Por ejemplo, en el mito que sigue, Thoth ayuda en el nacimiento de Seth y Horus. Pero Horus es también el nombre del sobrino de Seth, y en otra historia Seth de alguna manera "preña" a su sobrino para que crezca un disco dorado en la cabeza del joven Horus, y finalmente Horus "da a luz" nada menos que al propio Thoth.

El siguiente mito también tiene variantes. En esta versión, Thoth apuesta con la Luna. En otras versiones, el propio Thoth es el Dios de la Luna y apuesta con los demás Dioses como grupo. He utilizado la versión que figura a continuación, en parte porque es la primera que leí, y en parte tan solo porque me gusta y me parece útil. Esto también es como el Tarot. Muchos tarotistas que se convierten en coleccionistas, y pueden poseer cientos de barajas, siguen leyendo o haciendo otros trabajos (meditación, por ejemplo) con la primera baraja que vieron, la baraja que les hizo enamorarse del tarot.

He aquí, pues, a Thoth y la Luna, con algunos detalles de mi propia invención.

Nut, Diosa del Cielo Nocturno, estaba casada con Ra, el todopoderoso Dios del Sol. Como muchas esposas, se apartó, emparejándose con Geb, el Dios de la Tierra. Los lectores atentos al simbolismo esotérico reconocerán esta situación como el cuento universal del espíritu que "desciende" a la materia, es decir, que adopta una forma física. Mucha gente ve este tema en la carta del Tarot de El Loco, que se despeña por un acantilado y caerá a la Tierra.

El Dios Sol representa la luz pura, que puede ser una metáfora del espíritu divino o, de hecho, puede ser la esencia misma del espíritu, la verdadera naturaleza de la realidad (visitaremos este concepto en capítulos posteriores). Para que tenga lugar la creación, el espíritu debe entrar en la materia (veremos, en el capítulo trece, que podríamos describir la materia, que son los cuerpos físicos, como luz ralentizada). El cielo oscuro, casado con la luz, debe convertirse en el amante de la Tierra, y embarazarse. Porque así es como surgen las cosas nuevas, una nueva generación de dioses, o nuevas ideas y descubrimientos: cuando rompemos las reglas y nos permitimos quedarnos embarazados.

Cuando Ra descubre que su esposa está embarazada a causa de una aventura,

emite una orden. Nut no dará a luz a sus hijos ningún día de ningún mes del año. Obviamente, esto significa que debe permanecer embarazada para siempre. Se trata del calendario y del zodíaco. Los egipcios imaginaban que antes del nacimiento de la nueva generación de dioses, los que se ocuparían directamente de la cultura humana, el año constaba de doce meses de exactamente treinta días cada uno. Una regularidad perfecta, la misma existencia de reloj una y otra vez. Este es el mundo del Cielo, y no el de la Tierra, donde la vida es dinámica y siempre cambiante.

Viéndose ante el dilema, Nut hace lo más sensato y recurre al gran experto de expertos, Thoth. Ahora bien, cabría esperar que Thoth persuadiera a Ra o encontrara alguna solución ingeniosa (para quienes recuerden los cómics de Rico McPato, Thoth me recuerda al gran inventor Giro Sintornillos). En lugar de eso, Thoth apuesta. Si quiere salir de un sistema cerrado, no puede hacerlo mediante planes dentro de ese sistema, tiene que romperlo para abrirlo. El juego hace esto porque elimina el control. Thoth apuesta con la Luna, que al fin y al cabo determina los meses con su ciclo de veintinueve días y medio.

Luna, y juega con un grupo de los otros Dioses—yo preferí quedarme con la versión tal y como la aprendí por primera vez.

Tan buen jugador como todo lo demás, Thoth gana uno con setenta y dos de cada día para producir cinco días extra que se mantienen independientes y no están en ningún mes del año (360 dividido por 72 es igual a 5). Nut da a luz a un bebé cada día: Seth, Osiris, Isis, Neftis y Horus. Isis

La Suma Sacerdotisa y la Rueda de la Fortuna del Tarot Rider

aparece en muchos mazos de Tarot como la carta de La Sacerdotisa, mientras que Seth a veces aparece en su forma griega de Tifón, como la serpiente de la destrucción en la carta de La Rueda de la Fortuna.

Los cinco días de fin de año, no en cualquier mes, se convirtieron en un tiempo de celebración en Egipto, cuando las rígidas normas de la sociedad se relajaban, y quizás la gente experimentaba con sus vidas e identidades.

Detengámonos un momento en ese número; setenta y dos. Aparece también más adelante en la mitología, cuando Seth decidió destruir a Osiris. Reúne un grupo de setenta y dos esbirros para ello.

Si por casualidad sabemos que los cabalistas afirmaban que había setenta y dos nombres para Dios, o que un nombre famoso contiene setenta y dos letras, o incluso que la primera traducción de la Biblia hebrea al griego se llamó la Septuaginta porque una comisión de setenta y dos eruditos hizo el trabajo, comprenderemos que el setenta y dos no aparece en la historia como un número al azar. Tampoco aparece sólo para producir cinco días de trescientos sesenta, pues la relación entre setenta y dos y trescientos sesenta tampoco es un hecho casual.

El zodíaco consta de doce grupos de estrellas, o constelaciones, que se sitúan más o menos en un plano llano (llamado "eclíptica") creado por las trayectorias aparentes de todos los planetas principales. (Una de las razones por las que Plutón fue "degradado" del estatus de planeta fue porque su órbita no se sitúa a lo largo de la eclíptica). Como los humanos vivimos tan poco tiempo, las estrellas parecen estacionarias en sus posiciones estacionales año tras año. De hecho, debido a un bamboleo en la órbita de la Tierra causado por la atracción gravitatoria del sol y la luna, las constelaciones se desplazan muy, muy lentamente. En el transcurso de dos mil ciento sesenta años, las constelaciones—los signos del zodíaco—se desplazan un mes entero con respecto a la Tierra. En otras palabras, los calendarios astrológicos dirán que el sol entra en Aries en el equinoccio de primavera, pero esto es en realidad una ficción acordada. En realidad, el sol no ha entrado en Aries en el equinoccio desde hace unos cuatro mil años. Quienes siguen la astrología deben saber que la astrología moderna no está relacionada de hecho con las posiciones reales de las estrellas y los planetas. Algunos ya lo saben, y existe una rama, llamada sideral, que se basa en el cielo actual. Pero si usted es un Aries que tiene pánico de haber sido en secreto un Piscis todo el tiempo, ¡no hay por qué entrar en pánico! Independientemente de estos hechos astronómicos, su signo astrológico permanece intacto y válido.

Hace unos dos mil años, alrededor de la época de Jesús, el sol empezó a entrar en Piscis, el signo de los peces, al comienzo de la primavera. Ésta es una de las razones por las que a menudo se compara a Cristo con un pez, y por las que los obispos llevan sombreros con forma de pez, llamados mitras. Desde entonces, los signos se han desplazado de nuevo, de modo que el sol entra en Acuario alrededor de la época del equinoccio, y obtenemos las expresiones Nueva Era, y Era de Acuario.

Si quieres salir de un sistema cerrado, no puedes hacerlo a través de planes dentro de ese sistema, hay que abrirlo. El juego lo hace porque elimina el control. Thoth juega con la Luna, que al fin y al cabo determina los meses con su ciclo de veintinueve días y medio.

¿Podemos aprender a leer el Tarot como Thoth?, es decir, ¿a jugar con nuestro supuesto destino y abrirlo a nuevas posibilidades?

Si quieres salir de un sistema cerrado, no puedes hacerlo a través de planes dentro de ese sistema, hay que abrirlo. El juego lo hace porque elimina el control. Thoth juega con la Luna, que al fin y al cabo determina los meses con su ciclo de veintinueve días y medio.

¿Podemos aprender a leer el Tarot como Thoth?, es decir, ¿a jugar con nuestro supuesto destino y abrirlo a nuevas posibilidades?

Mis amigos astrólogos me han señalado que la astrología occidental sigue en realidad los *signos*, no las constelaciones. Es decir, que el sol entra en Aries en primavera porque el signo de Aries tiene cualidades de primavera. La astrología, por tanto, es más un sistema *adivinatorio* que astronómico.

¿Qué tiene que ver todo esto con Thoth y el número setenta y dos? El tiempo que tarda el zodíaco completo en dar la vuelta a la Tierra, el Gran Año como lo llamaba Platón, es de veinticinco mil novecientos veinte años (12 veces 2160). El zodíaco es un círculo y, hace mucho tiempo, los astrólogos organizaron los círculos en trescientos sesenta grados (basándose en las constelaciones, con una designación arbitraria de treinta grados para cada uno de los doce signos). Un grado del Gran Año, uno trescientos sesenta de veinticinco mil novecientos veinte, es setenta y dos.

Cuando Thoth apuesta con la Luna—o con los demás Dioses—y ganar un día con setenta y dos al año, está abriendo un grado de un círculo fijo. La suerte, el destino cerrado, se abre, y nuevas posibilidades emergen a la existencia para cambiar el curso de la humanidad.

Seth utiliza setenta y dos exactamente de la manera opuesta, excepto negativamente. Esto es lo que hace para destruir a Osiris: lo mide. Mientras Osiris duerme, Seth y su banda de setenta y dos miden cuidadosamente cada recodo del cuerpo del dios. Luego construyen una magnífica caja enjoyada que se ajustará exactamente a él y lo encerrará. En una fiesta fingen descubrir la caja y Seth dice: "Eh, ya sé. Juguemos a un juego. El que quepa dentro de esta caja se la queda". Con falso entusiasmo, todos los setenta y dos se tumban y, como las hermanas de Cenicienta, ninguno cabe.

Finalmente, Osiris lo prueba, y por supuesto, le queda tan ajustado que no puede levantarse. Seth y sus secuaces lo cierran de golpe, lo clavan, lo sellan con plomo y lo hacen flotar por el Nilo. Osiris ha muerto asfixiado. Pero no se preocupe, su esposa Isis lo recupera y con la ayuda de—¿quién más? Thoth— le devuelve la vida.

Cuando los setenta y dos miden a Osiris, lo limitan a un grado del círculo infinito de sus posibilidades. Esa medida asfixia, se convierte en una estafa. Lo mismo ocurre con nosotros. Prácticamente desde el momento de nuestro nacimiento, la sociedad nos mide. Los médicos miden nuestras capacidades físicas (y cada vez más las psicológicas), las escuelas miden nuestra inteligencia y "aptitud" para futuras carreras, los jefes miden nuestro valor, la familia y los amigos miden nuestro carácter. Medimos y pesamos nuestros cuerpos para juzgar nuestro atractivo. Nuestras potenciales parejas nos puntúan del uno al diez. Las encuestas miden nuestras creencias y convicciones; las empresas miden nuestros gustos. Con cada medición, la caja se hace más estrecha y elaborada. Al igual que Osiris, nos asfixiamos en una caja que nos limita a un grado de lo que podemos llegar a ser.

¿Por qué la lectura del tarot debe jugar a este juego? Cualquier lectura que te defina, que diga que eres tal persona, o que describa tu destino en términos fijos, pasa a formar parte de la pandilla de sofocadores de Seth. ¿Podemos aprender a leer el tarot como Thoth, es decir, a jugar con nuestro supuesto destino y abrirlo a nuevas posibilidades? Al igual que los nuevos dioses, nacidos fuera de cualquier día del año, ¿podemos utilizar la adivinación para traer cosas nuevas a nuestra realidad?

¿A qué juego jugó Thoth para crear días extra? Algunas versiones antiguas del viejo mito dicen que, a los dados, pero desde 1781 y *Le Monde Primitif*, sabemos que no es así. Thoth no inventó el Tarot para describir un universo fijo. Lo inventó para poder ir a la Luna y decir:—¿Quieres jugar cartas?

El Dios de la magia inventó el tarot para librarnos de ser medidos.

—RACHEL POLLACK

A Walk through the Forest of Souls está disponible en redwheelweiser.com

Rachel Pollack (1945-2023) fue la principal luz e influencia del tarot moderno. Su libro con superventas, Los Setenta y Ocho Grados De Sabiduría del Tarot, *publicado por primera vez en 1980 y que nunca ha dejado de imprimirse, es ampliamente descrito como la "Biblia del Tarot". También ejerció una gran influencia en las comunidades de la ciencia ficción, la fantasía y el cómic, además de ser una pionera dentro de la comunidad transexual. Maestra de muchos géneros, Pollack es conocida por su tirada de los números #64–87 de Doom Patrol (Vertigo Comics), donde creó a la primera superheroína transgénero. Autora prolífica tanto de ficción como de no ficción, entre sus otros libros figuran* Un paseo por el bosque de las almas, Fuego Inextinguible, La Noche Madrina *y* El Rey de la Fisura. *Fue la creadora de* The Shining Tribe Tarot *y escribió libros de otros numerosos mazos, entre ellos* The Vertigo Tarot *y* Salvador Dali's Tarot. *Pollack enseñó en el famoso Instituto Omega durante más de treinta años.*

JARDINERÍA LUNAR

SEGÚN LA FASE

Sembrar, trasplantar, brotar e injerta　　*Arar, cultivar, desmalezar y cosechar*

　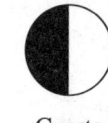　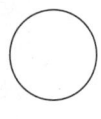　　

NUEVA	Cuarto Menguante	LLENA	Cuarto Creciente	NUEVA
Siembre sobre el suelo con semillas externas, plantas anuales.	Siembre sobre el suelo con semillas interiores.	Siembre tubérculos, bulbos, bienales, plantas perennes.		No siembre.

SEGÚN EL LUGAR EN EL ZODÍACO

En general, plante y trasplante los cultivos que crecen por encima del suelo cuando la Luna esté en un signo acuático: Cáncer, Escorpio o Piscis. Plante y trasplante cultivos de raíz cuando la Luna esté en Tauro o Capricornio; el otro signo de tierra, Virgo, favorece la descomposición. Los signos aéreos, Géminis, Libra y Acuario, son buenos para algunos cultivos y otros no. Los signos de fuego, Aries, Leo y Sagitario, son estériles para la mayoría de cosechas; es mejor utilizarlos para desmalezar, combatir plaga y cultivar la tierra.

♈

Aries: *estéril, caluroso y seco*. Favorable para plantar y trasplantar remolachas, cebollas y ajos, pero desfavorable para todos los demás cultivos. Bueno para desmalezar y controlar las plagas, para enlatar y conservar, y para todas las actividades que impliquen fuego.

♉

Tauro: *productivo, frío y seco*. Fértil, el mejor para plantar cultivos de raíces y también muy favorable para todos los trasplantes, ya que favorece el crecimiento de las raíces. Bueno para plantar cultivos que crecen por encima del suelo y para hacer conservas y enlatados. Pode en este signo para favorecer el crecimiento de las raíces.

♊

Géminis: *estéril, caluroso y húmedo*. El mejor signo para plantar judías, que darán más frutos. Desfavorable para otros cultivos. Bueno para la cosecha y para recolectar hierbas.

♋

Cáncer: *productivo, frío y húmedo*. El mejor para plantar cultivos que crecen encima del suelo y de raíces. Cave los lechos del jardín con la Luna en este signo, y todo florecerá. Pode en este signo para favorecer el crecimiento.

♌

Leo: *estéril, caluroso y seco*. No se debe plantar ni trasplantar nada mientras la Luna esté en León. Favorable para desmalezar y controlar las plagas, para labrar y cultivar la tierra y para hacer conservas y enlatados.

♍

Virgo: *estéril, frío y seco*. Bueno para la siembra de pastos y cereales, pero desfavorable para otros cultivos.

Desfavorable para enlatar y conservar, pero favorable para desmalezar, controlar las plagas, labrar y cultivar. Haga abono cuando la Luna esté en la Virgen y madurará más rápido.

≏

Libra: *productivo, cálido y húmedo*. El mejor signo para plantar flores y enredaderas y favorable para cultivos que crecen sobre el suelo. Pode en este signo para favorecer la floración.

♏

Escorpio: *productivo, frío y húmedo*. Muy favorable para plantar y trasplantar cultivos que dan por encima del suelo, y favorable para plantar y trasplantar cultivos de raíces. Plante árboles frutales cuando la Luna esté en este signo y pódelos para favorecer el crecimiento.

♐

Sagitario: *estéril, caluroso y seco*. Favorable para plantar cebollas, ajos y pepinos, pero desfavorable para todos los demás cultivos, y especialmente desfavorable para el trasplante. Favorable para enlatar y conservar, para labrar y cultivar la tierra, y para podar para desalentar el crecimiento.

♑

Capricornio: *productivo, frío y seco*. Muy favorable para plantar y trasplantar cultivos de raíces, favorable para las flores, las vides y todos los cultivos que crecen por encima del suelo. Plante árboles, arbustos y vides. También árboles y vides para fortalecer sus ramas.

♒

Acuario: *estéril, caluroso y húmedo*. Favorable para desmalezar y controlar las plagas, labrar y cultivar la tierra, cosechar cultivos y recolectar hierbas. Relativamente favorable para plantar cultivos que crecen sobre el suelo, pero sólo en tiempo seco o las semillas tenderán a pudrirse.

♓

Piscis: *productivo, frío y húmedo*. Muy favorable para la siembra y el trasplante de cultivos que crecen por encima del suelo y favorable para las flores y todos los cultivos de raíces salvo las patatas. Pode cuando la Luna esté en los Peces para favorecer el crecimiento. Plante árboles, arbustos y vides en este signo.

Consulte nuestras páginas sobre el calendario lunar para conocer la fase y el lugar en el círculo zodiacal. La Luna permanece en un signo durante unos dos días y medio. Coordine su jornada con el día siguiente a la entrada de la Luna en el signo zodiacal. Recomendamos elegir días de fase y signos favorables. Por ejemplo, plante semillas cuando la Luna esté en fase creciente en un signo productivo adecuado, y desmalece las malas hierbas rebeldes en cuarto menguante de un signo estéril.

El Calendario LUNAR

se divide en signos zodiacales en lugar del calendario gregoriano, que es más conocido.

2024

2025

Tenga en cuenta que los nuevos proyectos deben iniciarse cuando la Luna está creciente (de oscura a llena). Cuando la Luna está menguante (de llena a oscura), es un momento para almacenar energía, y la persona sabia espera.

Recuerde que las Lunas se enumeran por día de entrada en cada signo. Los cuartos están, pero las horas de salida y puesta varían, por lo que se aconseja consultar el periódico local, la biblioteca o el planetario.

El lugar de la Luna está calculado para la hora del Este.

aries
20 Marzo – 19 Abril 2024
Signo cardinal de fuego △ Regido por Marte ♂

D	L	M	Mi	J	V	S
Kukulcan— *Cielo,* **tormentas,** **guerra,** **creación** Más allá de las barreras étnicas y lingüísticas, Kukulcán es el dios mesoamericano de la serpiente de ↓	Mar **19** Vernal Equinox	**20** *Encienda una vela* Leo	**21**	**22** *Compre semillas* Virgo	**23**
24 *Eclipse lunar parcial* ⇨	**25** Seed Moon Libra	**26** **Decreciente**	**27** Escorpio	**28** *Active los amuletos*	**29**	**30** *Baile* Sagitario
31 *Cuenter una historia*	Abril **1** Capricornio	**2** *Día de las bromas* ⇦	**3** *Canta* Acuario	**4**	**5** *Anote sus sueños* Piscis	**6**
7 *Eclipse solar total* ⇨ Aries	**8**	**9** **Creciente** Tauro	**10**	**11** *Sea paciente* Géminis	**12**	**13** *Tenga bondad* Cáncer
14	**15**	**16** *¡Ruge!* Leo	**17**	**18** Virgo	**19** *Prepare su jardín*	

guerra. Se le adora desde el centro de México hasta Nicaragua. La leyenda dice que Kukulcán nació como una serpiente y entregado a su hermana. Ella pronto entendió su linaje divino y que era la serpiente emplumada. Al crecer, lo llevó a una cueva para mantenerlo a salvo. Al crecer demasiado para la cueva voló hacia el mar, provocando un terremoto. Cada mes de julio se hace presente provocando un terremoto. Su culto se centró en Yucatán entre los mayas. Durante los Equinoccios, se puede ver a Kukulcán descendiendo por su pirámide escalonada en la sombra proyectada por la escalera crea el cuerpo para la cabeza de serpiente en la base norte.

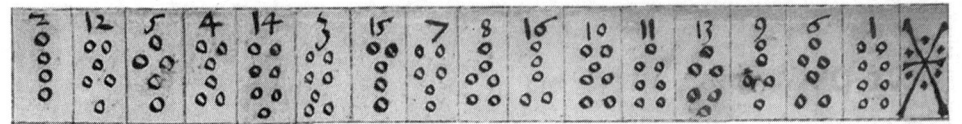

Las Figuras Geománticas: Conjunctio

LA GEOMANCIA ES UN SISTEMA ANTIGUO de adivinación que utiliza dieciséis símbolos, las figuras geománticas. Fácil de aprender y utilizar, fue uno de los métodos de adivinación más populares en la Edad Media y el Renacimiento. Siguió utilizándose entre la astucia rural durante muchos siglos después, y ahora está experimentando un renacimiento propio a medida que los adivinos descubren sus posibilidades.

Las figuras geománticas están formadas por puntos simples y dobles. Cada figura tiene un nombre y un significado adivinatorio. También se asignan a los cuatro elementos, los doce signos del Zodiaco, los siete planetas y los nodos de la Luna. Los puntos que componen las figuras tienen sus significados internos: las cuatro líneas de puntos representan el Fuego, el Aire, el Agua y la Tierra, y muestran que los Elementos están presentes en forma activa (un punto) o latente (dos puntos).

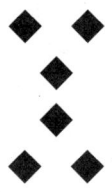

La sexta de las figuras geománticas es Conjunctio, que significa Conjunción. Conjunctio pertenece al elemento Tierra, al signo zodiacal Virgo y al planeta Mercurio (o en algunos relatos, al planeta enano Ceres.) El patrón de puntos que forma esta figura se asemeja a una encrucijada, donde viajeros de muchos lugares diferentes pueden encontrarse e intercambiar noticias.

Leídos como símbolos de los Elementos, los puntos que forman la Conjunción revelan mucho sobre la naturaleza de esta figura. En esta figura los Elementos medios Aire y Agua están activos, y el Fuego y la Tierra, que forman los extremos del espectro elemental, están latentes. A medida que el agua se evapora en niebla y vapor y luego se condensa de nuevo en líquido para caer en forma de lluvia, los Elementos Aire y Agua se mezclan e intercambian cualidades.

En adivinación, Conjunctio significa interacción, intercambio y contacto con los demás. No es ni afortunado ni desafortunado, y comúnmente significa que la buena fortuna y la desgracia se mezclarán. Sin embargo, es favorable para cuestiones relacionadas con la fertilidad y para la recuperación de objetos perdidos o robados.

—JOHN MICHAEL GREER

tauro
20 Abril – 20 Mayo 2024
Signo fijo de Tierra ♉ Regido por Venus ♀

D	L	M	Mi	J	V	S
Ba'al Hadad—*Tormentas, truenos, lluvia* Con un rayo en una mano y una maza en la otra, Baal Hadad (Baal significa "señor") es una formidable deidad de las tormentas y los truenos. Como maestro de la lluvia, también se le asociaba con la fertilidad del campo y las personas. De los muchos epítetos que llevó Hadad, Jinete de las Nubes es el más adecuado. Su consorte mayor era la diosa Atargatis, también asociada a la fertilidad de los campos. Se decía que su ausencia traía la sequía y, a su vez, la muerte. Se hablaba a menu do de que era más ↓						April **20**
21 Libra	**22** *Lleve una piedra lunar*	**23** ◯ Hare Moon Escorpio	**24** **Decreciente** .	**25**	**26** *Vista de lavanda* Sagitario	**27**
28 *Limpie la casa* Capricornio	**29**	**30** Noche de Walpurgis Acuario	May **1** ◐	**2** Beltane ⇦ *Recoja el rocío*	**3** Piscis	**4**
5 Aries	**6** *Hurgue a medianoche*	**7** ● Tauro	**8** **Creciente** Día del loto blanco	**9** Géminis	**10** *Hable con las abejas*	**11** Cáncer
12	**13**	**14** *Prepare té caliente* Leo	**15** ◑	**16** Virgo	**17**	**18** *Aférrese a los recuerdos* Libra
19	**20**	fuerte que todas las deidades de su panteón. Su naturaleza tormentosa y su increíble fuerza le permitieron convertirse en el jefe de los dioses. Cuando el dios jefe El quiso elevar a su propio hijo Yam, Hadad se opuso y entró en guerra con Yam. Gracias a esta batalla y a otras, Hadad acabó suplantando a El.				

 # Cuencos Cantores Tibetanos

Los cuencos cantores son una especie de campana que utilizado tradicionalmente en las prácticas de meditación del budismo tibetano. También conocidos como cuencos del Himalaya o Cuencos Tibetanos, estos tazones de metal se utilizan para el canto, el canto coral y la música instrumental. Los cuencos se golpean o tocan con un mazo para producir un sonido rico y relajante que se cree tiene efectos terapéuticos y calmantes sobre la mente y el cuerpo.

La historia de los Cuencos Tibetanos se remonta a tiempos remotos. Utilizados en ceremonias y rituales espirituales, los Cuencos Tibetanos son poderosas herramientas para cultivar la atención plena y la paz interior. En la cultura tibetana los Cuencos Cantores se consideran objetos sagrados y suelen tratarse con gran reverencia. A menudo se transmiten de generación en generación y algunos cuencos antiguos son bastante valiosos.

Para tocar un Cuenco Tibetano, golpee el borde del cuenco con un mazo o percutor y así obtener un tono de campana, o frote el borde con un movimiento circular para producir un sonido rico y armonioso que es a la vez calmante y elevador. Algunos practicantes creen que las vibraciones producidas por el cuenco pueden ayudar a limpiar la energía negativa y promover la curación y el equilibrio en el cuerpo.

Los Cuencos Cantores vienen en una gran variedad de tamaños y formas. Algunos cuencos son pequeños y portátiles, mientras que otros son grandes y requieren un soporte para tocarlos. Los cuencos suelen estar hechos de una mezcla de metales, como cobre, estaño, hierro y otros oligoelementos. La combinación específica de metales utilizada en la creación de un Cuenco Tibetano afecta a su sonido y a sus propiedades espirituales. El precio de un Cuenco Tibetano puede variar mucho en función del tamaño, la calidad y los materiales empleados en su construcción. Algunos cuencos son fabricados a mano por artesanos expertos, mientras que otros se producen en serie. Es importante investigar y comprar a un distribuidor de confianza para asegurarse de que adquiere un cuenco de alta calidad fabricado con cuidado y atención al detalle.

Existen varias formas de incorporar los Cuencos Tibetanos a la vida cotidiana y a las prácticas espirituales. Puede utilizarlos como parte de una rutina de meditación diaria o incorporarlos al yoga u otras prácticas físicas para lograr relajación y claridad. Los Cuencos Tibetanos también pueden utilizarse en entornos de grupo, como en las clases de meditación o yoga en grupo, donde el sonido de los cuencos ayuda a crear una sensación de unidad y conexión entre los participantes. También se utilizan en musicoterapia y como forma de aliviar el estrés. Muchas personas consideran que el sonido de los cuencos es profundamente relajante y descubren que escucharlos ayuda a calmar la mente y favorece la sensación de bienestar.

Independientemente de cómo elija utilizar los Cuencos Cantores Tibetanos, éstos pueden convertirse en una herramienta poderosa para cultivar la atención plena y la paz interior, tanto si es un practicante experimentado como si acaba de empezar a explorar el mundo de los sonidos sagrados.

gemini

21 Mayo – 20 Junio, 2024

Signo mutable de aire ♎ Regido por Mercurio ☿

D	L	M	Mi	J	V	S
		May 21 Escorpio	22 Día de Vesak	23 (Dyad Moon) Sagitario	24 **Decreciente**	25 Capricornio
26	27	28 *Acepte las críticas* Aquarius	29 Día de la manzana de roble Piscis	30 ◑	31	June 1 Aries
2 *Niegue el mal*	3 Tauro	4	5 Noche de los vigilantes Géminis	6 ●	7 **Creciente** Cáncer	8 *Hable con su padre*
9 Leo	10	11 *Tome precauciones*	12 Virgo	13 *Alimente a las aves*	14 ◐	15 Libra
16	17 *Prenda incienso* Escorpio	18	19 *Salude al sol* Sagitario	20 Solsticio de Verano		

Manannán mac Lir— Mar, *verdad inmortalidad,* Dando su nombre a la isla de Man, Manannán mac Lir es el Dios del Mar. Al igual que muchas deidades de los irlandeses celtas, perteneció a los Tuatha de Danann. Manannán se encuentra en el linaje de los hablantes de gaélico. En Irlanda y la Isla de Man es tradición popular hacer ofrendas en el solsticio de verano para ahuyentar a los invasores del mar. Se decía que Manannán tenía una armadura impenetrable y una espada encantada a la que ningún enemigo podía sobrevivir. Tenía una fuerte conexión con la verdad, reflejada en su espada (llamada el Contestador) que sostenida contra la garganta, sólo permitía que la verdad pasara por los labios del sujeto. También poseía una copa de oro que se rompía si se decían sobre ella tres falsedades.

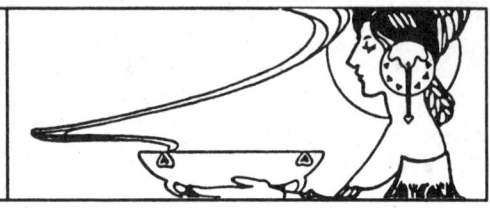

Poolish

LA MAGIA de la cocina es atemporal, y sus procesos más antiguos son algunos de los más mágicos. El proceso de convertir la cebada en cerveza o el trigo en pan provoca ciertamente un cambio dramático de acuerdo con la voluntad, pero también algo más. Cuando un brebaje en fermentación empieza a burbujear, cuando una masa de levadura aparentemente inanimada se eleva de forma espectacular y amenaza con desbordarse sobre la encimera, se produce una magia ancestral: es como una aceleración. Donde había potencial, ahora hay vida, y esa vida se consumirá para sustentar más vida. Para tocar ese misterio en la cocina moderna, empiece mezclando sólo una pizca de levadura en cantidades iguales de agua y harina. Deben ser iguales en peso, o dos partes de harina por una de agua en volumen. Espere toda la noche y entonces… ¡abracadabra! la bestia burbujeante estará lista para convertirse en pan. Así se hace un poolish, un prefermento utilizado para añadir complejidad y extensión a las baguettes y otros panes continentales, pero puede sustituirlo por un fermento de masa madre en las mismas cantidades si tiene la suerte y el compromiso de mantener uno.

Cómo hacer un Poolish
¼ taza de agua templada
½ taza de harina
una pizca de levadura

1 ½ tazas de agua fría
4 ½ tazas de harina de pan
2 cditas de sal
½ cdita. de levadura

Mezcle bien los tres primeros ingredientes, tápela ligeramente y déjela reposar a temperatura ambiente de 12 a 18 horas. Incorpore los ingredientes restantes hasta obtener una masa pegajosa. Con la mano húmeda, coja un lado de la masa, estírela hacia arriba y dóblela hacia el otro lado. Gire el tazón 90 grados y repita la operación, 5 ó 6 veces, después tápelo y déjelo reposar a temperatura ambiente. Repita los pliegues cada 20 minutos durante una hora, después deje levar. Cuando la masa haya doblado su tamaño, sáquele todo el aire y vuélquela sobre una encimera enharinada. Con una mano enharinada, pase las manos por debajo de la hogaza, dándole la vuelta y metiendo los lados para crear una forma redonda. Deslícela sobre una bandeja para hornear enharinada. Deje que suba de nuevo. Calentar el horno a 425 grados como mínimo, colocando una cacerola con agua en la rejilla inferior para crear vapor. Haga varios cortes profundos en la parte superior de la hogaza y hornee hasta que al golpear el fondo se oiga un sonido hueco.

—MAB BORDEN

cáncer

2 Junio – 22 Julio, 2024

Signo cardinal de agua ▽ Regido por la luna ☽

S	L	M	Mi	J	V	S
	Veles, *tierra, ganado, inframundo* Como deidad primordial, Veles puede encontrarse universalmente en los panteones de los eslavos. Al parecer, su importancia para ellos subsistió la cristianización de Europa. Una deidad metamorfa, asume muchas formas a lo largo de su mitología. Cuando aparece en forma de serpiente o dragón, es el señor del ↓				Junio **21** Mead Moon	**22** Decreciente Capricornio
23 Recoge Hierba de San Juan	**24** Fiestas Juninas Acuario	**25**	**26** Sueñe con hadas Piscis	**27**	**28** Aries	**29**
30 Tauro	Julio **1** Salte para tener suerte	**2** Géminis	**3** Lance un hechizo	**4**	**5** Cáncer	**6** Creciente
7 Limpie las puertas Leo	**8**	**9** Virgo	**10** Recoja flores	**11**	**12** Libra	**13**
14 Escorpio	**15** Pula la plata	**16**	**17** Sagitario	**18** Invoque a Marte	**19** Capricornio	**20** Salude a la luna
21 Acuario	**22** Decreciente	Inframundo que se asienta bajo las raíces del Árbol del Mundo. En otra manifestación, gobierna los bosques profundos como un Dios con cuernos de alce, mandando en otro mundo liminal. Los mitos de Veles relatan a menudo rivalidades con el Dios del trueno y del cielo, Perun. Sus batallas iluminan el ciclo de estaciones secas y húmedas de la Naturaleza, el húmedo es vencido y asesinado sólo para resucitar y batallar de nuevo.				

木
龍

AÑO DEL DRAGÓN DE MADERA
10 Febrero de 2024–28 Enero de 2025

EL DRAGÓN es el quinto de los doce signos animales del zodíaco chino. Es la única criatura sobrenatural entre los animales, cada uno de los cuales representa un año. Cinco elementos (fuego, agua, metal, tierra y madera) también forman parte de este zodíaco/calendario más antiguo del mundo. El Año Nuevo chino comienza con la segunda Luna Nueva después del solsticio de invierno. Esto sitúa el Año Nuevo lunar entre finales de enero y mediados de febrero, casi siempre en la Luna Nueva en Acuario.

Se cree que los años del dragón son los más propicios. Aumentan la buena suerte, la salud y la fuerza. Como emblema de autoridad y poder, se representa al Dragón sosteniendo una perla mágica en la boca. Esta preciosa joya representa tanto a la Luna y al Sol como a la esencia espiritual del universo. Las especies de Dragones se diferencian por los cinco elementos. El año 2024 trae el Dragón Verde de Madera. El elemento Madera es la personificación del crecimiento y el desarrollo. Su color, el verde, conlleva una asociación positiva con el florecimiento de la naturaleza y la nueva vida. Los sabios serán prudentes a la hora de considerar las apuestas. La atmósfera eléctrica del año puede generar locura. El poderoso Dragón trae sorpresas que a menudo alterarán el statu quo. Los nacidos durante un año Dragón se describen como extravagantes, inteligentes y buenos líderes.

Encontrará más información sobre el Dragón de Madera en nuestra página web
http://TheWitchesAlmanac.com/pages/almanac-extras

Los años del Dragón
1928, 1940, 1952, 1964, 1976, 1988, 2000, 2012, 2024

Ilustración de Ogmios MacMerlin

leo

23 Julio – 22 Agosto, 2024
Signo fijo de fuego △ Regido por el sol ☉

D	L	M	Mi	J	V	S
		Julio **23** Año Nuevo del Antiguo Egipto Piscis	**24**	**25** Recite una vieja oración Aries	**26**	**27**
28 Tauro	**29** Coseche el maíz	**30** Géminis	**31** Víspera de Lughnassad	Ago **1** Lammas Cáncer	**2** Hornee pan	**3** Leo
4	**5** Creciente	**6** Haga libaciones Virgo	**7**	**8** Llegue sano y salvo Libra	**9**	**10**
11 Escorpio	**12**	**13** Día de Diana Sagitario	**14**	**15** Capricornio	**16** Tenga cuidado	**17** Día del Gato Negro
18 Prepárese Acuario	**19**	**20** **Decreciente** Piscis	**21** Disfrute de las olas	**22** Aries	**Òrúnmìlà, verdad, destino, Conocimiento** Testigo de toda la creación, es Orunmila el Orisha (divinidad) quien puede relatar todo lo que fue, es, y será	

en la eternidad. Está entre los Orisha primordiales que emanaron de Olódùmarè (el Dios superior) antes de que cualquier creación física existiera, por lo que lleva el apelativo de Irunmole. Entre sus muchos nombres de alabanza se encuentran Ibikeji Olódùmarè (segundo después de Olódùmarè) y Eléripín (testigo del destino.) Se dice que los secretos del universo y de cada persona están codificados en la poesía llamada Ifá, que es la procedencia del Babaláwo (padre de los secretos) y de Iyánífá (Madre de Ifá,) los sacerdotes de Orunmila. La poesía sagrada contiene la sabiduría popular de cada uno de los Orisha y la forma correcta de lograr una vida exitosa.

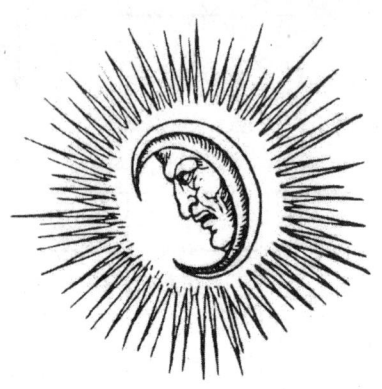

El diario de Thoreau (¡14 volúmenes!)
5 Octubre de 1851—LUZ DE LUNA Y HADAS

Para apreciar la luz de la luna, debe permanecer a la sombra y ver dónde a unas pocas varas o metros de distancia cae entre los árboles. Es un "día más suave", hecho para habitantes que usted no ve. Las hadas son una especie tranquila y apacible, inventada para habitar a la luz de la luna. Es frecuente para mí ver una luz en el suelo dentro de bosques espesos y oscuros, donde todo el entorno está en sombras, y me apresuro a seguir, esperando encontrar algún tallo carcomido y fosforescente, pero descubro que se trata de la clara luz de la luna que se cuela entre algunas fisuras de las hojas. Así como la luz de la luna es a la del sol, así son las hadas a los hombres.

–El diario de Henry David Thoreau,
Vol. III Septiembre y octubre, 1851 (ÆT. 34),
Boston: Houghton Miffline Co., 1906, p. 47.

virgo

23 Agosto – 22 Septiembre, 2024

Signo mutable de Tierra ♍ Regido por Mercurio ☿

D	L	M	Mi	J	V	S
Júpiter, *Cielo, truenos y relámpagos, justicia* El temible rey de los dioses Júpiter, también era conocido como Jove, era el jefe de un gran panteón de dioses venerados en el Imperio Romano. Se le solía representar sosteniendo el rayo o sentado con un águila. Ambos símbolos fueron utilizados como emblema marcial por los ejércitos de Roma. Tal era la asociación de Júpiter con las águilas que se decía que podía adoptar su forma. Júpiter también⬇					Ago 23	24 Tauro
25	26 ◑ Géminis	27	28 *Bendiga el agua* Cáncer	29	30 *Haga honores* Leo	31
Sept 1	2 ● Virgo	3 **Creciente**	4 Libra	5 *Haga una infusión*	6 Ganesh Chaturthi	7 Escorpio
8	9 *Descubra una mentira* Sagittarius	10	11 ◐	12 Capricornio	13 *Día de cosechar*	14 Acuario
15 *Beba agua fresca*	16 *Coma con moderación* Piscis	17 ○	18 *Eclipse lunar parcial* ⇐	19 **Decreciente** ⇐ Aries ⇐	20 Tauro	21
22 Autumnal Equinox Géminis	guardaba relación con la justicia y se hacían juramentos ante él. En la antigüedad se le veneraba en un santuario situado en el monte Albano. En las leyendas, el rey Tulio Hostilio lo destruyó, trasladando a todos los habitantes de Alba a Roma. Debido a que los albanos suspendieron su culto, Júpiter provocó una lluvia de rocas y una plaga, que finalmente acabó con la vida de Tulo. Los albanos entendieron las señales y volvieron a adorarlo.					

LA TEMPLANZA EN EL TAROT

LA TEMPLANZA REPRESENTA, la tercera de las cuatro Virtudes Cardinales. El teólogo católico Tomás de Aquino decía que un hombre con Templanza cumplía la condición de ser "comedido en justa medida". En el Tarot, la Templanza se representa hoy como una mujer que vierte líquido de un recipiente a otro, tal vez diluyendo vino en agua. Esta era su forma iconográfica estándar en el arte occidental. Lo más probable es que sustituyera a la figura original de Ganímedes, un joven príncipe troyano de quien Zeus se enamoró y raptó para convertirlo en su escanciador de vino y copero. La Templanza fue considerada por los teólogos escolásticos moralizantes como la Virtud, que apuntaba específicamente al Pecado Mortal de la Ira, aunque intérpretes más modernos considerarían a la Gula, que incluye a la Borrachera, como su principal enemiga. Giovanni Piscina, sin embargo, en 1565, afirma que la Templanza ocupa esta posición en la secuencia de la trompeta, ya que representa a *todas* las Virtudes que no temen a la Muerte, y por ello se sitúa triunfante por encima de él.

Extraído de Dame Fortune's Wheel Tarot—A Pictorial Key *by Paul Huson, publicado por* The Witches' Almanac.

libra

23 Septiembre – 22 Octubre, 2024

Signo cardinal de aire ♎ Regido por Venus ♀

LIBRA

D	L	M	Mi	J	V	S
	Sept **23**	**24** ◑ Cáncer	**25**	**26**	**27** *Seque las hierbas* Leo	**28**
29 Virgo	**30** *Gire tres veces*	Oct **1** Eclipse solar parcial ⇨ Libra	**2** ⬤ Libra	**3** **Creciente**	**4** Escorpio	**5** *Muérdase la lengua*
6 *Lleve un balance* Sagitario	**7**	**8**	**9** Capricornio	**10** ◐	**11** *Aprecie el arte* Acuario	**12**
13 Piscis	**14** *Cuidado con el mal de ojo*	**15** Aries	**16**	**17** ○	**18** **Decreciente** Tauro	**19** *Medite*
20 Géminis	**21**	**22** *Lance un hechizo de curación* Cáncer				

Krishna *Música, compasión, amor* Krishna, Música, compasión, amor Uno de los dioses más venerados de los panteones hindúes, Krishna, es el octavo avatar (encarnación) del dios Visnú, derivado del sánscrito "azul oscuro". Se dice que de bebé, Krishna chupó leche envenenada de un demonio que disfrazado trató de matarlo. Pero el veneno hizo que su piel se volviera azul. En el corpus de la literatura hindú, Krishna ocupa un lugar destacado, apareciendo como niño, héroe, amante e incluso como el Dios supremo universal conocido como Svayam Bhagavan. Muchos de los primeros textos hindúes presentan a Krishna como un Dios independiente y no como un avatar de Visnú. Se decía que en su cuerpo existía la esencia del hombre. En sus muchas habilidades y sus múltiples disfraces, Krishna es siempre la encarnación y la esencia del amor divino: el amor de los Dioses por la humanidad, y el amor de los humanos por los Dioses. Se cree que cuando Krishna toca su flauta, sólo la oyen los iluminados.

CONTANDO CUERVOS

Uno para la pena,

Dos para la alegría,

Tres para una niña,

Cuatro para un niño,

Cinco para la plata,

Seis para el oro,

Siete por un secreto que nunca se contará.

Ocho por un deseo,

Nueve por un beso,

Diez una sorpresa que debes tener cuidado de no perderte,

Once por salud,

Doce para la riqueza,

Trece, cuidado, es el mismo diablo.

escorpio

23 Octubre – 21 Noviembre, 2024

Signo fijo de agua ▽ Regido por Pluto ♀

SCORPIVS

D	L	M	Mi	J	V	S
Cernunnos, *otros mundos, cosas salvajes* Sentado entre las bestias salvajes del bosque, Cernunnos puede encontrarse de una forma u otra en toda la amplia extensión de las naciones celtas de antaño. Aunque su nombre varía, en la raíz está karn, que significa asta o ⬇			Oct **23**	**24** Leo	**25**	**26** Virgo
27	**28** *Mire el espejo negro*	**29** Libra	**30** *Use sus barajas*	**31** Víspera de Samhain	Nov **1** escorpio	**2** **Creciente** Hallowmas ⬅
3 Sagitario	**4** *El tablero de la ouija habla*	**5** Capricornio	**6**	**7** *Regale ajo*	**8** Acuario	**9**
10 Piscis	**11**	**12** *Encienda una vela* Aries	**13**	**14** Tauro	**15**	**16** **Decreciente** La Noche de Hécate Géminis
17	**18** Cáncer	**19** *Coma chocolate*	**20** *Protéjase* Leo	**21**		

cuerno. Su iconografía lo representa sistemáticamente como un dios sentado con astas en la cabeza. A veces sostiene un símbolo de fertilidad o abundancia, como una espiga de trigo, una bolsa de monedas o una cornucopia. En la otra mano puede encontrarse sosteniendo un collar, símbolo de riqueza y también de los dioses. A menudo se le ve con un ciervo o una serpiente con cuernos de carnero, o rodeado de los animales del bosque. Todo sugiere que los celtas lo consideraban una deidad de las zonas salvajes y un guardián de otro mundo de las almas difuntas. Para muchas brujas modernas, es el Dios con Cuernos, consorte de la Gran Diosa.

Estatua de un Sátiro

Pompeya, Italia

sagitario

22 Noviembre – 21 Diciembre, 2024

Signo mutable de fuego △ Regido por Júpiter ♃

D	L	M	Mi	J	V	S
Mitra, ***Pacto, juicio, luz, Sol*** Al cruzar el Puente de la Separación, cada alma debe encontrarse con tres seres que se sentarán a juzgar su vida. Mitra era uno de estos tres que valoraría los pensamientos, palabras y actos de la vida del alma que tenían ante ellos. Dios del Sol cuya luz cegadora contempla todo lo que es, se le invoca hasta hoy en la toma de juramentos. Según algunos mitos, Mitra nació junto a un arroyo sagrado y bajo un árbol sagrado portando ↓					Nov **22**	**23** Virgo
24 Llame a un amigo	**25** Mire las aves Libra	**26**	**27** Escriba un poema	**28** Escorpio	**29**	**30** Cree un talismán Sagitario
Dic **1** ⬤	**2** **Creciente**	**3** Recoge bellotas Capricornio	**4**	**5** Disfrute la libertad Acuario	**6**	**7** Tenga cuidado esta noche Piscis
8 ◐	**9** Reconozca sus miedos Aries	**10**	**11** Tauro	**12**	**13** Sonría todo el día Géminis	**14**
15 ◯	**16** **Decreciente** *Previo de Reina de las Hadas*	**17** Saturnalia Cáncer ⇐	**18** Cuente chistes Leo	**19**	**20** Beba té de hierbas Virgo	**21** Solsticio de Invierno

una antorcha y un cuchillo. Existe una fuerte conexión entre el acto de la creación y Mitra. En el mito anterior a Zoroastro, fue Mitra quien mató al Toro Cósmico de cuya sangre saltó toda la creación. En los mitos posteriores, no es el creador sino más bien el gobernante de la Tierra. Su evolución comenzó quizá en la India como Mitra, el dios védico de la integridad asociado al Sol. Al llegar a Persia, se convirtió en Mitra el Dios de la Luz y la verdad, y al llegar a Roma, se hizo favorito de las legiones romanas.

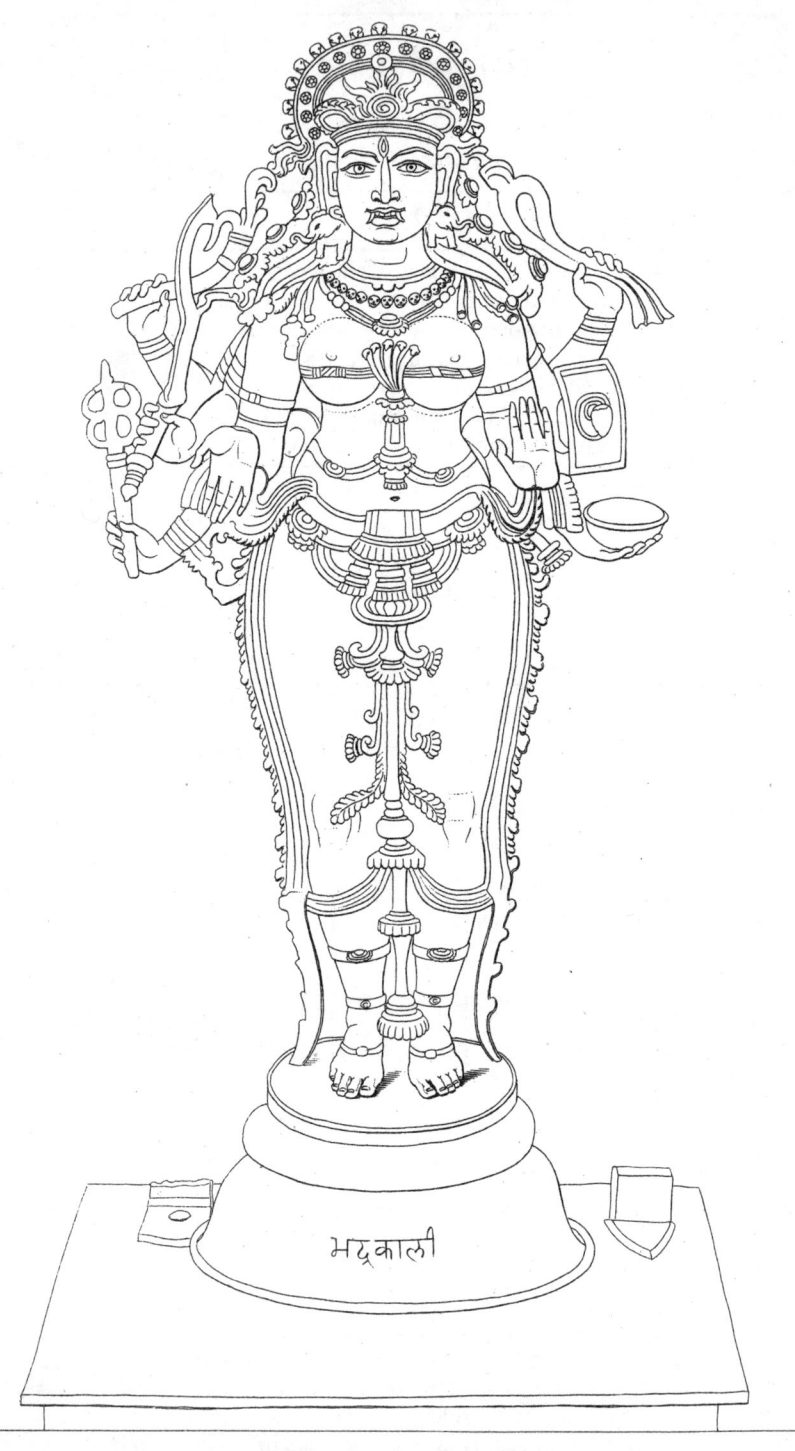

भद्रकाली

Bhadra Kāli
De una estatua de bronce

capricornio

22 Diciembre 2024 – 19 Enero, 2025

Signo cardinal de tierra ♀ Regido por Saturn ♄

D	L	M	Mi	J	V	S
Osiris, *Vegetación, fertilidad, los muertos* Hijo mayor de Geb y Nut, Osiris era uno de los más destacados entre el panteón de dioses que se adoraban en el antiguo Egipto. Más conocido como el Dios asesinado por su hermano, Set, y resucitado por su hermana y esposa, Isis. El mito cuenta que al matar a Osiris, Set lo descuartizó y arrojó sus restos al Nilo. Al conocer el destino de su esposo-hermano, Isis se dispuso a recoger los restos dispersos ↓						Dic **21** *Siéntese en silencio*
22 ◖	**23** Libra	**24** *Juge un juego*	**25** Escorpio	**26**	**27** *Use sombrero* Sagitario	**28**
29 *¡Alcance el éxito!*	**30** ● Capricornio	**31** **Creciente**	Ene **1** *Reúna los hechos* Acuario	**2**	**3** Piscis	**4** *Llene su caldero*
5 Aries	**6** ◗	**7**	**8** *Coma conservas* Tauro	**9** Fiesta de Janu Géminis	**10** *Adivine*	**11**
12 *Pida un deseo* Cáncer	**13** ○	**14** **Decreciente** Leo	**15**	**16** *Planifique una cena* Virgo	**17**	**18**
19 Libra	del cuerpo, encontrando todo excepto el falo, comido por un pez. Forjando un falo de oro, reunió todas las piezas y devolvió la vida a Osiris. Desde entonces, Osiris fue el Dios de la muerte y la resurrección. Conocido como el Señor del Silencio, juzga a todos los que quieren introducirse en el mundo de los muertos. Luciendo una corona similar a la del Alto Egipto, se le asoció con la Regalía de Egipto y su existencia eterna tras la muerte. Representado a menudo con piel verde, también gobernaba el ciclo agrícola.					

ꞓ Aliso ꞓ

Fearn

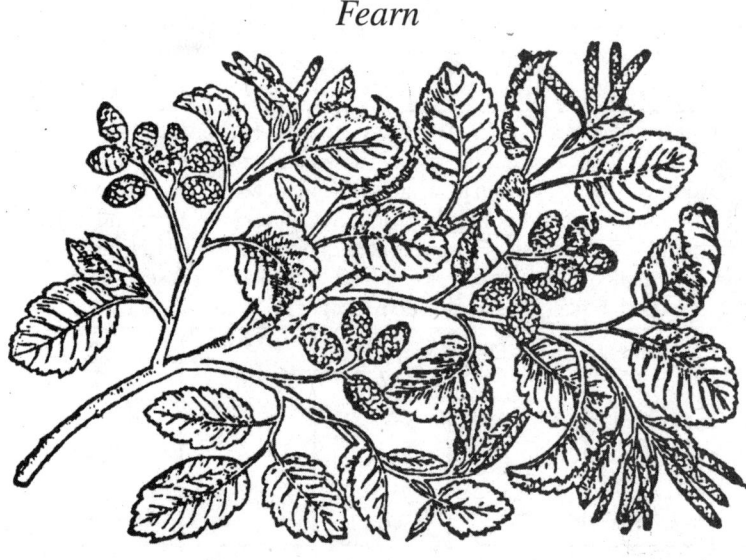

LOS TRES PRIMEROS ÁRBOLES del alfabeto florecen en las alturas y en las laderas de las montañas. Por el contrario, el aliso suele prosperar en matorrales junto a lagos, arroyos y ríos. Favorece tanto las condiciones pantanosas que el árbol rara vez crece en tierras más secas. Su corteza negra surcada de grietas y sus hojas anchas y ovaladas identifican rápidamente al aliso. A medida que la madera se seca tras la tala, su color cambia del amarillo al naranja y al rojo. Una vez seca, la madera es resistente al agua y no se parte al clavarla. Durante siglos, el aliso ha proporcionado pilotes para los cimientos de los edificios en todas las tierras bajas europeas. El carbón vegetal derivado de la madera de aliso es superior a todos los demás.

El aliso se asocia con Bran, un héroe/dios celta. Un cuento sobre él se encuentra en la colección medieval galesa de leyendas conocida como *El Mabinogion*. Otra historia, *El Viaje de Bran al Mundo de Abajo*, aparece en la literatura irlandesa registrada en el siglo VIII. El dios del mar Llyr (galés) y Lir (irlandés) desempeña un papel en ambos relatos, al igual que las aves negras: el estornino, el cuervo y el cuervo. La epopeya irlandesa describe a Bran despertando de un sueño para encontrarse en presencia de una diosa y sosteniendo en su mano una rama de plata. La rama brota mágicamente de su mano a la de ella una vez que él acepta zarpar hacia la morada de la diosa.

Es raro encontrar que se mencione el aliso en el folclore europeo. Los herbarios antiguos, sin embargo, presentan muchos usos prácticos para las hojas de aliso.

acuario
20 Enero – 18 Febrero, 2025
Signo fijo de Aire ♎ Regido por Urano ♅

D	L	M	Mi	J	V	S
	Ene 20	21 ◑ Escorpio	22	23 Visite amigos	24 Sagitario	25
26 Capricornio	27 Llame a los espíritus	28 Año Nuevo Chino ⇨	29 ● Acuario	30 **Creciente**	31 Piscis	Feb 1 Víspera de Oimelc
2 Candelaria Aries	3 Limpie su casa	4 Tauro	5 ◐ Géminis	6 Lea un libro	7 Tire los dados	8 Cáncer
9	10 Consienta a su familiar Leo	11 Lance un círculo	12 ○	13 **Decreciente** Virgo	14	15 Lupercalia Libra
16 Sienta el sol	17	18 Escurra la taza Escorpio				

Thor, *trueno, rayo, fertilidad* El más feroz del panteón nórdico, Thor es el hijo del padre de todo, Odín. Dueño del trueno y el relámpago que genera su martillo, llamado Mjölnir. También es masculinidad y virilidad, con un apetito sexual implacable. Debido a estas cualidades prominentes, así como sus tormentas, también se le considera un Dios de la fertilidad.

Thor es la personificación del Dios-héroe, siempre valiente y justo. Con su martillo en la mano y ceñido con Megingjörd (cinturón de poder) y enguantado con Járgreipr (garras de hierro), enfrentaba todos los desafíos con ferocidad y determinación. Mientras que Odín era el más alto de los dioses, Aesir, su madre, era la giganta Jord. La mitología de Thor se extendió por todas partes, destacando donde se asentaron los pueblos nórdicos y germánicos. Aún existen costumbres populares fuertemente asociadas a Thor en poblaciones alemanas modernas.

El Asno y su Sombra

UN VIAJERO HABÍA CONTRATADO a un Asno para que le llevara a un lugar lejano del país. El dueño del Asno iba con el Viajero, caminando a su lado para conducir al Asno e indicarle el camino.

El camino conducía a través de una llanura sin árboles donde el Sol pegaba ferozmente. Tan intenso se hizo el calor, que el Viajero decidió al fin detenerse para descansar, y como no había otra sombra que encontrar, se sentó a la sombra del Asno.

Ahora bien, el calor había afectado al Conductor tanto como al Viajero, e incluso más, pues éste había estado caminando. Deseoso también de descansar a la sombra que proyectaba el Asno, empezó a discutir con el Viajero, diciendo que él había contratado al Asno y no la sombra que proyectaba.

Los dos no tardaron en llegar a las manos y, mientras luchaban, el asno se puso en marcha.

Al pelearnos por la sombra a menudo perdemos la sustancia.

piscis
19 Febrero – 20 Marzo, 2025
Signo mutable de Agua ▽ *Regido por Neptuno* ♆

D	L	M	Mi	J	V	S
Raijin, *Truenos, relámpagos, tormentas* Golpeando sus tambores de pie sobre una nube y rojo de cólera, Raijin es el Dios sintoísta de las tormentas. El más feroz entre los dioses, suele estar con Fujin, el Dios de los Vientos. Raijin se representa sosteniendo ↓			Feb **19**	**20** ◐ Sagitario	**21**	**22**
23 Capricornio	**24**	**25** *Jugar juegos* Acuario	**26** *Manzanilla antes de acostarse*	**27** ● Piscis	**28** **Creciente**	Mar **1** Matronalia Aries
2	**3** *Rompa galletas* Tauro	**4**	**5** *Llame a un amigo* Gemini	**6** ◑	**7** *Sáltese una comida* Cáncer	**8**
9 *Contemple el amanecer* Leo	**10**	**11**	**12** *Entierre las cadenas* Virgo	**13** Eclipse lunar total ⇨	**14** ○	**15** **Decreciente** Libra
16	**17** Escorpio	**18** *Evite conflictos hoy*	**19** Día de Minerva	**20** Equinoccio de primavera Sagittario		

los martillos con los que emite sus estruendosas melodías durante las tormentas. Musculoso y de tórax en barra, con un cabello rebelde que revela su temperamento, es una deidad de aspecto malévolo. Aunque a menudo se le representa con un halo para indicar su lugar espiritual en el panteón. Trae las lluvias necesarias para la agricultura. También es el defensor de los templos. Encarna tanto la destrucción como la vida. Los sacerdotes sintoístas enseñan que Raijin es el kami (espíritu) embaucador. Se dice que ignora las plegarias de los sacerdotes y del emperador. Raijin nació del cuerpo del cadáver putrefacto de Izanami, la Diosa Madre de todas las deidades.

NOSOTROS SOMOS POLVO DE ESTRELLAS

CADA ÁTOMO de su cuerpo procede del vientre de una estrella. La única excepción es el hidrógeno primordial de su interior que se formó en el Big Bang. Por lo demás, sus átomos—seis octillones y medio en total—llegaron a usted de supernovas muertas hace mucho tiempo. ¡Es un 65 seguido de 26 ceros!

Hace varios miles de millones de años, en la Vía Láctea, la primera generación de grandes estrellas llegó al final de su vida y explotó. Estos Little Bangs esparcieron sus átomos en esferas en expansión a una velocidad cercana a la de la luz. Inmensas nubes de átomos se atrajeron entre sí, se atrajeron como semejantes, se comprimieron y se encendieron en actos de creación para manifestar nuevas estrellas. Las estrellas más grandes repitieron este ciclo de encenderse, brillar y explotar quizá tres o cuatro veces. El Sol es al menos una estrella de segunda generación nacida del polvo de una supernova. Parte de ese polvo no fue enviado en remolino hacia el Sol durante la creación, sino que permaneció girando a su alrededor. Todo lo que hay en el espacio cercano a la Tierra proviene de este mismo polvo estelar antiguo y parte de él se convirtió en... ¡lo que usted ve en el espejo! El Sol, la Luna, la Madre Tierra y usted son todos hermanos físicos.

Durante unos cinco mil millones de años, el Sol ha forjado helio a partir de hidrógeno. Esta transmutación libera la energía que sustenta casi toda la vida en la Tierra. En unos cinco mil millones de años más, el Sol morirá, pero debido a su menor tamaño no explotará como sus antepasados supernovas. En su lugar, al principio se expandirá hasta convertirse en una gigante roja y después se encogerá hasta convertirse en una enana blanca, creando algo de oxígeno y carbono al final de su vida que conservará hasta bien entrada la jubilación.

El oxígeno y el carbono que hay hoy en la Tierra proceden de las mismas supernovas que engendraron el Sol. Estas también transmutaron helio a partir de hidrógeno, pero al ser mucho más grandes, estos hornos estelares siguieron quemando helio y forjando carbono, nitrógeno y oxígeno junto con átomos adicionales más pesados, grandes y complejos de lo que el Sol podría haber creado jamás. Finalmente, llegaron a producir hierro y explotaron cuando concluyó la producción de hierro. En ese momento de explosión, ¡la energía generada podía hacer brillar una estrella más que toda una galaxia! Los átomos más allá del hierro—los átomos transférricos—se forjaron instantáneamente y estallaron a través del espacio.

Los humanos nacen de supernovas. Su cuerpo tiene dos tercios de oxígeno. Añada hidrógeno, carbono y nitrógeno y ya tiene el 96% de usted mismo. Más allá de esos cuatro básicos, usted posee unos ochenta tipos más de átomos, ¡incluyendo incluso una pequeñísima cantidad de oro!

Como las estrellas están arriba, así estamos nosotros abajo. También hay átomos tanto fuera como dentro.

Algún día un astrónomo podrá identificar los restos estelares de las supernovas que engendraron el Sol, átomos humanos contemplando la antigua cuna. Usted es polvo de estrellas. Usted es oro. Usted es carbono de varios miles de millones de años. Usted es el Universo examinándose a sí mismo.

—STELLUX

Un Embrujo Famoso y el Festival de Otoño de la Bruja Campanera de Adams, Tennessee

CADA AÑO, los fines de semana desde finales de septiembre hasta mediados de octubre, los aficionados a los estudios paranormales y a la brujería pueden asistir a un festival otoñal único. El Festival de Brujería de Bell, en Adams, Tennessee (con una población de unos 690 habitantes), está al norte de Nashville, en la autopista 41, cerca de la frontera con Kentucky. El popular evento presenta arte, música, historia y folclore. La estrella del festival es Kate, la Bruja de la Campana.

Apodado "el suceso sobrenatural más documentado de la historia de Estados Unidos" por el Departamento de Desarrollo Turístico de Tennessee, la historia de la Bruja de Bell ha hecho famosa a la pequeña aldea de Adams.

Numerosos incidentes relacionados con el embrujo se remontan desde principios del siglo XIX hasta sucesos recientes. La Cueva de la Bruja de Bell, situada en la propiedad que una vez perteneció a la familia Bell, es el escenario de muchos fenómenos paranormales. La cueva ha sido incluida en el Registro Nacional de Lugares Históricos por el Departamento del Interior de Estados Unidos. La Cueva de la Bruja de Bell tiene más de 400 pies de largo y alberga una serie de artefactos de la casa y la granja originales que una vez estuvieron en la propiedad.

Todo empezó en 1804, cuando un colono llamado John Bell compró una granja en el río Rojo, cerca de lo que hoy es la ciudad de Adams. Construyó una casa de seis habitaciones para su esposa Lucy y sus nueve hijos. Durante unos trece años la familia Bell vivió allí con bastante tranquilidad. Todo cambió en el verano de 1817: fue entonces cuando comenzaron los primeros ruidos. Comenzaron con golpes en las puertas y paredes a altas horas de la noche. La familia se percató de que animales de aspecto extraño vagaban por la propiedad. A continuación llegaron los ruidos de cadenas arrastrándose por el suelo seguidos de sonidos de asfixia. Esto se intensificó a lo largo del año hasta que los Bell ya no pudieron soportar los aterradores sucesos. John confió a su amigo y vecino James Johnson los terrores que acechaban su casa. Johnson intentó hacer una investigación y experimentó él mismo estos inexplicables sucesos. Con el paso del tiempo, la presencia espiritual en el hogar de los Bells comenzó a hablar, ¡y luego a cantar! La voz respondía con varios nombres cuando se le preguntaba quién era. Finalmente el espíritu dijo que era Kate Batts. Kate había sido una vecina que había vivido y muerto en una cueva de la propiedad de los Bells. Era una persona excéntrica y desagradable de la que muchos de los habitantes de la montaña habían sospechado que era una bruja. Fue entonces cuando la fuerza sobrenatural se hizo conocida como "La bruja de los Bells, Kate".

Periódicamente, piedras sacudían la casa familiar o incluso eran arrojadas a los invitados. Todo empezó a sugerir una actividad poltergeist centrada en una hija, Elizabeth. La joven era atormentada con bofetadas y agresiones por parte del espíritu. John Bell fue el segundo blanco de la ira de Kate. La bruja se reía y amenazaba a John, ¡incluso diciendo que lo mataría! Los ataques se agravaron y acabaron

La entrada a la Cueva "Bell Witch"

con el patriarca de la familia incapaz de tragar o hablar.

Se oyó decir a Kate: "Esta vez lo tengo, no volverá a salir de esa cama". Este incidente hizo que Tennessee fuera el único estado que permitiera que las causas sobrenaturales fueran una causa de muerte aceptable.

Kate afirmó haberle dado a John una dosis de un líquido oscuro de una botella que había junto a su cama. La bruja cantó entonces canciones borrachas y obscenas y maldijo mientras él moría de convulsiones. El líquido fue examinado y se descubrió que era arsénico. Incluso cuando el ataúd de John fue colocado en su tumba se oyó la voz con sus insultos y burlas.

Extrañamente, el único miembro de la familia que parecía gustarle a Kate era la señora Lucy Bell, la joven esposa del viejo John. Kate anunció que abandonaría la familia después de la muerte. Fue fiel a esta promesa durante muchos años. Cuando Kate regresó, sólo Lucy—por entonces enferma y muy anciana—y dos de sus hijos vivían aún en la granja. Los vecinos que visitaron a la enferma fueron testigos de materializaciones y oyeron la voz de Kate. A día de hoy, muchos creen que el espíritu de Kate Batts sigue merodeando por la zona. Se dice que una figura femenina se materializa a lo largo de la carretera 41, cerca de donde se encuentra la Cueva de la Bruja de Bell. En 1975, un descendiente de John y Lucy llamado Carney Bell afirmó que Kate le llevó a encontrar una lápida familiar perdida y cubierta de maleza.

Cerca de Adams se encuentra un alto e imponente marcador histórico dedicado a la familia Bell y a las famosas apariciones. Investigadores paranormales modernos han grabado voces y otros fenómenos en la cueva de la bruja Bell y los cazadores de fantasmas han colgado los vídeos en YouTube. La cueva de la Bruja de Bell está abierta para visitas guiadas. Se encuentra en 430 Keysburg Road en Adams, TN, 37010. El número de teléfono es 615-896-3055. Hay una página web con detalles sobre el Festival de Otoño anual, donde se presenta una obra de teatro sobre esta auténtica historia de la Bruja de Bell. Visite BellWitchFestival.com para obtener más información.

—ESTHER NEUMEIER

SPRINGFIELD, Jan. 27. — [Special.] Mr. Joel E. Ball, of this place, died yesterday. He occupied a prominent place on the Board of the Cumberland Baptist Association, and was a very clear-headed, highly respected citizen, being almost an octogenarian.

Esquela mortuoria de Nashville para Joel Egbert Bell, el último hijo superviviente de John y Lucy Bell.

AMANECER, ATARDECER

Los ritmos mágicos
de cada día

EN LA VIDA COTIDIANA la mayoría de la gente depende de un reloj. Tiene que tomar un autobús, llegar al trabajo,, atender una llamada, todo según un horario concreto fijado en horas que escapa a su control. Dos veces al año cambian los relojes por el horario de verano: por un acto de extraña magia, desaparece o aparece una hora de tiempo. Cuando esto ocurre, todo el país se despierta aturdido y desorientado. La mayoría de la gente tarda al menos una semana en adaptarse al nuevo horario: ya no tienen hambre a la hora de comer y la luz del día aparece y desaparece a horas *equivocadas*.

Pero el poder del reloj es indiscutible. Al autobús no le importa que usted esté somnoliento por haberse despertado una hora antes: lo único que sabe es que para cuando el reloj marca las 7:15. Sin embargo, cuando usted despierta y comprueba en su teléfono que la hora está equivocada por alguna razón, se hace evidente lo arbitraria que es la hora del reloj. El reloj solo mide el paso del tiempo por convención común y a veces esa convención cambia de forma extraña y abrupta.

El Sol sale y se pone hoy igual que ayer,, pero el reloj no está sincronizado con él. Con solo mirar un reloj, no tiene forma real de saber qué hora es en el mundo exterior: si hay luz u oscuridad, si es temprano o tarde. Estas cosas cambian con las estaciones y el paso de cada día de una forma que los relojes simplemente no pueden seguir. Hay dos formas de medir el tiempo: una en el mundo y la otra en un microchip. La mayoría de los días, la gente no se para a pensar en lo separadas que están ambas, pero si uno se detiene y presta atención, se separan de una forma contundente.

La brujería hace gran hincapié en los ciclos de la naturaleza. Las brujas trabajan con el cambio de las estaciones, las fases de la Luna y el paso de los planetas por la gran rueda del Zodíaco. Todas son formas de medir el tiempo, de sintonizar directamente con los ritmos del mundo divinamente dotado de alma. Todo el mundo tiene que seguir el tiempo mundano utilizando los días, las semanas y los meses del calendario, pero en última instancia, esas cosas no son más que palabras en una página puestas en su lugar por un acuerdo colectivo. No están *en* el mundo. Por el contrario, las brujas rastrean el tiempo sagrado observando el cambio constante y recurrente del mundo que las rodea. Observan cómo engorda y adelgaza la Luna y observan la primera nevada del invierno y las primeras flores de la primavera.

Uno de los ritmos más importantes en la magia natural es el de la salida y la puesta del sol en cada día que pasa. El mundo mide el tiempo mundano por el reloj y no hay nada que pueda hacer para controlar las obligaciones horarias ordinarias que tiene en el mundo: el autobús llega, lo quiera usted o no. Pero también hay un tiempo sagrado que se mueve cada día y que no responde a las convenciones sociales. Cada atardecer, el Sol muere y viaja por el Inframundo y cada mañana renace.

Una forma fácil de mantenerse en sintonía con este tiempo sagrado es seguir el paso del Sol por el cielo. Tenga alarmas en su teléfono y prográmelas para que suenen cada día: una al amanecer, otra al mediodía astronómico y otra al atardecer. Cuando suenen estas alarmas, y sin importar lo que esté haciendo, deténgase, salga al exterior y advierta el Sol. Tómese un momento para respirar, olvídese de la hora del reloj y permítase sentir la danza continua de la Tierra y el Sol. Por un momento, disuélvase en lo sagrado.

Desde luego, esta práctica no es nueva. La celebración ritual del viaje diario del Sol se encuentra en todo el mundo. En la magia moderna quizá sea más conocida en las adoraciones solares del *Liber Resh* de Aleister Crowley, que se realizan al amanecer, al mediodía, al atardecer y a medianoche. Pero observar los ritmos sagrados del Sol no tiene por qué ser tan complicado como los rituales de Crowley. Puede mantener una práctica pequeña y minimalista destinada a mantener la atención en el paso del Sol, una conexión con el ciclo diario de la Tierra que no tiene nada

que ver con las horas que marca un reloj. También puede hacer algo más, hacer una ofrenda o pronunciar unas palabras para seguir al Sol en su viaje, pero basta simplemente con volverse hacia el Sol y respirar profundamente unas cuantas veces.

Por simple que sea, la observación del tiempo sagrado es uno de los elementos fundacionales más importantes de la brujería. Mantiene al practicante en conexión con los ritmos continuos de la tierra y el lento cambio del Sol a medida que cada día se alarga o acorta. Cada mañana, asiste embelesado al nacimiento del Sol. Cada atardecer, asiste solemnemente a su muerte. En estos actos, los misterios centrales de la magia están siempre presentes, permitiendo que el tiempo sagrado prevalezca sobre el tiempo mundano que marca un reloj.

En su novela *A un Dios desconocido*, John Steinbeck describe a un hombre que vive en el extremo occidental de California y que cada noche hace sacrificios al Sol poniente. Este ritual nocturno le permite identificarse con el Sol y experimentar el misterio de su muerte cuando desaparece sobre el Pacífico: "Me dije: 'El Sol es la vida. Doy vida a la vida', 'Hago un símbolo con la muerte del sol'… es para mí. En ese momento, yo soy el sol. ¿Lo ve?".

Este pasaje llega al corazón de algo importante y mágico. El personaje de Steinbeck ve el poder inherente a la puesta de sol y se entrega a él, dejándose consumir cada noche en el misterio de la muerte del Sol. Vive plenamente en el tiempo sagrado, en la eterna recurrencia de la muerte y el renacimiento del Sol. Puede que usted no tenga el lujo de pasar todo su tiempo en lo sagrado: aún tiene que presentarse en el trabajo y responder ante el reloj. Pero apartándose para el amanecer y el atardecer, aún puede llevar lo sagrado con usted cada día.

—JACK CHANECK

HORAS DE SALIDA Y PUESTA DEL SOL PARA 2024

Providence—San Francisco—Sydney—Londres

	Amanecer				Puesta de sol			
	Prov	SF	Syd	Lon	Prov	SF	Syd	Lon
Ene 5	7:14 AM	7:26 AM	5:51 AM	8:06 AM	4:28 PM	5:03 PM	8:08 PM	4:05 PM
15	7:11 AM	7:24 AM	6:00 AM	8:00 AM	4:38 PM	5:13 PM	8:07 PM	4:19 PM
25	7:05 AM	7:19 AM	6:09 AM	7:50 AM	4:50 PM	5:24 PM	8:04 PM	4:35 PM
Feb 5	6:55 AM	7:11 AM	6:20 AM	7:34 AM	5:04 PM	5:36 PM	7:56 PM	4:55 PM
15	6:42 AM	7:00 AM	6:30 AM	7:16 AM	5:17 PM	5:47 PM	7:47 PM	5:13 PM
25	6:28 AM	6:47 AM	6:39 AM	6:56 AM	5:29 PM	5:58 PM	7:36 PM	5:31 PM
Mar 5	6:14 AM	6:35 AM	6:47 AM	6:36 AM	5:40 PM	6:07 PM	7:25 PM	5:47 PM
15	6:57 AM	7:20 AM	6:55 AM	6:14 AM	6:51 PM	7:16 PM	7:12 PM	6:04 PM
25	6:40 AM	7:05 AM	7:03 AM	5:51 AM	7:03 PM	7:25 PM	6:58 PM	6:21 PM
Abr 5	6:21 AM	6:49 AM	7:11 AM	6:27 AM	7:15 PM	7:35 PM	6:43 PM	7:40 PM
15	6:05 AM	6:34 AM	6:18 AM	6:05 AM	7:26 PM	7:44 PM	5:31 PM	7:56 PM
25	5:50 AM	6:21 AM	6:26 AM	5:44 AM	7:37 PM	7:54 PM	5:19 PM	8:13 PM
May 5	5:37 AM	6:09 AM	6:33 AM	5:25 AM	7:47 PM	8:03 PM	5:09 PM	8:29 PM
15	5:26 AM	6:00 AM	6:41 AM	5:09 AM	7:58 PM	8:12 PM	5:01 PM	8:45 PM
25	5:18 AM	5:53 AM	6:48 AM	4:56 AM	8:07 PM	8:20 PM	4:55 PM	8:59 PM
Jun 5	5:12 AM	5:49 AM	6:54 AM	4:47 AM	8:16 PM	8:27 PM	4:52 PM	9:11 PM
15	5:11 AM	5:48 AM	6:59 AM	4:44 AM	8:21 PM	8:32 PM	4:52 PM	9:18 PM
25	5:13 AM	5:50 AM	7:01 AM	4:45 AM	8:23 PM	8:34 PM	4:54 PM	9:20 PM
Jul 5	5:18 AM	5:55 AM	7:01 AM	4:52 AM	8:22 PM	8:33 PM	4:58 PM	9:17 PM
15	5:25 AM	6:01 AM	6:58 AM	5:02 AM	8:17 PM	8:29 PM	5:03 PM	9:09 PM
25	5:34 AM	6:09 AM	6:53 AM	5:15 AM	8:09 PM	8:22 PM	5:10 PM	8:57 PM
Ago 5	5:45 AM	6:18 AM	6:44 AM	5:32 AM	7:57 PM	8:12 PM	5:17 PM	8:39 PM
15	5:55 AM	6:26 AM	6:34 AM	5:47 AM	7:43 PM	8:00 PM	5:24 PM	8:20 PM
25	6:05 AM	6:35 AM	6:23 AM	6:03 AM	7:28 PM	7:46 PM	5:31 PM	8:00 PM
Sep 5	6:17 AM	6:44 AM	6:09 AM	6:21 AM	7:10 PM	7:30 PM	5:39 PM	7:35 PM
15	6:27 AM	6:53 AM	5:55 AM	6:37 AM	6:53 PM	7:15 PM	5:45 PM	7:12 PM
25	6:37 AM	7:01 AM	5:41 AM	6:53 AM	6:35 PM	6:59 PM	5:52 PM	6:49 PM
Oct 5	6:48 AM	7:10 AM	5:27 AM	7:09 AM	6:18 PM	6:44 PM	5:59 PM	6:27 PM
15	6:59 AM	7:19 AM	6:14 AM	7:26 AM	6:02 PM	6:30 PM	7:07 PM	6:05 PM
25	7:11 AM	7:29 AM	6:03 AM	7:43 AM	5:47 PM	6:17 PM	7:15 PM	5:44 PM
Nov 5	6:24 AM	6:40 AM	5:52 AM	7:02 AM	4:33 PM	5:05 PM	7:25 PM	4:24 PM
15	6:36 AM	6:51 AM	5:44 AM	7:19 AM	4:23 PM	4:56 PM	7:35 PM	4:09 PM
25	6:48 AM	7:01 AM	5:39 AM	7:36 AM	4:16 PM	4:51 PM	7:44 PM	3:58 PM
Dic 5	6:58 AM	7:11 AM	5:38 AM	7:50 AM	4:13 PM	4:49 PM	7:53 PM	3:52 PM
15	7:07 AM	7:19 AM	5:39 AM	8:00 AM	4:14 PM	4:51 PM	8:01 PM	3:50 PM
25	7:12 AM	7:24 AM	5:44 AM	8:06 AM	4:19 PM	4:56 PM	8:06 PM	3:55 PM

Prov=Providence; SF=San Francisco; Syd=Sydney; Lon=Londres
Las horas se presentan en la hora estándar del lugar geográfico, utilizando la zona horaria actual cada lugar.

Ventana al clima

Comenzó con un susurro en los trópicos, las señales de advertencia de un poderoso cambio en el clima. El Niño llegó, y con él el máximo solar en 11 años. El océano Pacífico oriental se calentó y las comunidades agrícolas tradicionales de Perú, Ecuador y Colombia sintieron rápidamente sus efectos. Las olas de calor y las sequías provocaron pérdidas de cosechas y enfermedades, comprometiendo la seguridad alimentaria de muchos. En Norteamérica y Europa occidental está ocurriendo lo contrario, y el rendimiento de las cosechas está destinado a aumentar. Además, El Niño trae consigo potentes tormentas, que causan daños en las ciudades costeras más cercanas al ecuador. Pero el impacto de esta inusual combinación de acontecimientos no se detuvo en los confines del Caribe. Partes de Sudamérica, Asia y África también están sintiendo el impacto de El Niño y del mínimo solar en 11 años. En la India, el aumento de las temperaturas está dificultando a los agricultores el mantenimiento de sus cosechas. Mientras tanto, en el sudeste asiático, la reducción de las precipitaciones está relacionada con un aumento de la ausencia de humedad en el suelo. La llegada de El Niño y el mínimo solar en ciclos de 11 años supone un desafío único para muchas partes del mundo. Es una llamada a la acción para encontrar formas de protegernos a nosotros mismos, a nuestras familias y a nuestro entorno del impacto de las variaciones naturales. Afortunadamente, la gente de todo el mundo está empezando a darse cuenta de la importancia de tomar medidas para protegernos como los administradores de este planeta.

PRIMAVERA

MARZO 2024 Históricamente, las condiciones de El Niño en Norteamérica traen temperaturas más cálidas y mayor humedad a las regiones meridionales del continente. Esto puede provocar tormentas más severas en la temporada de tornados en el sur, y aumentar el riesgo de inundaciones en muchas zonas. Durante los máximos solares en 11 años, el efecto de El Niño puede acentuarse, provocando fenómenos meteorológicos más extremos. El impacto económico puede verse en zonas con grandes industrias agrícolas que dependen de las condiciones de cultivo y lluvias constantes. Los efectos de El Niño sobre los patrones climáticos y las repercusiones económicas resultantes pueden variar de una región a otra. En lugares como el noroeste del Pacífico se esperan inviernos más fríos, lo que podría prolongar el invierno. Pero en regiones como al suroeste, las temperaturas más cálidas y las sequías más frecuentes podrían afectar la producción agrícola. En el Medio Oeste, el aumento de las precipitaciones podría aumentar el riesgo de inundaciones, perturbando el transporte y provocando un aumento de los costos de los seguros.

ABRIL 2024 La primavera en Norteamérica es una estación de transición. A medida que el invierno se desvanece, trae consigo temperaturas más cálidas, brotes de flores y un aumento de las lluvias. Sin embargo, su llegada también repercute en los patrones meteorológicos de todo el continente. Las

condiciones de El Niño, un fenómeno caracterizado por interacciones entre el océano y la atmósfera en el océano Pacífico tropical, pueden influir fuertemente en el clima de Norteamérica, especialmente durante la primavera. El Niño crea temperaturas más cálidas y más humedad en la atmósfera, provocando mayores lluvias en gran parte del continente. Esto puede reconfigurar la temporada de tornados. Normalmente, la actividad de los tornados en primavera comienza en marzo y continúa en abril, pero con El Niño, suele comenzar antes, ya que en esta época hay más humedad disponible en la atmósfera. El número y la intensidad de los tornados tienden a aumentar. Esto puede ser especialmente peligroso en el centro-sur de Estados Unidos, donde ya existe un riesgo de actividad de tornados superior al normal. El Niño también influye en las nevadas de primavera. Con temperaturas más cálidas, las nevadas copiosas son menos probables y las estaciones frías pueden acompañarse de una importante disminución en los ingresos.

MAYO 2024 El clima de mayo en Norteamérica suele ver temperaturas cálidas y un aumento de las lluvias y tormentas eléctricas. El Niño en el máximo solar puede traer temperaturas más cálidas y un aumento de las precipitaciones, pero los efectos generales sobre los tornados dependerán en gran medida de otros factores, como vientos más fuertes, humedad atmosférica e inestabilidad del entorno. Los tornados son más frecuentes en primavera, cuando el aire cálido y húmedo del Golfo de México choca con el aire frío del Ártico. El Niño puede potenciar este choque al aumentar la corriente en chorro, incrementando tanto la gravedad del sistema tormentoso como la posibilidad de que se formen tornados. Sin embargo, el reciente máximo solar podría traer temperaturas más frías y una mayor estabilidad, lo que podría disminuir la actividad de los tornados en las llanuras septentrionales, mientras que en el valle de Ohio y los estados del Atlántico medio aumentaría la actividad. También es probable el aumento de las lluvias en Nueva Inglaterra y el noroeste del Pacífico.

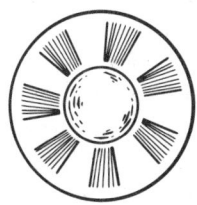

VERANO

JUNIO 2024 Los científicos creen que El Niño está relacionado con la actividad de las manchas solares. Las manchas solares son puntos oscuros en la superficie del sol que suelen aparecer en ciclos de 11 años. Durante un máximo solar, las manchas solares se producen con mayor frecuencia y aumenta la intensidad del campo magnético del sol, lo que puede provocar un aumento de las temperaturas globales. Aunque esto es beneficioso en algunas zonas del mundo, puede provocar altas temperaturas y sequías en el hemisferio norte en junio. En un episodio de El Niño, el calentamiento del centro y el este del océano Pacífico provoca grandes impactos de gran alcance en los patrones climáticos mundiales. En términos meteorológicos, El Niño provoca temperaturas más altas y condiciones más secas en el norte de Europa y Estados Unidos. Por ejemplo, durante los veranos de 1997 y 1998, los máximos solares en 11 años coincidieron con fenómenos de El Niño, lo que provocó temperaturas más altas y sequía en algunas zonas de Estados Unidos y México. En el norte de Europa,

las temperaturas también fueron superiores a la media en junio de 1997 y 1998. Los impactos de El Niño en los patrones meteorológicos durante los máximos solares en 11 años también pueden observarse en Asia. Durante el máximo solar más reciente de 2013, el verano fue muy seco en el este de China debido a la alta presión atmosférica provocada por El Niño.

JULIO 2024 Las ttormentas eléctricas se producen cuando el aire cálido y húmedo asciende rápidamente y se enfría, formando nubes cumulonimbos. Estas nubes pueden producir relámpagos, granizo y fuertes vientos. Durante los fenómenos de El Niño, la corriente en chorro se desplaza hacia el sur y trae más humedad a los estados del sur. Este aumento de la humedad hace más probable la formación de tormentas eléctricas. Los máximos solares en 11 años también influyen en la actividad de las tormentas eléctricas en Estados Unidos. Durante estos periodos, la actividad del sol alcanza su máximo y el clima de la Tierra se ve afectado. La radiación solar calienta la atmósfera, lo que puede hacer que el aire se eleve más rápidamente y cree más tormentas eléctricas. Los efectos de El Niño y de los máximos solares en 11 años sobre la actividad de las tormentas eléctricas en Estados Unidos varían de una región a otra. Las zonas que históricamente han experimentado una mayor actividad de tormentas eléctricas en julio durante los fenómenos de El Niño incluyen la Costa del Golfo, el Sureste, el Medio Oeste y partes del Suroeste. Estas regiones tienden a experimentar más humedad de El Niño, lo que puede provocar más tormentas eléctricas. Además, estas zonas pueden ser más propensas a sufrir fenómenos meteorológicos severos debido a su geografía o clima.

AGOSTO 2024 fenómenos de El Niño pueden tener un impacto significativo en los patrones climáticos y meteorológicos de Estados Unidos. Durante estos fenómenos, la corriente en chorro se suprime hacia el sur, lo que puede provocar temperaturas más bajas y a la vez una mayor humedad en algunas zonas del país. Además, los vientos del oeste en altura en los trópicos pueden crear una ráfaga del viento que suprime la formación e intensificación de los huracanes. Esto puede dar lugar a una actividad ciclónica inferior a la media durante la temporada. Los efectos de los fenómenos de El Niño también se dejan sentir de otras maneras. El aumento de la humedad en la atmósfera puede provocar precipitaciones superiores a la media en algunas zonas de Estados Unidos. Esto puede ser beneficioso para la producción agrícola en ciertas regiones, pero también puede provocar inundaciones. Los fenómenos de El Niño también pueden repercutir en las temperaturas globales. Mientras la corriente en chorro se suprime hacia el sur, el aire más cálido de los trópicos puede desplazarse más al norte de lo habitual. Esto puede hacer que las temperaturas suban en algunas zonas, lo que provoca un aumento general de las temperaturas globales.

OTOÑO

SEPTIEMBRE 2024 Según datos de la Administración Nacional Oceánica y Atmosférica (NOAA, por sus siglas en inglés), los fenómenos de El Niño se han relacionado con temperaturas más cálidas y mayores lluvias en algunas zonas del país durante el mes de septiembre.

En el sureste de Estados Unidos, por ejemplo, los fenómenos de El Niño se han relacionado con un aumento del número de días con temperaturas superiores a los 32°C, además de un incremento de las precipitaciones en esa parte del país y más al norte, a lo largo de la costa este. Esto puede provocar inundaciones en las zonas bajas, que pueden causar daños materiales y alterar la vida cotidiana. En el oeste de Estados Unidos, los fenómenos de El Niño pueden provocar un mayor riesgo de incendios forestales debido a las condiciones de sequía que acompañan a los fenómenos del ENOS. El Niño puede tener un impacto significativo en los patrones climáticos y meteorológicos de Estados Unidos hasta septiembre. Es importante que sigamos vigilando estos fenómenos y comprendamos cómo afectarán a nuestro medio ambiente. Así podremos prepararnos mejor para el impacto que pueda surgir.

OCTUBRE 2024 El impacto de El Niño en Estados Unidos puede prolongarse hasta otoño. Durante los mismos, la corriente en chorro fluye a través de los estados del sur, permitiendo que el aire más cálido de los trópicos se desplace más al norte de lo habitual. Esto puede dar lugar allí a temperaturas superiores a la media, mientras que más al norte son probables temperaturas inferiores a la media. Los efectos de El Niño sobre las lluvias pueden variar mucho según la región. En algunas zonas del país, los fenómenos de El Niño pueden provocar lluvias y nevadas por encima de la media. Por ejemplo, durante el episodio de El Niño de 1997-1998, California vivió un octubre inusualmente húmedo con precipitaciones superiores a la media. Por otro lado, zonas como el Medio

Oeste pueden experimentar lluvias por debajo de la media. Durante el fenómeno de El Niño de 2015-2016, el suroeste experimentó temperaturas superiores a la media, mientras que el noroeste y el noreste fueron más fríos de lo normal. El noroeste y el noreste también experimentaron lluvias superiores a la media mientras que el suroeste estuvo más seco de lo habitual.

NOVIEMBRE 2024 La corriente en chorro, aún suprimida hacia el sur, provocará temperaturas más bajas y humedad más alta en algunas zonas del país. Además, los vientos del oeste en altura en los trópicos pueden crear una cizalladura del viento que suprima la formación de huracanes al finalizar esa estación. El aumento de la humedad en la atmósfera debido a El Niño en curso puede dar lugar a precipitaciones superiores a la media en algunas zonas de Estados Unidos, beneficiosas para la cosecha en ciertas regiones. En concreto, las regiones del Medio Oeste y el Noreste de Estados Unidos son propensas a sufrir inundaciones durante los años de El Niño. En noviembre de 1998, por ejemplo, se produjeron inundaciones en el valle de Ohio debido a las fuertes lluvias provocadas por El Niño. El aumento de la humedad en la atmósfera también puede provocar un incremento de las nevadas por efecto lacustre. En noviembre de 2002, se observaron nevadas por efecto lacustre en la región de los Grandes Lagos debido a estas condiciones. Esto puede ser beneficioso para las estaciones de esquí y otros negocios que dependen de las nevadas. Los fenómenos de El Niño también pueden traer consigo un aumento de la actividad de los incendios forestales debido a las condiciones de sequía que pueden

provocar. En noviembre de 2015, por ejemplo, El Niño estuvo relacionado con los devastadores incendios forestales de California.

INVIERNO

DICIEMBRE 2024 El actual fenómeno de El Niño y el debilitamiento producido por el ciclo solar cada 11 años regularán los patrones meteorológicos de principios de invierno en Estados Unidos durante el mes de diciembre. En esas épocas, la corriente en chorro se suprime hacia el sur, provocando temperaturas más bajas, pero precipitaciones más elevadas en algunas zonas del país. Esto puede provocar fuertes nevadas a nivel regional, mientras que otros lugares pueden sufrir inundaciones debido al aumento de la humedad en la atmósfera. En diciembre de 2015, las condiciones de El Niño provocaron nevadas por encima de la media en todo el norte de Estados Unidos. El Medio Oeste y el Noreste registraron nevadas especialmente intensas, llegando a recibir hasta 30 pulgadas de nieve por el aumento de la frecuencia de las tormentas, así como temperaturas más frías provocadas por la supresión de la corriente en chorro hacia el sur. Además, los fenómenos de El Niño pueden aumentar el riesgo de inundaciones. También puede afectar a las temperaturas en todo Estados Unidos durante el mes de diciembre. El aire más cálido procedente de los trópicos puede desplazarse más al norte de lo habitual, lo que se traduce en temperaturas más elevadas. Esto puede ser beneficioso para la producción agrícola, pero también puede provocar un mayor riesgo de incendios forestales en California y el interior del suroeste.

ENERO 2025 Durante los episodios moderados de El Niño, cuando el ciclo solar de 11 años se debilita, las temperaturas en Estados Unidos pueden llegar a ser inusualmente cálidas. Esto puede provocar menos nevadas en algunas zonas y un aumento de las inundaciones en otras. En enero de 2017, por ejemplo, un fenómeno de El Niño combinado con un debilitamiento del ciclo solar de 11 años provocó temperaturas más altas de lo normal en todo Estados Unidos. Esto provocó una reducción de las nevadas en algunas zonas, como el Medio Oeste y la región de los Grandes Lagos, mientras que otras zonas experimentaron más lluvias de lo habitual. En particular, el noroeste del Pacífico experimentó un aumento de las precipitaciones debido a la combinación de El Niño y el debilitamiento del ciclo solar de 11 años. Los efectos de los fenómenos de El Niño pueden variar según la región. En el sureste, por ejemplo, esa combinación puede hacer que las temperaturas se vuelvan inusualmente frías, provocando fuertes nevadas en algunas zonas, como los montes Apalaches. En enero de 2014, esas condiciones hicieron que las temperaturas cayeran por debajo del punto de congelación en algunas zonas del sureste, y en enero de 2017 provocaron inundaciones en partes del Medio Oeste y la región de los Grandes Lagos.

FEBRERO 2025 En los últimos años, fenómenos moderados de El Niño han coincidido con el debilitamiento producido por los ciclos solares de 11 años, provocandonevadas por encima de lo normal en determinadas regiones. En 2011, dichos fenómenos provocaron nevadas récord en el Medio Oeste y el Noreste, causando problemas de transporte y cierre de escuelas. En 2015, otro episodio moderado de El Niño combinado con un debilitamiento del ciclo solar provocó nevadas récord en los estados montañosos y en las grandes llanuras. Un episodio de El Niño también puede aumentar la actividad de los tornados en Estados Unidos durante el mes de febrero. En 2008, dio lugar a una temporada de tornados inusualmente activa, con más de 1.000 tornados. Condiciones similares en 2014 produjeron más de 1.200 tornados. Además del aumento de las nevadas y de la actividad de los tornados, los fenómenos moderados de El Niño combinados con el debilitamiento de los ciclos solares de 11 años también pueden provocar inundaciones en California. En 1998 se batieron récords de precipitaciones e inundaciones en todo el estado, causando daños de miles de millones de dólares. En 2010, otro episodio moderado de El Niño provocó inundaciones devastadoras en California, que causaron daños de más de 1.000 millones de dólares. En general, los fenómenos de El Niño, combinados con el debilitamiento producido por los ciclos solares de 11 años, pueden tener un impacto significativo en el clima en todo Estados Unidos. Durante el mes de febrero, estas condiciones pueden provocar un aumento de las nevadas, actividad de tornados e inundaciones en algunas zonas.

Vivir de la Tierra

Una guía de supervivencia para brujas de seto

EL AUMENTO de los precios de los comestibles, combinado con la interrupción en la cadena de suministro de la disponibilidad de alimentos, hace que la perspectiva del silvestrismo resulte atractiva para quienes siguen las Viejas Costumbres y se esfuerzan por vivir la vida mágica. El silvestrismo es encontrar en la naturaleza alimentos y artículos de cuidado personal disponibles para su consumo. Un tesoro de éstos puede encontrarse creciendo en los bosques, así como en jardines, terrenos baldíos y a lo largo de las carreteras. Pueden hacerse ensaladas nutritivas y sabrosas, verduras cocidas, postres, sopas y mucho más recolectando estos alimentos gratuitos y sorprendentemente abundantes.

En un viaje por Irlanda en los años 90, una guía turística comentó lo buena que estaba la sopa de ortigas mientras señalaba las plantas que crecían junto a la carretera. Añadió que muchos de los necesitados aún la preparaban a menudo como un sustancioso almuerzo o cena. Los viajeros quedaron tan intrigados que hicieron que el chef del hotel sirviera sopa de ortigas para la cena de la noche siguiente. ¡Y quedó realmente muy sabrosa!

Ya sea por economía o sólo por disfrutar de los alimentos y remedios naturales, practicar un poco de silvestrismo añade una nueva dimensión de magia y poder a la vida cotidiana. Por supuesto, algunas plantas son tóxicas por naturaleza o están contaminadas, sea precavido. ¡Una ensalada de hiedra venenosa difícilmente

sería una buena elección! Un pequeño estudio del panorama local le dará opciones adecuadas.

Por ejemplo, aparte de las ortigas, los dientes de león crecen en casi todas partes y son muy sabrosos cuando se preparan adecuadamente. En el suroeste desértico de EE.UU. los cactus pueden cosecharse y prepararse como una excelente fuente de alimento. Las bellotas son muy nutritivas y fáciles de conseguir en muchas regiones. Ofrecen una adición saludable y conveniente al menú y son una buena forma de iniciarse en el silvestrismo.

Las bellotas se identifican fácilmente. Son las semillas de los robles, que crecen en toda Norteamérica y Europa. Las bellotas pueden recogerse de septiembre a noviembre, cuando caen de los árboles y pasan a ciervos, ardillas y humanos ingeniosos. Aproximadamente cada cinco años los robles y otras plantas producirán de más, una cosecha abundante; un gran número de semillas especialmente nutritivas. Esto beneficia a la fauna que busca comida, la propagación de las plantas... y a los humanos hambrientos.

Una mirada a las conexiones divinas y mágicas con las plantas silvestres puede añadir más mística a esta práctica. Por ejemplo, las bellotas son sagradas para la diosa nórdica Freya. Patrona de las cosechas, a menudo se peina con un *coiffure* en forma de bellota.

Cuando recoja bellotas, busque las marrones, completamente maduras y que conserven su capuchón. Evite las demás porque son más susceptibles de infestación por gusanos, chinches, etc. Las bellotas verdes aún no han madurado y no son comestibles. Precaución: Todas las bellotas contienen sustancias amargas e irritantes llamadas taninos. Deben lixiviarse antes de poder comerlas. Consumir taninos puede provocar náuseas y estreñimiento, pero con un poco de paciencia los taninos se eliminan fácilmente.

Preparación de bellotas aptas para comer:

11. Empiece por enjuagar las bellotas en agua fría. Póngalas en un tazón con agua fresca. Deseche las que floten, ya que se han estropeado.
2. Páselas a un colador por debajo del grifo para eliminar suciedad o parásitos.
3. Deje que las bellotas se sequen al aire.

4. Retire las cáscaras y los capuchones de las bellotas. Use un cascanueces o un martillo. Elimine los taninos de las bellotas crudas. Aquí le dejamos un método probado por generaciones. Aunque algunos sugieren colocarlas en una cesta y suspenderla en un arroyo por varios días.

Cómo eliminar los taninos de las bellotas (lixiviación)

1. Hierva dos ollas de agua. Eche las bellotas crudas y sin cáscara en una olla y hierva hasta que el agua tenga un color como el del té fuerte.
2. Pase las nueces por un colador y luego póngalas en la segunda olla de agua hirviendo. Deseche el agua oscura de la primera, vuelva a llenarla e hierva de nuevo el agua.
3. Repita el proceso sin interrupción (no deje que las bellotas se enfríen o se sequen) hasta que el agua vuelva a hervir limpia. Esto puede llevar una hora o más.
4. Como alternativa, puede simplemente remojar las bellotas crudas en agua fría para lixiviar los taninos. Cambie el agua cuando adquiera un color oscuro. Esto puede llevar varios días.

Cómo moler bellotas para cocinar

1. Extienda las bellotas sin tanino para que se sequen en bandejas de horno en un lugar cálido. Secas, muela unas cuantas bellotas a la vez con una batidora.
2. Extienda las bellotas molidas para que se sequen en bandejas y vuelva a molerlas.
3. Repita hasta que tenga una harina seca con una textura parecida a la harina de maíz.

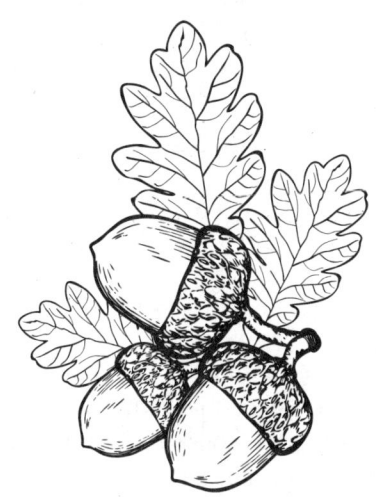

Una vez que haya preparado la harina de bellota ya está lista para usar. Mire esta deliciosa receta para probar.

Receta de panqueques de bellota

Ingredientes:
Un huevo
1 cdta. de aceite de oliva
1 cdta. de miel o azúcar
½ taza de harina de bellota
½ taza de harina de maíz
½ taza de harina integral o harina blanca para todo uso
2 cdta de levadura en polvo
½ cdta. de sal
½ taza de leche

Instrucciones:
Rompa el huevo en el tazón y añada los ingredientes, batiendo para hacer la masa. Si está demasiado espesa, dilúyala con leche. Viértala en la plancha caliente y engrasada y cocínela lentamente hasta que se dore. Voltee para dorar el lado opuesto. Sírvalos con mantequilla y sirope de arce o con su mermelada favorita. ¡Buen provecho!

—MARINA BRYONY

Las Estrellas Inmóviles

Albireo

Joyas en la boca del cisne

CADA AÑO, *The Witches' Almanac* presenta una estrella fija diferente. Las estrellas fijas han sido consideradas importantes puntos finos, utilizados en las interpretaciones astrológicas antes de y durante la Edad Media. Fíjese en el Sol, la Luna o un planeta situado dentro de un pequeño orbe de sólo uno o dos grados para comprender todo el potencial de la estrella. El impacto parece tener un mayor efecto cuando una estrella fija está en conjunción con uno de los planetas, desde Júpiter hasta Plutón. La elegida este año es Albireo, una estrella doble o binaria situada actualmente en torno a 1 grado Acuario 40'. (*Fija* es un término algo impreciso. Las estrellas se mueven, pero muy lentamente, poco más de un grado por siglo.) Albireo está a 430 años luz de la Tierra y es 230 veces más brillante que nuestro Sol. Aparece como la estrella más brillante de la constelación de Cygnus, el Cisne. Una observación minuciosa con un buen telescopio revelará que en realidad es binaria, es decir, dos estrellas que orbitan entre sí, una más grande de color amarillo topacio y otra más pequeña y tenue de color azul zafiro. Esta estrella doble se encuentra en la cabeza del Cisne, a menudo descrita como la joya en el pico del ave. Los astrólogos esotéricos han relacionado a Albireo (el nombre deriva de la palabra griega Ornis) con una canción, "El cisne moribundo". Tiene la naturaleza de Venus combinada con Mercurio. Esto confiere a Albireo las cualidades de idealismo, refinamiento, gentileza, pulcritud y belleza. Se dice que beneficia en la desesperación cuando está activo en un horóscopo. Durante 2024 Plutón entrará en Acuario y transitará dentro del orbe de

Albireo durante la mayor parte del año. Su influencia se entrelazará con las cartas de eventos durante todo ese tiempo. También repercutirá en las cartas natales de los niños nacidos con Plutón en los primeros grados de Acuario.

Los momentos en los que los acontecimientos mundiales y la conciencia humana pueden verse influidos por esta estrella fija son el 6 y 7 de diciembre de 2024, cuando Venus se una a Albireo, y el 27 y 28 de enero de 2025, cuando Mercurio se una a ella. Son momentos en los que los acontecimientos mundiales y la conciencia humana pueden verse influidos por esta estrella fija. Algunas posibilidades incluyen la aparición de nuevas tendencias de comportamiento y declaraciones de moda, así como expresiones musicales y artísticas significativas. Las preocupaciones materialistas también pueden motivar a muchos. Es probable que prevalezca un sutil hedonismo. También podría surgir un escándalo importante sobre la relación de un famoso por estas fechas.

Los nacidos el 20 de enero de cualquier año tendrán a Albireo en conjunción con el Sol natal. Entre los nacidos en esta fecha, y cuyas vidas reflejan su influencia, se encuentran Nikki Haley, Buzz Aldrin, Kellyanne Conway y Bill Maher. En otras cartas natales, busque colocaciones natales situadas entre 0 y 2 grados de Acuario. He aquí una guía de las influencias que indica Albireo cuando está en conjunción con un planeta o luminaria natal.

Con la Luna: buena salud, honor, hogar feliz, conexiones sociales alegres

El Sol: regalos, legados, amigos útiles

Mercurio: popularidad, conformidad, apreciación de la música y el arte

Venus: valores materialistas, amor por la ropa elegante, búsqueda del placer, artístico y musical

Marte: exhibición extrovertida, amor por la facilidad, el lujo, superficial o poco sincero

Júpiter: ascenso social, éxito, perspectiva religiosa

Saturno: estudioso, serio, reservado, vida familiar estresante

Urano: tímido, económico, habilidad psíquica, estudios ocultos

Neptuno: fácilmente influenciable y dirigido por otros, visionario, propenso a las adicciones

Plutón: enérgico, mente aguda, prefiere una dirección empresarial o profesional independiente

Los matices más profundos emitidos por esta estrella fija podrían percibirse en el significado del ballet *La Muerte del Cisne*. Escrito para Anna Pavlova, Mikhail Fokine dijo al crítico de danza Arnold Haskell en 1934 que su intención no era exhibir la técnica, sino "crear el símbolo de la lucha eterna en esta vida y todo lo que es mortal". Esta observación parece resonar especialmente con el mensaje del tránsito de Plutón en los primeros grados de Acuario, al juntarse con Albireo. Además del famoso ballet, el tema de La muerte del cisne también sirvió de inspiración a Tennyson en un poema. Invitamos a quienes practican la astrología esotérica a explorar estas fuentes al interpretar a Albireo como estrella fija.

—DIKKI-JO MULLEN

La Muerte del Cisne
por Alfred Lord Tennyson

I

La llanura extensa en césped, salvaje y desnuda,
Amplia, salvaje y abierta al aire,
Que había construido por todas partes
Un tejado de gris lúgubre.
Con una voz interior corría el río,
En él flotaba un cisne moribundo,
Y se lamentaba en voz alta.
Era mediodía.
Continuaba el viento cansado,
Y se llevaba los juncos a su paso.

II

Se alzaban a lo lejos unos picos azules,
Y blancos contra el cielo blanco y frío
Brillaban sus coronas de nieve.
Un sauce sobre el agua lloraba
Y agitaba la ola mientras el viento suspiraba;
Arriba, en el viento, estaba la golondrina,
Persiguiéndose a su salvaje voluntad,
Y lejos, a través de la marisma verde y tranquila
Dormían los intrincados cursos de agua,
Cubiertos de púrpura, verde y amarillo.

III

El himno de la muerte del cisne salvaje llevó el alma

De aquel lugar abandonado con alegría

Oculto en el dolor: al principio al oído

El murmullo era grave, pleno y claro;

Y flotando sobre el bajo cielo,

Prevaleciendo en la debilidad, el coronach robó

A veces lejos, a veces cerca;

Pero al instante su horrible voz jubilosa,

Con una música extraña y múltiple,

Fluyó en un villancico libre y audaz;

Como cuando un pueblo poderoso se regocija

Con chirimías, platillos y arpas de oro,

Y el tumulto de sus aclamaciones resonó

Por las puertas abiertas de la ciudad lejana,

Al pastor que observa la estrella vespertina.

Y los musgos rastreros y las hierbas trepadoras,

Y las ramas de sauce, ásperas y húmedas,

Y el ondulante vaivén de los juncos,

Y los cuernos desgastados por las olas de la orilla resonante,

Y las plateadas flores marrones que pueblan

Los desolados arroyos y estanques,

Se inundaron de canto ondulante.

Las Cartas de la Corte

AHORA se pueden recortar y pegar en papel muchas cosas hermosas. Así se recortó y pegó un castillo, tan grande que llenaba toda una mesa, y estaba pintado como si se hubiera construido con piedras rojas. Tenía un tejado de cobre brillante, torres y un puente levadizo, agua en los canales como si fuera de cristal, pues era de cristal, y en la torre más alta había un vigilante de madera. Tenía una trompeta, pero no la tocaba.

Todo era de un niño pequeño llamado William. Él mismo levantó el puente levadizo y lo volvió a bajar, hizo marchar a sus soldaditos de plomo sobre él, abrió la puerta del castillo y miró al amplio y elegante salón, donde todas las cartas de la corte de una baraja, corazones, diamantes, tréboles y picas, colgaban en las paredes como cuadros en salones reales. Los reyes sostenían cetros y llevaban coronas; las reinas llevaban velos sobre los hombros y en las manos sostenían una flor o un abanico; los caballeros tenían alabardas y penachos.

Una noche, el niño se asomó por la puerta abierta del castillo para dar un vistazo a las cartas de la corte en el salón, y le pareció que los reyes le saludaban con sus cetros, que la reina de picas balanceaba el tulipán dorado en la mano, que la reina de corazones alzaba su abanico, y que las cuatro reinas le reconocían amablemente. Se acercó para ver mejor, y al golpear la cabeza contra el castillo, éste tembló. Entonces los cuatro truhanes de corazones, diamantes, tréboles y picas, levantaron sus alabardas, para advertirle de que no debía intentar pasar por allí.

El jovencito entendió la indirecta y asintió amistosamente; volviendo a asentir, dijo: " ¡Digan algo!", pero los truhanes no dijeron ni una palabra. Sin embargo, la tercera vez que asintió, el truhan de corazones salió de la carta y se colocó en medio del suelo.

"¿Cómo te llamas?", preguntó el truhan al niño. "Tienes ojos claros y buenos dientes, pero tienes las manos sucias: ¡no te las lavas con suficiente frecuencia!".

Era un lenguaje bastante grosero, pero, por supuesto, no se puede esperar mucha cortesía de un truhan. No es más que un tipo vulgar.

"Me llamo William", dijo el niño, "y el castillo es mío, ¡y tú eres mi truhan de corazones!".

"No, no lo soy. Soy el truhan de mi rey y de mi reina, ¡no el tuyo!" dijo el truhan de corazones. "No estoy obligado a quedarme aquí. Puedo bajar de la baraja, y también salir del marco, y lo mismo pueden hacer mi gracioso rey y mi reina, incluso más fácil que yo. Podemos salir al vasto mundo, pero ésa es una marcha tan fatigosa; nos hemos cansado de ella; ¡es más conveniente, más fácil, más agradable, estar sentados en las cartas, y simplemente ser nosotros mismos!"

"¿Todos han sido realmente seres humanos alguna vez?", preguntó el pequeño William.

"¡Seres humanos!", repitió el truhan de corazones. "¡Sí, lo fuimos; pero no tan buenos como debimos! Por favor, ahora enciende una pequeña vela de cera (me gusta más una roja, porque es el color de mi rey y mi reina); entonces le contaré al señor del castillo—dijiste que eras el señor del castillo, ¿no?—toda nuestra historia; pero, por el amor de Dios, no me interrumpa, pues si hablo, debo hacerlo sin interrupción alguna. ¡Estoy muy apurado! ¿Ve usted a mi rey, quiero decir, al rey de corazones? Es el más anciano de los cuatro reyes, pues nació primero, nació con una corona de oro y una manzana de oro. Empezó a reinar enseguida. Su reina nació con un abanico de oro, que aún conserva. Ambos gozaron de una situación muy agradable desde la infancia. No tenían que ir a la escuela, podían jugar todo el día, construir castillos y derribarlos, reunir soldaditos de plomo para la batalla y jugar con muñecas. Cuando pedían pan con mantequilla, había mantequilla por ambos lados del pan, y también azúcar moreno en polvo, bien esparcido por encima. Eran los buenos tiempos, y se llamaba la Edad de Oro; pero se cansaron de ella, y yo también. ¡Entonces el rey de diamantes tomó las riendas del gobierno!".

El truhan no dijo nada más. El pequeño William esperó a oír algo más, pero no se pronunció ni una sílaba; así que en seguida preguntó: "Bueno, ¿y entonces?".

El truhan de corazones no contestó; se mantuvo erguido, silencioso, audaz y rígido, con los ojos fijos en la vela de cera encendida. El pequeño William asintió; saludó de nuevo, pero no obtuvo respuesta. Entonces se volvió hacia el truhan de diamantes; y cuando le hubo asentido tres veces, salió de un salto de la baraja, en medio del suelo, y pronunció solo tres palabras: "¡Vela de cera!".

El pequeño William comprendió e inmediatamente encendió una vela roja. Entonces el truhan de diamantes presentó armas, pues ésa es una muestra de respeto, y dijo:

—¡Entonces el rey de diamantes accedió al trono! Era un rey con un cristal en el pecho; también la reina tenía un cristal en el pecho, para que la gente pudiera mirarla directamente. Por lo demás, estaban formados como otros seres humanos, y eran tan agradables y tan guapos, que se erigió un monumento en honor a ellos que permaneció siete años en pie. A decir verdad, debió mantenerse en pie para siempre, pero por alguna razón desconocida, se cayó. Entonces el truhan de diamantes presentó armas, por respeto a su rey, y miró fijamente su vela de cera roja.

Pero ahora, sin ningún asentimiento ni invitación del pequeño William, el truhan de tréboles salió, sombrío y orgulloso, como la cigüeña que se pavonea con aire tan digno sobre la verde pradera. La hoja de trébol negro de la esquina de la carta voló como un pájaro más allá del truhan, y luego volvió a volar y se clavó donde había estado antes.

Y sin esperar a su vela de cera, el truhan de tréboles habló:

—No todos reciben mantequilla por ambos lados del pan, y azúcar moreno en polvo por encima. Mi rey y mi reina no lo recibieron. Tuvieron que ir a la escuela, y aprender lo que no habían aprendido antes. También tenían un cristal en el pecho, ¡pero nadie miraba a través de él, salvo para ver si no había algo malo en sus obras en el interior, a fin de encontrar, si era posible, alguna razón para reprenderles! Lo sé; he servido a mi rey y a mi reina toda mi vida; lo sé todo sobre ellos y obedezco sus órdenes. Me ordenan que no diga nada más esta noche. Me callo, pues, y ¡presento armas!

Pero el pequeño William era un niño de buen corazón, así que encendió una vela también para este truhan, una blanca y brillante, blanca como la nieve. Apenas encendió la vela, el truhan de picas apareció en medio del salón. Venía deprisa; pero cojeando, como si le doliera una pierna. En efecto, en una ocasión la tuvo rota y, además, sufrió muchos altibajos a lo largo de su vida. Y habló como sigue:

—Mis hermanos truhanes tienen cada uno una vela, y yo también la tendré; lo sé. Pero si nosotros, pobres truhanes, tenemos tanto honor, nuestros reyes y reinas deben tener el triple. Ahora bien, es apropiado que mi rey de Espadas y mi Reina de Espadas tengan cuatro velas para su regocijo. Debería conferírseles un honor adicional. Su historia y sus pruebas son tan funestas que tienen muy buenas razones para vestir de luto y llevar una pala de sepulturero en su escudo de

armas. Mi propio destino, pobre bribón que soy, es bastante deplorable. En una partida a las cartas, he conseguido el apodo de "¡Pedro Negro!". Pero, ¡ay!, yo tengo un apodo aún más feo, que, de hecho, no es cosa de mencionar en voz alta. Y luego susurró —¡En otra partida, me han puesto el apodo de 'Sucio Loco'! ¡Yo, que una vez fui el Lord chambelán del rey de Espadas! ¿No es éste un amargo destino? La historia de mi soberano señor y de mi reina no la relataré; ¡ellos no desean que lo haga! El pequeño señor del castillo, como se llama a sí mismo, puede adivinarla él mismo si quiere, pero es muy lamentable, ¡Oh, de eso no hay duda! Sus circunstancias se han reducido mucho, y no es probable que mejoren, ¡hasta que todos estemos cabalgando en el caballo rojo más alto que los cielos, donde no hay contratiempos ni percances!

El pequeño William encendió ahora, como el truhan de Espadas había dicho que correspondía, tres velas para cada uno de los reyes, y tres para cada una de las reinas; pero para el rey y la Reina de Espadas encendió cuatro velas, y todo el salón se volvió tan luminoso y transparente como el palacio del más rico emperador, y los ilustres reyes y reinas se inclinaron el uno ante el otro serena y graciosamente. La reina de corazones hizo una reverencia con su abanico de oro; y la reina de picas balanceó su tulipán dorado de tal manera, que un chorro de fuego salió de él. Las parejas reales se apartaron de los naipes y los marcos, y se movieron en un minueto lento y grácil arriba y abajo por la pista. Bailaban en medio de las llamas, y los truhanes también. Pero, ¡ay! Pronto todo el salón estaba en llamas; el elemento devorador subió rugiendo por el techo, y todo era una crepitante y silbante sábana de fuego; en un momento, el propio castillo del pequeño William quedó envuelto en llamas y humo. El niño se asustó y salió corriendo, gritando a su padre y a su madre: "¡Fuego, fuego, fuego! ¡Mi castillo está ardiendo!". Se puso pálido como la ceniza y sus manitas temblaban como la hoja del álamo. El fuego continuaba centelleando y ardiendo, pero en medio de esta escena destructiva, se pronunciaron las siguientes palabras en tono de canción:

—Ahora cabalgamos sobre el caballo rojo, ¡más alto que los cielos! Este es el camino que deben seguir los reyes y las reinas, ¡y este es el camino que deben seguir sus truhanes!

Sí, ese fue el fin del castillo de William y de las cartas de la corte. William no pereció en las llamas; sigue vivo, se lavó sus pequeñas manos, y dijo: "Soy inocente de la destrucción del castillo". Y, en efecto, no fue culpa suya que el castillo se incendiara.

OBÀTÁLÁ
El Rey del Manto Blanco

LOS YORÙBÁ del suroeste de Nigeria siente una profunda reverencia por un grupo de deidades llamadas Orisha, consideradas emanaciones de Olódùmarè, el fundamento de toda la creación. Sirven de intermediarias conectando a los humanos con lo divino. Uno de los más prominentes entre los Irúnmolè es Obàtálá, conocido como el Rey del Manto Blanco; representa la pureza, la sabiduría y los aspectos creativos de la humanidad, ofreciendo una visión profunda del propósito y las motivaciones de la vida. En su historia, el panteón Yorùbá ha abarcado tanto los aspectos constructivos como destructivos de la divinidad—abrazando a ambos, los yoruba aspiran a una comprensión más profunda de lo divino y del mundo natural que les rodea.

La creación de la humanidad

En la cosmología yoruba, se suele atribuir la creación a Obàtálá (junto con Yemoja). Cuenta que Olódùmarè se la encargó a Obàtálá. Éste descendió del Cielo a la Tierra con una cadena, llevando consigo una concha de caracol llena de arena, una gallina negra y una nuez de palma. Al llegar a la Tierra cubierta de agua, esparció la arena y soltó a la gallina, que esparció la arena en todas direcciones, formando tierra sólida y marcando así la creación. Obàtálá llamó a este nuevo lugar Ilé-Ifẹ, "la tierra de la expansión" o "la dispersión".

Al tiempo, Obàtálá se sintió solo con su gallina negra. Un día, el gran Orisha Yemoja lo visitó. Abundantemente complacido por la visita y poder mantener una conversación, Obàtálá le contó de su soledad. Por el amor que sentía por él, Orișá Yemoja decidió quedarse y ser su esposa.

Cuando Obàtálá procedía a la creación de los humanos, los esculpía a partir de arcillas de diferentes densidades y colores. Tras moldear cada forma, invocaba a Olódùmarè para que les insuflara vida. Como artesano celestial, esculpió a los humanos con una variedad de rasgos físicos y habilidades, fomentando la diversidad que hoy vemos. Un punto significativo de la esta historia de la creación tiene que ver con la creación de individuos con capacidades diferentes. Se dice que en un periodo en el que Obàtálá se aficionó al vino de palma, se embriagaba al crear a los humanos. Las esculturas eran entonces imperfectas, provocando discapacidades físicas. Al verse sobrio y ver los resultados, Obàtálá tomó un voto de sobriedad y se convirtió en protector de quienes había perjudicado involuntariamente, mostrando su naturaleza bondadosa y arrepentida. Hasta el día de hoy, sus adoradores tienen prohibido beber vino de palma o consumir sustancias que alteren gravemente su estado mental.

Orişa de la calma

Obàtálá es el Orişá de la paz y la tranquilidad y es venerado por la calma de su ser y un aura que desprende una frialdad sin igual. A cada paso, transmite un aire de tranquilidad y aplomo que cautiva a todos los que se encuentran con él. Ataviado con prístinas vestiduras blancas que simbolizan la pureza y la claridad, su sabiduría y su profundo conocimiento del mundo le otorgan la capacidad de sortear cualquier situación con gracia. Ya sea mediando en conflictos, moldeando los destinos de la humanidad o aportando armonía a lo caótico, la frialdad de Obàtálá permanece inquebrantable, dejando una impresión duradera en quienes tienen la suerte de presenciar su presencia divina. Él personifica el equilibrio perfecto entre fuerza y serenidad.

Muchos de los cuentos de Obàtálá hablan de su extraordinario poder como pacificador. Uno cuenta que había un amargo conflicto entre dos pueblos vecinos, enzarzados en una batalla implacable que amenazaba con bañar a todo el reino en sangre. El rey, desesperado por una solución, buscó consejo en Obàtálá. Reconociendo la gravedad de la situación, Obàtálá emprendió un viaje para mediar entre los pueblos. Con una presencia serena y palabras elocuentes, habló a los líderes recordándoles su humanidad compartida y la inutilidad de la violencia. La sabiduría y compasión de Obàtálá resonaron profundamente y poco a poco sus corazones se ablandaron. Con paciencia y el compromiso de entendimiento, se dió el acuerdo de paz que puso fin al conflicto. Los aldeanos se abrazaron, sus armas

Una ofrenda típica a Obàtálá es el caracol gigante de tierra africano

cambiadas por herramientas, y la región floreció bajo una nueva era de armonía y unidad.

En otro relato de su extraordinaria habilidad para generar paz, se narra un fascinante encuentro entre dos poderosas deidades, Obàtálá, la deidad de la creación y la sabiduría, y Ògún, la deidad del hierro y la guerra. Los conflictos arreciaban y la humanidad anhelaba la paz en un mundo intolerante. Sintiendo la necesidad de una resolución, Obàtálá buscó a Ògún, reconociendo la importancia de su destreza marcial y potencial de destrucción. Obàtálá intentó conseguir la paz apelando a Ògún, diciéndole palabras de sabiduría y mencionando su noble naturaleza. Le recordó su inmenso poder y la responsabilidad que eso conllevaba.

Con dominios contrastantes, Obàtálá y Ògún entablaron un diálogo profundo, compartiendo perspectivas que trascendían sus roles individuales. En su interacción encontraron un terreno común, y forjaron una asociación única. La fuerza y la determinación de Ògún fueron sosegadas por la sabiduría y la guía de Obàtálá, resultando en una unión armoniosa que canalizó el poder de Ògún por el bien mayor del reino. Llegó una era de equilibrio, en la que la energía de Ògún se canalizó hacia la protección y prosperidad del pueblo y la sabiduría de Obàtálá lideró sus acciones. La historia de Obàtálá y Ògún es prueba del poder transformador de la colaboración y del potencial para la armonía, incluso en las fuerzas más opuestas.

Sacerdotes de Obàtálá rezando en su santuario.

100

Las manifestaciones de Obàtálá

Se sabe que muchos Orişá tienen manifestaciones individuales con cualidades y atributos separados que representan aspectos de su poder e influencia. Se sabe que Obàtálá se manifiesta como un feroz guerrero, y un gobernante frío y pacífico. En esta manifestación es el Orisha del valor, la sabiduría, la curación, la creatividad y la justicia. Obàtálá se conoce por manifestarse como un Orişá femenino. En esta emanación, Obàtálá es un ser nutritivo, compasivo y maternal. A través de variadas manifestaciones, los Orishas ostentan un rico tapiz de virtudes y energías que ofrecen guía, bendiciones y apoyo a individuos y comunidades, recordando la vasta gama de cualidades divinas que los humanos pueden usar para crecer. mantener el equilibrio y conectarse espiritualmente.

Una de las manifestaciones más destacadas de Obàtálá es Obàtálá Aàrę, el sabio anciano. En esta forma, Obàtálá aparece como una figura envuelta en vaporosas túnicas blancas que simbolizan la pureza y la sabiduría. De larga barba blanca y un bastón en la mano, emana un aura de profundo conocimiento y experiencia. Sirve como encarnación de la sabiduría, guiando a la humanidad a través de sus sagaces consejos y visión de las complejidades de la vida. En su forma anciana, Obàtálá imparte lecciones inestimables, recordando la importancia de la introspección, el discernimiento y el tomar decisiones alineadas con principios superiores.

Otra manifestación de Obàtálá es Obàtálá Alákètu, la deidad juvenil y creativa. Irradia vitalidad y virilidad, como una figura vibrante y enérgica cuya túnica se adorna de intrincados dibujos y símbolos. Inspira creatividad, innovación y expresión artística. Es el patrón de los artesanos y de quienes buscan dar belleza al mundo con sus creaciones. Obàtálá Alákètu encarna el potencial ilimitado que hay en cada individuo y anima a explorar los talentos y pasiones de cada uno. Obàtálá Alákètu enseña la importancia de abrazar la singularidad propia y utilizarla como catalizador para el cambio positivo y la realización personal.

Obàtálá extendido como manifestación femenina se conoce como Obàtálá Ọbàrísànà, una deidad poderosa y maternal. Encarna las cualidades femeninas de la compasión, la intuición y la fertilidad. Aparece como una figura regia envuelta en vaporosas vestiduras blancas que destilan gracia y elegancia. Con un porte amable pero resuelto, Obàtálá Ọbàrísànà hace aflorar la maternidad y la crianza, dando consuelo, protección y consejos. Encarnando la fertilidad, se la asocia con la abundancia y los ciclos de la creación. Obàtálá Ọbàrísànà apoya y empodera a las mujeres, defendiendo sus derechos y celebrando sus contribuciones únicas. Su manifestación recuerda la sagrada energía femenina que fluye por el mundo, nutriendo y sosteniendo la vida en todas sus formas.

El santuario de Obàtálá

Los que han pasado por el Idosu Obàtálá (iniciación de Obàtálá,) reciben el Igba Obàtálá, la calabaza o recipiente sagrado de Obàtálá. Los recién iniciados reciben una calabaza llena de los objetos sagrados del Orìṣá al que se inician. Tiene un gran significado y es considerado sagrado; según se dice, contiene la presencia del Orìṣá al que la persona ha sido iniciada. En el caso del iniciado a Obàtálá, contendría probablemente una buena cantidad de efun (tiza blanca de origen natural), que representa la pureza del Orìṣá, un manto blanco indicativo de limpieza, un recipiente con agua limpia que se repone a diario, un brazalete de plata, bayas limpias blanqueadas al sol y bayas adivinatorias utilizadas en el Idosu para las diversas lecturas, entre otros objetos de los que no se habla públicamente. En su estatus de creador de la humanidad, la calabaza tendría también una concha de caracol de tierra y un hombre de plata o de plomo. La que contiene los objetos estaría pintada de blanco con tiza. Una calabaza de cuentas blancas podría albergar los objetos si el iniciado puede permitírselo. Obàtálá se asocia fuertemente con elefantes, por lo que podría haber presente un objeto o estatua que los representara.

El contenido de la Igba Obàtálá puede variar según las prácticas individuales y preferencias, pero hay algunos elementos comunes como los enumerados anteriormente.

Ofrendas a Obàtálá

Las ofrendas a Obàtálá suelen consistir en comida y bebida blanca o clara, asociándose con la pureza. Entre los favoritos de Obàtálá está el ñame machacado. A menudo se forma en pequeños globos que luego se amontonan en forma cónica en un plato sobre la abertura a su Igba. El efun es una ofrenda común; a menudo se ofrecen trozos enteros. Como todos los Orìṣá, una ofrenda muy común serían las nueces de cola. Pero en el caso de Obàtálá, se intentaba ofrecerle nueces de cola blancas. Otros que se le podrían ofrecer son leche, coco, arroz blanco y caracoles. La más importante de las ofrendas a Obàtálá es el agua fresca a diario. Como el Orisha ha renunciado al alcohol debido al mito antes mencionado, es fundamental que sus ofrendas sean libres de alcohol.

Tabúes de los iniciados Obàtálá

Los iniciados de Obàtálá se adhieren a ciertos tabúes y restricciones como parte de sus prácticas espirituales y dedicación a la deidad. Estos tabúes mantienen la pureza, el respeto y la alineación con la energía de Obàtálá. Aunque pueden variar entre los distintos linajes y regiones, existen algunos tabúes comunes asociados a los sacerdotes de Obàtálá. El principal es la abstención del consumo de alcohol y sustancias embriagantes, es decir, el consumo de cualquier cosa que nuble la mente. Se espera que quienes se inician al Obàtálá se abstengan de vestir de rojo durante el primer año después de la iniciación, y también mantenerse alejados de los colores brillantes y del negro. El uso de aceite de palma, aunque no está prohibido, se desaconseja, y en su lugar podría utilizarse manteca de karité para cocinar.

Entre los tabúes más importantes está evitar el discurso y el accionar negativos. Se espera que los sacerdotes mantengan una conducta respetuosa y armoniosa, absteniéndose de participar en chismes, calumnias o cualquier forma de discurso o acción negativos que pueda perturbar el equilibrio y la pureza.

Hay que decir que los tabúes y las restricciones pueden variar, y que los sacerdotes pueden tener compromisos u obligaciones personales adicionales específicos de su iniciación y linaje. El propósito de estos tabúes es crear un espacio sagrado para que el devoto se conecte profundamente con la energía de Obàtálá y honre a la deidad a través de sus acciones, pensamientos y comportamientos.

Rituales y ofrendas para Obàtálá

Los rituales para Obàtálá tienen como objetivo invocar sus bendiciones, su guía y su protección. Las ceremonias suelen incluir cánticos, oraciones y música, con el timbal y el tambor batá tocando ritmos sagrados que van desde los tonos lentos y señoriales a los eufóricos. Mientras que las danzas de muchos otros Orişá pueden ser frenéticas, las de Obàtálá son regias y pueden ser alegres sin ser prepotentes. El contenido lírico de los cantos y canciones suele incluir alabanzas, súplicas y el relato de sus mitos y hazañas.

La narración de Obàtálá es algo más que un cuento sobre la creación: encierra una sabiduría perdurable y lecciones de moralidad, compasión y tolerancia. Al encarnar la pureza y la paz, nos enseña la importancia de llevar una vida de verdad y tranquilidad. Su papel de artista divino insta a sus adoradores a apreciar la diversidad y respetar todas las formas de existencia humana. Su remordimiento por sus acciones en estado de embriaguez sirve como recordatorio de las consecuencias perjudiciales de la intoxicación y como un llamado a hacerse responsable por las acciones personales.

Estatua de Obàtálá en el Candomblé

En nuestro mundo cada vez más diverso y complejo, los principios de Obàtálá son relevantes y necesarios más que nunca. Al comprender e imbuirnos de las lecciones de su relato, podemos aspirar a crear una sociedad que valore la paz, la pureza y el respeto a la diversidad, atributos que definen al venerado Orişá, Obàtálá.

—IFADOYIN SANGOMUYIWA

Bàtà-banta nínú àlà

Ósùn nínú àlà

Ó jí nínú àlà

Ó ti inú àlà dìde

Inmenso en ropas blancas,

Duerme con ropas blancas,

Se despierta con ropas blancas,

Se levanta con ropas blancas.

–poema de alabanza tradicional para Obàtálá

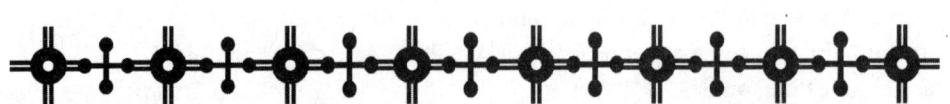

Cómo crear un jardín a lo Shakespeare

UN JARDÍN shakesperiano es un jardín que hace referencia a las obras de Shakespeare. Podría crear un jardín basado en las obras de cualquier escritor, pero Shakespeare da al lector un poco más con lo que trabajar que otros. En cambio, en las obras de J.R.R. Tolkien, en concreto en su reino élfico de Lothlorien, ¡la flora es totalmente ficticia! Como dijo una vez un amigo, "aquí no hay árboles de Mallorn." Del mismo modo, la Hoja de Reyes, famosa por sus propiedades curativas en las obras de Tolkien, es mera ficción. Pero el Bardo nombra plantas que existen en el mundo real y éstas pueden ser un punto de referencia para crear un jardín temático. Es fácil imaginarse una vieja casa victoriana con un jardín shakesperiano destartalado, ¡perfecto para fantasmas errantes!

Para crear su jardín, preste atención a sus recursos. Hay sitios como www.botanicalshakespeare.com, pero tenga cuidado: las palabras no significan todas lo mismo que antes. Una referencia a "lima" en el sitio mencionado, por ejemplo, no se refiere al pequeño fruto verde, sino a una cantidad de una sustancia calcárea pegajosa usada para atrapar pájaros. También debe fijarse no sólo en las palabras en sí, sino en el contexto de una versión antigua de la lengua inglesa y en su simbolismo. Por ejemplo, Ofelia, en su locura en Hamlet, habla de hierbas y de sus significados:

Hay romero, para recordar. Te pido, amor, que recuerdes. Y hay violas, esas son para los pensamientos ...

Hay hinojo para ti, y columbinas. Hay ruda para ti, y aquí hay un poco para mí; podemos llamarla la hierba de la gracia de los domingos. Debes llevar tu ruda con una diferencia. Hay una margarita. Te daría algunas violetas, pero se marchitaron todas cuando murió mi padre. Dicen que tuvo un buen final

–Acto IV, Escena V
William Shakespeare

Este pasaje incluye romero, hinojo y ruda. Cualquiera que haya cocinado con hierbas debería reconocer el romero y el hinojo. La ruda es más desconocida para los americanos pero es una planta perenne europea fuertemente perfumada y amarga. Plantar siguiendo este pasaje resultaría en un jardín mitad hierbas, mitad flores, y completamente lleno de simbolismo.

Conocer el lenguaje del simbolismo floral hace que las palabras de Ofelia nos conmuevan aún más. Las margaritas se atribuyen a la esperanza y a los nuevos comienzos. Las columbinas son flores resistentes que crecen en diversas condiciones, haciéndolas símbolo de resistencia y perseverancia. Las violetas tienen diversos significados: inocencia, amor eterno, modestia, sabiduría espiritual,

fidelidad, misticismo y recuerdo. Debido a su larga asociación con el amor, Shakespeare menciona las rosas en Romeo y Julieta y en muchos de sus sonetos. Julieta reflexiona sobre la tontería de que un mero nombre la aleje de su Romeo: "¿Qué hay en un nombre? Lo que llamamos rosa, con cualquier otro nombre olería igual de dulce". Cualquier tipo de rosa puede añadirse a un jardín shakesperiano, pero si es puede hallarla, hay una variedad bautizada como la "rosa de William Shakespeare". Tiene un color rosa intenso y ruboroso, y abundantes pétalos.

Si prefiere añadir rosas, hay otra forma de incorporarlas a un jardín shakesperiano: reservar una sección del jardín para las rojas y blancas como homenaje a las históricas Guerras de las Rosas por el trono de Inglaterra. Las casas de Lancaster y York libraron una serie de guerras civiles de 1455 a 1485. Asegúrese de etiquetar las rosas rojas con "Lancaster" y las rosas blancas con "York".

Considere también el uso que dará a las plantas comestibles y para otras aplicaciones. La menta es deliciosa cuando se añaden unas hojas frescas a una taza de té. ¡Hay pocas cosas más refrescantes en este mundo! Shakespeare menciona la menta en su *Cuento de invierno*: "Aquí hay flores para ti; lavanda caliente, menta, ajedrea, mejorana". Las llama, junto a las caléndulas, ¡hierbas para hombres de mediana edad! La lavanda es fácil de cultivar y tiene una fragancia deliciosa. Puede añadirse al té y a otras bebidas calientes para una influencia calmante.

Los capullos de la flor de lavanda pueden recogerse y añadirse a un saquito para dormir para que liberen su fragancia mientras duerme. Todas las hierbas del pasaje anterior figuran en las mezclas tradicionales de Hierbas de Provenza. Sólo añadirlas al tomillo y al orégano y utilizar la mezcla para sumar una sutil complejidad a la carne, el pescado y las sopas, o espolvorear sobre los quesos y sobre el aceite.

Ahora bien, hay cosas que añadir a un jardín y cosas que no. Aunque las brujas de Macbeth añaden "raíz de cicuta, excavada en la oscuridad" a su poción, es venenosa e invasiva, y acabará teniendo que arrancarla con frecuencia por propagarse salvajemente. La tradición sostiene que Sócrates murió bebiendo cicuta: es algo repugnante.

La cicuta no es la única planta shakesperiana invasora: muchas hierbas tienden a apoderarse de dondequiera que se planten, pero sobre todo la menta y el romero. Un truco para minimizar la propagación es poner macetas para cultivar hierbas y tenerlas contenidas. Puede encontrar ejemplos de este tipo de jardinería en Pinterest.

Todas las plantas mencionadas son fáciles de encontrar y cultivar: empiece con ellas para armar un jardín shakesperiano básico. Cuando esté listo para añadir más plantas, pase unas cuantas tardes hojeando las obras del Bardo para ver qué flora se menciona y luego compruebe si está disponible en su localidad o si se pueden enviar semillas o plantas pequeñas a su zona. Cuando pida semillas, sepa que la mayoría de las flores son anuales y deben replantarse cada año. Añada estatuas, señales y carteles con citas de las obras y…¡voilá! Ya está listo para disfrutar de su jardín shakesperiano.

—MARINA BRYONY

La Roca Blanca del lago Hurón

La piedra sagrada del pulgar de Michigan

LA AUTOPISTA 25 de michigan es una pintoresca carretera de dos carriles que traza la costa del lago Hurón en el pulgar de Michigan, zona rica en historia y tradiciones místicas. A unas diez millas al sur de Harbor Beach y justo al norte de Forester hay un hermoso parque a orillas del lago con un marcador histórico. Este conmemora *White Rock*, la roca blanca, un lugar sagrado de los nativos americanos, y en específico de los Anishinaabe.

Los turistas suelen encontrar flores, monedas, frutas y otras muestras abandonadas cerca de la piedra del marcador y de la placa que relata la leyenda de White Rock. Un sendero va desde el marcador y el estacionamiento a través de un tramo de bosque que conduce a un mirador sobre el Gran Lago. Siguiendo este sendero, se crea una atmósfera de otro mundo. Es un lugar cargado de un silencio sagrado y de la fragancia de los árboles de hoja perenne. Mirando a través del agua, a unos 800 metros de la costa, se divisa una roca blanca y brillante. Las vibraciones se intensifican. Definitivamente da la sensación de estar en un lugar sagrado.

En la actualidad, White Rock mide unos doce pies de ancho. Hace doscientos o trescientos años era mucho más grande. Desde entonces, la subida del nivel del agua ha esculpido y cubierto gran parte

del peñasco calizo original. Durante la Segunda Guerra Mundial, el ejército de Estados Unidos utilizó la roca para prácticas de tiro, contribuyendo a la reducción de su tamaño. Sin embargo, la brillante White Rock del Gran Lago es inconfundible: resalta. Todavía sugiere, a quienes son sensibles a tales energías, la presencia del Gran Manitou: el Gran Espíritu venerado por los Anishinaabe.

White Rock se utilizó como delimitador y marcador de navegación durante siglos. Los Anishinaabe estaban agradecidos por la inusual generosidad de la región del pulgar. Ofrendas de tabaco, hierbas, pescado y caza, así como objetos sagrados, se dejaban en White Rock como ofrendas de agradecimiento por las riquezas que les había dado el Gran Manitou. En ella se celebraban ceremonias y rituales para honrar y atraer los favores del Gran Espíritu. Durante el siglo XIX los colonos construyeron una próspera ciudad cercana llamada White Rock. Había hoteles, una escuela, un salón de baile, una iglesia y una variedad de prósperos negocios. En 1860 un grupo de los habitantes del pueblo decidió celebrar un baile en la plaza de White Rock. Los nativos americanos que quedaban les advirtieron que no lo hicieran, pero los asistentes a la fiesta hicieron caso omiso del consejo. Viajaron en canoas para el evento. Un hombre se sintió incómodo y decidió quedarse flotando en su canoa en lugar de desembarcar. Acabó siendo testigo de los dos relámpagos. Éstos cayeron simultáneamente sobre La Roca y mataron a todos y cada uno de los bailarines de la plaza.

En octubre de 1875 un gran incendio arrasó la región. La ciudad de White Rock quedó completamente destruida. Hoy en día sólo existe una pequeña aldea cerca del lugar. Algunos atribuyen estos sucesos a la ira de Manitou. ¿Quién puede saberlo?

La visita al parque White Rock es gratuita. Es una parada memorable para la meditación y la reflexión. Encontrará más información en la página web https://www.michigan.org/city/white-rock. También hay videos en YouTube y podcasts que profundizan en la extraña historia de White Rock.

—ESTHER NEUMEIER

CONECTÁR-BOL

Navegando por la Wood Wide Web

A SIMPLE VISTA, un grupo de árboles puede parecer aislado, incluso solitario. Pueden dar la impresión de ser individuos autosuficientes, apartados y distantes. Sin embargo, las leyendas de árboles parlantes, con conciencia social y sagrados lo desmienten. Hace tiempo que existen indicios de que la conciencia de los árboles es expansiva y extensa. Investigadores y científicos de todo el mundo que trabajan en más de 70 países diferentes, entre ellos EE.UU., Canadá, Reino Unido y Suiza. han recopilado una base de datos denominada La Iniciativa Forestal Mundial. La esencia del proyecto es identificar y explorar cómo un mundo

subterráneo de raíces y hongos, repleto de vida, existe bajo nuestros pies. Se trata de una complicada red tejida de bacterias, diminutos hongos (setas) y raíces. Su finalidad es permitir que los árboles se comuniquen entre sí y se ayuden mutuamente. Acuñada como Wood Wide Web, es en realidad la mayor y más antigua de todas las redes sociales. ¡La interconexión de los árboles precede a Internet y a la propia humanidad por 450 millones de años!

Los estudios demuestran que los árboles hablan su propio idioma: comparten información sobre los insectos y se avisan mutuamente para producir compuestos amargos que les protejan de las plagas destructoras. Árboles moribundos comparten su ADN con las plántulas para ayudarlas a crecer. Mediante la fotosíntesis, los árboles producen mucha más glucosa de la que necesitan para sí mismos con el fin de transmitirla para nutrir a las plántulas. Sin embargo, algunos árboles como el nogal negro son antisociales. Atacan a otros árboles produciendo toxinas. Dentro de un bosque establecido hay grandes núcleos de mayor edad o árboles madre. Son los dominantes o líderes secretos de este mundo subterráneo. Los estudios han demostrado que un árbol nodriza puede conectarse en red ¡hasta con cuarenta y siete árboles más!

El libro de la Dra. Susanne Simard, profesora de silvicultura de la Universidad de la Columbia Británica, Finding the Mother Tree, trata sobre esta red social, el mundo consciente del bosque. Los árboles tienen una conciencia social fascinante. Cooperan, socializan y comparten información relacionada con su salud y aspectos vulnerables. Los hallazgos indican que los árboles tienen comunidades que no son muy diferentes de nuestros propios vecindarios. Unas finas hebras blancas de organismos parecidos a hongos llamados hongos micorrícicos son el núcleo de esta Wood Wide Web. Ni plantas ni animales, sino algo intermedio, estos organismos parecidos a hongos ayudan a los árboles a transmitir y compartir información y nutrientes vitales. Un estudio cuidadoso de las raíces de los árboles las encontrará envueltas en coloridos hongos en tonos amarillos, morados, blancos y más. Éstos forman una alfombra entrelazada bajo el suelo que es en realidad el sistema de enlace en este mundo separado de los árboles. Los hongos emergen como setas que aparecen sobre el suelo, a menudo después de una lluvia. Sin raíces ni semillas, simplemente están presentes. Son valiosos para los ciclos vitales de la Tierra. Como la reencarnación, traen nueva vida de la descomposición. A este mundo mágico de hongos se le atribuyen setas que ofrecen importantes beneficios para la salud y delicias gourmet. Las setas han inspirado durante mucho tiempo supersticiones, folclore, mitos y referencias a poderes mágicos sagrados.

Hace más de un siglo, Beatrix Potter, la entrañable escritora e ilustradora victoriana más recordada por sus cuentos infantiles de Peter Rabbit y otros personajes como Squirrel Nutkin y Benjamin Bunny, en realidad empezó a estudiar lo que ahora se llama la Red de la Madera. Creó pinturas detalladas de setas. Llegó a ser aclamada como micóloga hasta que fue expulsada de los círculos académicos por su género. Con el tiempo, Potter utilizó lo que ganó con la publicación para implicarse en la conservación del Distrito de los Lagos de Inglaterra. Preservando los antiguos bosques y donando tierras y manuscritos originales al National Trust de Inglaterra en beneficio de las generaciones futuras, Beatrix Potter fue una ecologista y conservacionista precoz. Pudo haber sido la primera en reconocer la importancia de la interconexión de los árboles ¡mucho antes de la llegada de la Wood Wide Web y la Iniciativa Forestal Mundial!

—DIKKI-JO MULLEN

22 Sombras de Gray

EL PRÓXIMO libro más importante que se escribe sobre la Tradición Mágica Occidental durante el siglo XXI debería tratar sobre la Orden Hermética de la Aurora Dorada y su extraordinario sistema. Sugeriría que el título y el concepto fueran simplemente *Se Equivocaron En Algunas Cosas*.

El problema radica en que todos nos hemos rendido ante el genio intelectual de McGregor Mathers y el talento visionario de su esposa, Moina. Solemos verlos como seres excepcionales, especímenes solemnes de las Artes Mágicas que están más cerca de los dioses que de nosotros, los mortales. Tendemos a proyectar sobre ellos una especie de pontificia ecuanimidad, y rara vez nos atrevemos a cuestionar lo que han creado.

Si pudiéramos ver desde lejos a los Mathers mientras creaban su sistema, veríamos a una Moina joven, recién graduada de arte en la universidad y sin hacer nada que sus padres aprobarían para el talento que tenía. Además, a la sombra del hombre sin trabajo y aparentemente inútil que quería que todo el mundo le llamara McGregor. No los perciba como ancianos de cabellos plateados: véalos como una pareja formada por una joven muy absorta trabajando bajo las órdenes de su intensa pareja, algo mayor que ella. Admire la pasión y entusiasmo al compartir sus enseñanzas mediante el intensivo psiquismo que esperamos de ellos, aumentado por técnicas tan sorprendentes y poco fiables como el péndulo radiestésico, para obtener un Sí o un No directamente de los Poderosos, y—también sorprendentemente—el tablero de la ouija. Admire, pero no se asombre. Eran, comparativamente, tan solo unos jóvenes cuando hicieron todo esto.

Hacían su trabajo—o más bien su *Trabajo*—en habitaciones sucias, sin tener suficiente para comer, sin suficiente luz por las noches, y sin la certeza clara de que alguna vez obtendrían algún beneficio material de sus esfuerzos. Eran casi como una pareja de la Cultura de la Beneficencia de hoy, salvo que la suya no procedía del Estado, sino de la generosidad de Annie Horniman, que fue una de sus primeras neófitas y su más leal seguidora.

No estoy siendo denigrante. Mathers ha sido *el* gran mago de los últimos 150 años. Nadie más se le ha acercado. Y en cuanto a mí personalmente, me enamoré de Moina al ver por primera vez aquella fotografía suya en el Slade College of Art, y así sigue siendo.

Pero eran muy humanos y falibles a la hora de armar su sistema. Algunos de los rituales, como el Ritual Menor de Destierro del Pentagrama, son como máquinas de vapor que generan una enorme potencia, avanzando con una suerte de belleza majestuosa pero estrepitosa. Arrojando chispas, vapor y mucha energía desperdiciada.

Me parece que fue el cabalista James Sturzaker quien argumentó que Moina se equivocó en el 75% de las Escalas de Colores del Árbol de la Vida, pero como acertó los niveles Briah-ticos, seguían funcionando. En varias ocasiones, su aparentemente inspirado Sistema de Correspondencias simplemente no se corresponde. Consiguen resultados, como todos sabemos y hemos experimentado, pero a veces se trata de meter clavijas cuadradas en huecos redondos: siempre puede hacerse, y con bastante facilidad, si se tiene un martillo lo suficientemente grande y se golpean las clavijas hasta que las esquinas se astillan.

Y en cierto modo fueron maldecidos por la coincidencia del número 22.

Los 22 caminos del Árbol de la Vida, las 22 letras del alfabeto Hebreo (no es un error ortográfico) y las 22 cartas de los Arcanos Mayores del tarot pedían desesperados encajar adecuadamente. La coincidencia inicial se hizo simplemente colocando la primera carta del tarot en el primer camino y haciéndola coincidir con la primera letra hebrea, que también era un número. (Tengo que confesar que ni siquiera sé de qué letra/número se trata, porque deliberadamente nunca aprendí hebreo, y rechazo la idea de que sea una "lengua sagrada" siendo sus letras son una versión simplificada demostrable de Jeroglíficos Egipcios mucho más antiguos).

Algunos magos como Crowley, Frater Achad y Paul Foster Case determinaron sus propios sistemas de correspondencias tarot/árbol, pero nunca se aventuraron a alejarse del original, y todos seguían enganchados a las cartas hebreas. Fue una inglesa exteriormente fuerte, pero interiormente cálida llamada Bobbie Gray quien, a mediados de los años 60, le dijo a su marido: "¿Por qué tiene que ser en maldito hebreo? ¿Qué tiene eso que ver con nosotros aquí?". Su marido Bill, demasiado mayor para ser un *enfant terrible*, pero sin duda una *eminence grise* por aquel entonces, observó todo el sistema de la Aurora Dorada y estuvo de acuerdo. Trabajando a una velocidad notable y con la

Pilar izquierdo	Pilar central	Pilar derecho
El Ermitaño		El Hierofante
La Muerte	La Estrella	El Emperador
El Ahorcado		La Templanza
El Diablo		La Emperatriz
La Torre Arruinada	El Sol	La Fuerza
El Carro		Los Enamorados
El Mago	La Luna	La Sacerdotisa
El Loco		El Mundo

serendipia de la financiación, escribió un libro poco conocido que ponía patas arriba el sistema de Mathers.

Métodos mágicos rituales de William G. Gray es una obra de puro genio. Solamente un capítulo, el dedicado a los rituales sonoros, está a años luz de todo lo que se hace hoy en día. Su versión del Ritual de Destierro, por ejemplo, es magníficamente elegante y maravillosamente sencilla, utilizando una estructura del tipo "círculo-inaccesible" que utiliza los conceptos de Tiempo-Espacio y Suceso, y cuatro sonidos vocálicos (ingleses). El libro ha sido tan saqueado, citado y utilizado sin referencias tantas veces que hoy, dos generaciones después, existe toda una raza de jóvenes magos, brujos, cabalistas, rosacruces y druidas que imaginan que sus técnicas derivan de los antiguos templos de Grecia, Roma y Egipto, o de los oscuros y ancestrales cenagales del Bosque Salvaje. Pero no es así: vienen del 14 de la calle Bennington, en Cheltenham.

Gray no se atribuyó el mérito exclusivo de su sublime sistema de correspondencias del tarot. Me dijo con toda franqueza que procedían directamente de su contacto interior con el espíritu de Dion Fortune. Luego, cuando detalló estas correspondencias en el extenso y posterior tomo *El árbol parlante*, Bobbie me dijo que cuando anotaba sus dictados a menudo no podía distinguir si era Bill quien le hablaba, o Dion. Sin emitir juicio al respecto, simplemente transmito lo que me dijo.

Bill, o el espíritu de DF quizás, demostró que el Tarot Rider-Waite tenía un sistema de cohesión inherente que no necesitaba que nadie metiera clavijas cuadradas en huecos redondos mientras desarrollaba su magia. Ignoró la numeración de las cartas y en su lugar se decantó por su sentido, haciendo coincidir las cartas positivas con el pilar de la derecha, las negativas con el de la izquierda y colocando La Luna/El Sol/La Estrella en el pilar central. Relacionó al pilar derecho con lo que denominó energías anabólicas o de construcción, mientras que el pilar izquierdo expresaba los procesos, katabólicos o de ruptura. Y las cartas así lo reflejaban.

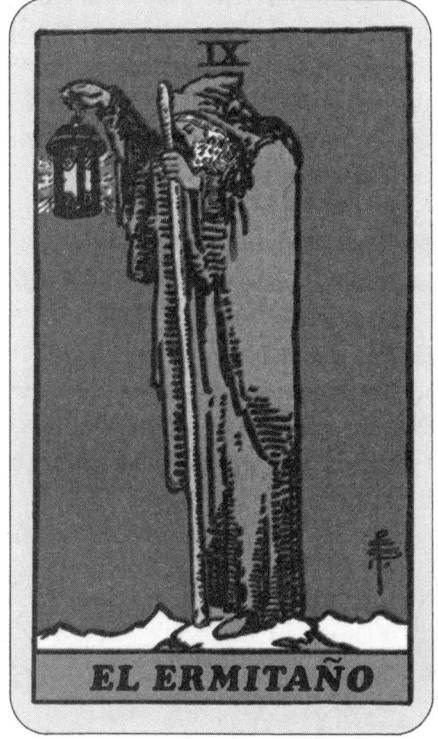

EL ERMITAÑO

LA EMPERATRIZ

Gran parte de esto está encapsulado en la tabla de la página anterior.

Debo comentar de nuevo que, en la mayoría de las versiones, Thoth es él mismo el Dios de la Están unidos por el Juicio, la Justicia y la Rueda de la Fortuna, que Gray define como Fatal o Kármica en tres niveles distintos de energía compensatoria.

Pero también hay una integridad cohesiva entre las cartas de arriba abajo, así como a derecha e izquierda: El Loco y El Mundo podrían considerarse como la humanidad no iniciada e inexperta: el sabelotodo y la persona ensimismada. Por encima de ellos están La Sacerdotisa y El Mago, equilibrándose mutuamente de forma adecuada. Mientras que en la cúspide del Árbol están El Hierofante y El Ermitaño, enseñando a la humanidad mediante el precepto y el ejemplo respectivamente.

Fíjese en El Ermitaño del paquete Waite: si su bastón representa el Pilar Central, la lámpara está en el lugar de Binah. ¿Cuál es la Imagen Mágica de Kether? Un antiguo rey barbudo visto de perfil. ¿Cuáles son los colores de Binah? ¿Por qué está de pie en la cima de una montaña? De verdad—y olvídese por una vez de esas perversas letras hebreas—¿dónde podría ir el Ermitaño sino entre Binah y Kether?

Conectando Binah con Tiphereth está El Ahorcado. Su cabeza está radiante (en el Sol), sus piernas están cruzadas para formar el símbolo astrológico de Saturno, que es él, chakra mundano, como solían decir, para Binah.

Y luego está La Emperatriz, que conecta a Chesed, cuya Imagen Mágica implica la realeza y un trono, con Netzach, cuya Imagen Mágica es la de una hermosa mujer desnuda. Incluso hay un escudo en forma de corazón junto a su trono que lleva el glifo de Venus, el planeta de Netzach. Bien, La Emperatriz no está desnuda, pero fíjese en la hermosa figura femenina desnuda de El Mundo que conecta a Netzach con Malkuth.

Cada carta de la baraja Waite, utilizando este sistema de correspondencias determinado por William Gray e inspirado por Dion Fortune, cobra vida en estos contextos.

Aquellos lectores que en cierto modo fueron "educados" por el sistema de la Aurora Dorada y se encasillaron en él, podrían encontrar todo esto perturbador. Pero dele una mirada y prepárese para quedar asombrado.

A ver, aunque el título del próximo libro sobre el sistema de Mathers sea *Se Equivocaron En Algunas Cosas*, le quedaría bien el subtítulo: *Pero Lo Hicieron Lo Mejor Que Pudieron*. Y lo hicieron magníficamente. Que es lo que todos debemos hacer en este negocio de la magia, por primitivos que parezcan nuestros primeros esfuerzos.

—ALAN RICHARDSON

Las correspondencias del tarot de Wm. G. Gray.

116

Sahumerio Tradicional Británico: Humo de Enebro

EL SAHUMERIO con salvia irrumpió como práctica popular wiccana en Norteamérica en los años 2000. Fue heredada de los pueblos de las Primeras Naciones de las llanuras occidentales, para quienes la salvia blanca es una planta sagrada. Antaño crecía abundantemente allí y en muchas culturas indígenas, la gente la utiliza para purificar las energías de un espacio. En las ceremonias esto se hace de formas particulares con herramientas particulares. La hechicería wiccana se nutre en gran medida de la magia de muchas poblaciones de EE.UU. y Canadá, esto ha incluido la limpieza con salvia.

Los británicos y la gente de toda Europa han utilizado sahumerios durante cientos de años. Sin embargo, en el paisaje europeo la planta para fumar y purificar no era la salvia. Más bien era la sagrada y poderosa planta del enebro. Mucha gente conocía el enebro como savin, o saffern o incluso azafrán, y todos sabían que tenía el poder de repeler las fuerzas negativas, que solían enmarcarse como "espíritus malignos". Un libro antiguo dice: "El enebro es objeto de gran veneración" porque "tiene el poder y el privilegio de poner en fuga a los espíritus del mal y destruir los encantos de los magos malvados". La salvia simplemente no se utilizaba. Cuando los inmigrantes europeos cruzaron el Atlántico para iniciar sus nuevas vidas en América, dejaron atrás su magia del enebro. El conocimiento del poder del enebro se quedó en el Viejo Continente, por lo que las brujas y los paganos actuales de EE. UU. y Canadá no lo tienen en su repertorio. Sin embargo, como la pasión por el "sahumerio" está en auge, es un momento perfecto para revivir la magia del humo de enebro. Si se adopta en lugar del "sahumerio" con salvia, protegerá las menguantes cosechas de salvia blanca y mostrará respeto por sus vecinos nativos.

La protección con humo de enebro era casi universal en Escocia y Gales y en gran parte de Inglaterra hasta hace cien años. Todo el mundo lo sabía y todo el mundo lo hacía. Tampoco era algo exclusivo de las Islas Británicas: los documentos indican que también era una práctica común en otras partes de Europa. Amas de casa, obreros, herreros y ganaderos salían regularmente a sus patios traseros, recogían ramas de enebro, las secaban en casa y luego las metían en sus hogueras para prenderles fuego y que saliera humo. Algunos todavía lo hacen. Arrancan ramitas del enebro, las secan y las atan con un cordel. Cuando llega el momento de purificar un espacio, encienden el haz con un mechero y luego lo esparcen por la casa o el lugar de trabajo. Las personas que tienen espacios más grandes, como graneros, secarán ramas enteras de enebro y luego las encenderán para crear una antorcha de humo protector ondulante y humeante que llevarán consigo. Es tan fácil como hacer un haz de salvia.

El enebro es un árbol de hoja perenne muy aromático que posee potentes bayas de color púrpura-negro. Crece en toda Europa, en los bordes de las carreteras, en los matorrales y en los jardines. Es increíblemente común. Las agujas verdes huelen un poco a pino: limpias y afiladas, pero con un toque distintivo que es único, casi afrutado y oscuro.

La savia del enebro es abundante, pegajosa y casi aceitosa, por lo que la madera de las ramitas y ramas desprende un aroma embriagador incluso cuando se recoge por primera vez. Por esta razón, no es de extrañar que el enebro ni siquiera necesite ser quemado para ser eficaz en la protección mágica. Las ramas simplemente recogidas y llevadas al interior, ¡también funcionarán! Los registros de cientos de antiguas costumbres europeas así lo demuestran. Por ejemplo, para alejar el mal, los historiadores de Inglaterra dicen que "se cuelgan ramas de enebro ante las puertas". Los italianos solían coger una rama, meterla en casa y barrer las aberturas del hogar para ahuyentar a los malos espíritus. Los noruegos y los suecos solían esparcir ramas de enebro sobre sus suelos de madera. En una parte de Alemania, cuando los bebés se enfermaban, la bruja buena del lugar ponía una bandeja con una ramita de enebro, un manojo de lana y un trozo de pan sobre ella; estos objetos distraían al espíritu de la enfermedad, que se olvidaba del bebé e iba a comerse el trozo de pan, hilar la lana y contar las

numerosas y diminutas agujas de enebro. El bebé quedaba entonces libre para recuperarse.

Las bayas del enebro también son sagradas y poderosas. En algunas regiones, la gente solía recoger las bayas, secarlas y luego ponerlas sobre brasas para que ardieran. Los antiguos griegos y romanos sabían que el enebro era sagrado para las Furias, por lo que también quemaban bayas de esta forma en los funerales, creyendo que el humo alejaba a los demonios. En los últimos siglos cristianos, las zonas agrícolas no podían acceder a las resinas preferidas por los católicos, como el incienso, así que el enebro era el equivalente casero del incienso ahuyentador de demonios. Hoy, a algunas brujas más tradicionales del Reino Unido y Europa, se les enseña a utilizar las bayas de enebro para protegerse: quemadas en carbones, ensartadas en un hilo o incluso infusionadas en alcohol y bebiéndolas —¡ginebra de la buena! — La ginebra es una bebida alcohólica que lleva siempre enebro como aromatizante, el ingrediente que le da su sabor característico. Es un hecho brujesco que la elaboración de la ginebra comenzó como un proceso de poción médico-mágica.

Esperamos que las brujas adopten el humo de enebro como sustituto del sahumerio de salvia. Es fácil, ecológico y respetuoso con las naciones nativas. Pero si secar y quemar es demasiado, la Bruja moderna puede conectar con el espíritu del enebro de una forma aún más fácil: bebiendo un vaso de ginebra. El espíritu del enebro se infundirá a través de su cuerpo y le bendecirá y protegerá. Todos brindaremos por eso.

—CHRISTINA OAKLEY HARRINGTON

Christina Oakley Harrington es la fundadora y propietaria de la librería Treadwell's de Londres. Practicante de la brujería británica, también es autora de The Treadwell's Book of Plant Magic. *Para leer la reseña del Alamnac de las Brujas sobre este importante libro visite https://thewitchesalmanac.com/pages/ the-treadwells-book-of-plant-magic*

LUPERCALIA
Recreación, jolgorio y purificación

ANTES DE LOS DÍAS de Roma, en Lacio, al centro de Italia, se cuenta que Numitor, descendiente de la mismísima Venus a través del héroe troyano Eneas, gobernaba la ciudad de Alba Longa. Era un rey justo y sabio, pero su malvado hermano Amulio usurpó el trono matando a todos los hijos de Numitor. Amulio dejó vivir a su sobrina Rea Silvia, pero la forzó a la castidad consagrándola a la diosa doncella Vesta. Incapaz de resistirse a su belleza y no dispuesto a semejante injusticia, el dios Marte se acostó con ella en secreto. Cuando se supo del embarazo, Amulio encerró a Rea Silvia. Con el tiempo nacieron sus gemelos Rómulo y Remo, y el rey ordenó a un sirviente matar a los bebés. Al no tener el valor para cumplir la orden, el criado arrojó la cesta con los niños gemelos al desbordado Tíber. Allí el dios del río, Tiberno, calmó sus aguas y condujo la cesta para que se colgara de una higuera en la base del Palatino. Casualmente, una madre loba se acercó y amamantó a los bebés, cuidándolos hasta que los descubrió el pastor de Amulius, Faustulus. Él y su esposa los criaron

120

como pastores. Revelaron a los niños su verdadera identidad cuando se convirtieron en jóvenes, y los nobles gemelos mataron al desalmado Amulio y restauraron a Numitor en su trono. Al igual que su antepasado, Eneas, Rómulo y Remo eran piadosos y no derrocarían a su abuelo de su lugar en la ciudad, pero no queriendo esperar a recibir su herencia fundaron la suya propia.

Tuvieron un desacuerdo sobre el sitio para su ciudad-Remus prefería la colina del Aventino y Rómulo el Palatino, la misma zona cercana al Tíber donde el buen pastor Faustulus los había encontrado. Rómulo y Remo empezaron a discutir y miraron al cielo en busca de una señal de los dioses. Sin embargo, los presagios eran confusos: Rómulo veía primero seis pájaros y Rómulo doce. Rómulo empezó a construir la muralla de su ciudad a pesar del desacuerdo, pero Remo seguía amargado por la disputa y saltó la barrera baja para burlarse de él. Rómulo le golpeó en la cabeza con su pala, matándolo, y declaró que

el mismo destino correría cualquiera que se atreviera a traspasar las murallas de Roma.

La cueva donde la loba amamantó a los gemelos se llamaba el Lupercal y era un lugar sagrado. Allí los sacerdotes Luperci de Fauno celebraron la fiesta de la Lupercalia por más de mil años. El 15 de febrero, los romanos se reunían en el Lupercal donde los Luperci, hombres lobo, ofrecían tortas y sacrificaban un perro y cabras. Dos muchachos patricios de sangre noble se adelantaron. Los Luperci tocaban la frente de los muchachos con los cuchillos ensangrentados y luego otros limpiaban la sangre con trozos de lana empapados en leche y los muchachos reían. Tal vez al hacer esto, los chicos se convirtieron en Rómulo y Remo, los nobles gemelos condenados a muerte pero salvados por el alimento del lobo. Después, cortaban las pieles de las cabras sacrificadas en tiras llamadas februa y corrían desnudos por la ciudad. Llevando sólo tiras de februa a modo de cinturón, golpeaban con la februa a todo el que encontraran.

Este circuito por la ciudad recreaba la carrera de celebración de los compañeros de Rómulo y Remo hacia el Lupercal en celebración una vez hubieron derrotado a Amulio. Se creía que la purificación por la februa ayudaba a una mujer a concebir y por ello las que esperaban un hijo se lanzaban al camino de la Luperci.

Las Lupercales como ceremonias estaban profundamente ligadas a los mitos fundacionales de Roma, y mantenerlas siguió siendo una importante tarea del Estado a lo largo de la historia de Roma. La celebración anual del festival garantizaba la seguridad y la prosperidad. Había mucho jolgorio y la fiesta era tan popular que, en la época cristiana, la iglesia tuvo dificultades para ponerle fin. A finales del siglo V, el Papa Gelasio I finalmente decidió transformar la antigua fiesta de purificación del 15 de febrero en una fiesta de la purificación de la Virgen María, que se trasladó al 2 de febrero y pasó a llamarse Candelaria, sustituyendo la carrera alrededor de la ciudad por una procesión de velas. Sin embargo, se enfrentó a la resistencia de la nobleza romana, que por aquel entonces era toda cristiana. Argumentaban que renunciar a la fiesta de la Lupercalia traería calamidades a la ciudad (plagas, cosechas fallidas y guerras) y que los bizantinos de Oriente les superarían en riqueza y prominencia, lo que, por supuesto, lograron.

—MAB BORDEN

Dos jóvenes de noble cuna corren

golpeando a todos los que encuentran,

como antaño con las armas blandidas,

bajan de las alturas de Alba,

Remo y Rómulo corrieron

—La vida de Rómulo *de Plutarco,*
tr. Bernadotte Perrin, 1914

Encuentros Felices

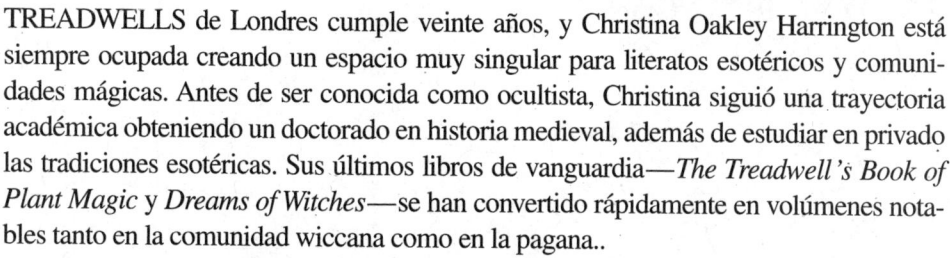

*Una vela en la ventana, un fogón en la chimenea,
una charla tomando el té…*

TREADWELLS de Londres cumple veinte años, y Christina Oakley Harrington está siempre ocupada creando un espacio muy singular para literatos esotéricos y comunidades mágicas. Antes de ser conocida como ocultista, Christina siguió una trayectoria académica obteniendo un doctorado en historia medieval, además de estudiar en privado las tradiciones esotéricas. Sus últimos libros de vanguardia—*The Treadwell's Book of Plant Magic* y *Dreams of Witches*—se han convertido rápidamente en volúmenes notables tanto en la comunidad wiccana como en la pagana..

¿Cómo y cuándo nació Treadwells? ¿Cuál fue su fuente de inspiración?

Treadwells de Londres abrió sus puertas hace veinte años, el Primero de Mayo de 2003. La fundé porque me apasiona como las librerías constituyen un espacio donde la gente y las ideas pueden reunirse. Gran parte del florecimiento cultural de la Aurora Dorada de 1890 se produjo en Londres porque la gente se conoció en la librería Watkins, por ejemplo. En París, a principios del siglo XX, gran parte de la escena literaria LGBTQ giró en torno a la librería Shakespeare & Co, de Sylvia Beach. Así que la librería como centro cultural, como salón, me atraía. Me sentí halagada y sorprendida al leer que Treadwell's está considerada en la actualidad como la librería de ocultismo más famosa del mundo. Creo que cuantos más seamos, mejor, pero si somos conocidos, eso indica que algo estamos haciendo bien. Acogemos a todo el mundo amistosamente: viejos, jóvenes, homosexuales, heterosexuales, mágicos, novatos, ricos, pobres. La inclusión forma parte de nuestra visión.

¿Cómo ha visto cambiar la escena ocultista de Londres a lo largo de los años y qué ve para el futuro?

La escena ocultista de Londres ha cambiado bastante. A principios y mediados del siglo XX, todo el mundo se unía a órdenes mágicas y aquelarres. En las décadas de 1980 y 1990 floreció una enorme escena mágico-social centrada en los Pub Moots quincenales, reuniones en las salas de los pubs, con ponentes, creación de redes, socialización y búsqueda de pareja. El más famoso fue el Talking Stick, que funcionó durante un par de décadas, y cada dos martes por la noche unas cincuenta o sesenta personas mágicas de todo tipo se reunían en un establecimiento del centro de Londres para comer, beber, escuchar la charla de un experto y socializar. ¡Verdaderamente había ambiente! Se ha extinguido y hoy en día la gente establece conexiones personales y mágicas en línea y se reúne de forma más privada. Sin embargo, la continuidad desde el siglo XIX son las librerías esotéricas. Sigue siendo normal en-

contrarse con un amigo en la librería ocultista y, entablando conversación, hacer nuevos amigos.

Por el futuro, ¡siento mucha curiosidad! Como Londres se ha vuelto más caro, la gente más joven vive en el este de Londres y ahora más lejos, en el sureste y el noreste de Londres, lo que significa que nuestra céntrica ubicación en Bloomsbury ya no está a poca distancia de las casas de la gente, a diferencia de hace veinte años. Sin embargo, estamos a la vuelta de la esquina del Museo Británico, por lo que estamos a mano para cualquiera que vaya a visitar las numerosas estatuas de diosas e iconos religiosos antiguos. A medida que Internet se inunda más y más, también nos encontramos con que la gente nos busca en persona para que les orientemos sobre lo que es realmente bueno leer. Nuestros libreros también responden numerosas preguntas: la gente se ve bombardeada en Internet con montañas de información contradictoria, así que estamos aquí como profesionales a largo plazo para ayudar con conocimientos.

¿Qué lugares hay que visitar en Londres si tiene inclinaciones mágicas?

Si tiene inclinaciones mágicas, debe ir al Museo Británico, sede de las estatuas y objetos de las religiones paganas del mundo, antiguas y recientes. En dos horas puede conocer a Isis, Sekhmet, Pachamama, Afrodita, Avalokitishwara, Oshun, Ishtar, Inanna, Pan, Dionysos, Ogun, Set, Osiris y otras deidades cuyos nombres se han perdido pero cuyas imágenes están ante usted, elaboradas por sus adoradores. Hay objetos de ritual en abundancia,

![THE TREADWELL'S BOOK OF PLANT MAGIC — CHRISTINA OAKLEY HARRINGTON]

entrar en los grupos organizados a través de esas tarjetitas prendidas con alfileres: copiaban el número de teléfono o la dirección postal en el reverso de un sobre, luego iban a casa y llamaban por teléfono desde el fijo o sacaban su papelería y escribían a mano una breve carta presentándose... a desconocidos. No era para débiles de corazón.

A lo largo de los años, Treadwell's se ha convertido en un centro neurálgico para la comunidad ocultista y pagana y ha tenido un gran impacto en ella. ¿Cómo está cambiando eso su enfoque de las necesidades de la comunidad?

Nos hemos comprometido desde el primer día a ser un espacio seguro. La escena ocultista del Reino Unido, como cualquier subcultura, siempre cuenta con unos cuantos depredadores que merodean por ahí, dispuestos a halagar al joven buscador y a prepararlo para una relación comprometida. Suelen ser

procedentes de todas partes, incluidas las tablillas de adivinación e invocación de ángeles y los cristales del astrólogo-ocultista isabelino John Dee. Todo pagano debería visitar el río Támesis, que atraviesa la ciudad. Llevamos miles de años haciendo ofrendas en sus aguas, arrojando nuestros talismanes mágicos desde los puentes a las corrientes y, en la época celta, venerándola como nuestra diosa local.

¿A dónde iba la gente a por libros en los inicios de la Wicca (¡antes de Internet!)?

Antes de Internet, la librería era el lugar al que acudir en busca de libros de brujería, de magia ceremonial... de todo. El librero, allí en la tienda, era su guía, su conservador, ¡su Goodreads! Las librerías también solían tener tablones de anuncios y los aquelarres, las logias mágicas y los grupos druidas pegaban una tarjetita en el tablón de corcho. Muchas personas, si no la mayoría, encontraban la manera de

grandes aduladores, y siempre extremadamente encantadores y, en apariencia, caballerosos. Menos comunes, pero aún reales, son los líderes de Coven abusivos. Así que nuestro personal, nuestras clases, nuestras fiestas, constituyen un lugar donde esas personas no están presentes, donde remitimos a lugares saludables y respondemos a todas las preguntas que los más nuevos puedan tener sobre sus experiencias en la comunidad mágica en general. Yo misma amo los libros y pasé tanto tiempo de mi juventud en librerías, que para mí, son una especie de templo.

Háblenos un poco de su viaje hacia el ocultismo.

Me formé como académica para mi trabajo cotidiano: mi licenciatura fue en un colegio de la Ivy League y mi máster y doctorado en la Universidad de Londres, complementados con tutorías en Oxford. Después fui profesora durante once años.

Siempre he escrito e investigado, y en los últimos años he podido hacer más de eso. Pero eso es el mundo exterior. En mi vida personal, me involucré en el Paganismo, luego en la Wicca, en la década de 1980, y desde entonces he estado activa tanto de forma privada espiritual/mágica, como involucrada en la comunidad Pagana más amplia. Fui oficial de la Federación Pagana en los 90 y desde 2003 he estado activa en la comunidad pagana del Reino Unido a través de Treadwell's, que es cara a cara, en persona, lo que más me agrada. Quizá resumiría las cosas diciendo que mi vida espiritual es bastante privada, centrada en mi relación con lo sagrado, pero mi vida comunitaria pagana se centra en ser una fuerza del bien en el mundo en la medida de mis posibilidades

En Dreams of the Witches (Sueños de brujas) explora usted material de los primeros tiempos de la wicca y del aquelarre de New Forest y Gerald Gardner. ¿Puede hablarnos un poco de ello?

Mi investigación actual me tiene sumergida en la historia temprana del renacimiento religioso-pagano de la brujería en la zona de New Forest en los años veinte y treinta. Fue a este pequeño pero preexistente movimiento de unas 20 personas al que se unió Gerald Gardner a finales de los años treinta. Las investigaciones de archivo de los últimos años demuestran que Gardner no se lo inventó todo después de todo. Los hallazgos se presentan en los libros de Philip Heselton titulados In Search of the New Forest Coven *y* Witchfather.

Las amigas de New Forest formaron una práctica extática para compartir con unos pocos amigos íntimos, en la que la gente experimentaría alegres danzas libres, posesión en trance, tambores, canciones y palabras de belleza y poder bajo la Luna Llena. La pequeña red de bohemios sufragistas miraba al

futuro mientras revivían un paganismo que afirmaba la vida, trabajando a partir de lo que les gustaba de las religiones mistéricas de la antigua Grecia, de una forma libre y chamánica. Para ellas, la amistad importaba más que la polaridad. Mi reciente libro Dreams of Witches *comparte parte de la poesía, la visión y la ligereza que conformaban su mundo. El Craft primitivo en el Reino Unido, que llegó a llamarse "Gardneriano", era más libre, feminista y divertido de lo que nadie pueda imaginar. Ahora sabemos que dos de los primeros aquelarres tenían una (bienvenida y apreciada) sacerdotisa trans en su linaje directo. Y que Patricia y Arnold Crowther, y Doreen Valiente, remontándose a la década de 1960, se manifestaron a favor de la inclusión de personas LGBT. Hay bastantes ideas falsas sobre "los primeros tiempos" que estamos descubriendo. Es muy revelador y sorprendente y me hace recordar que solemos subestimar a nuestros antepasados.*

ASTROLOGÍA DE LA
NATIONAL GEOGRAPHIC SOCIETY

Cómo leer horóscopos para corporaciones

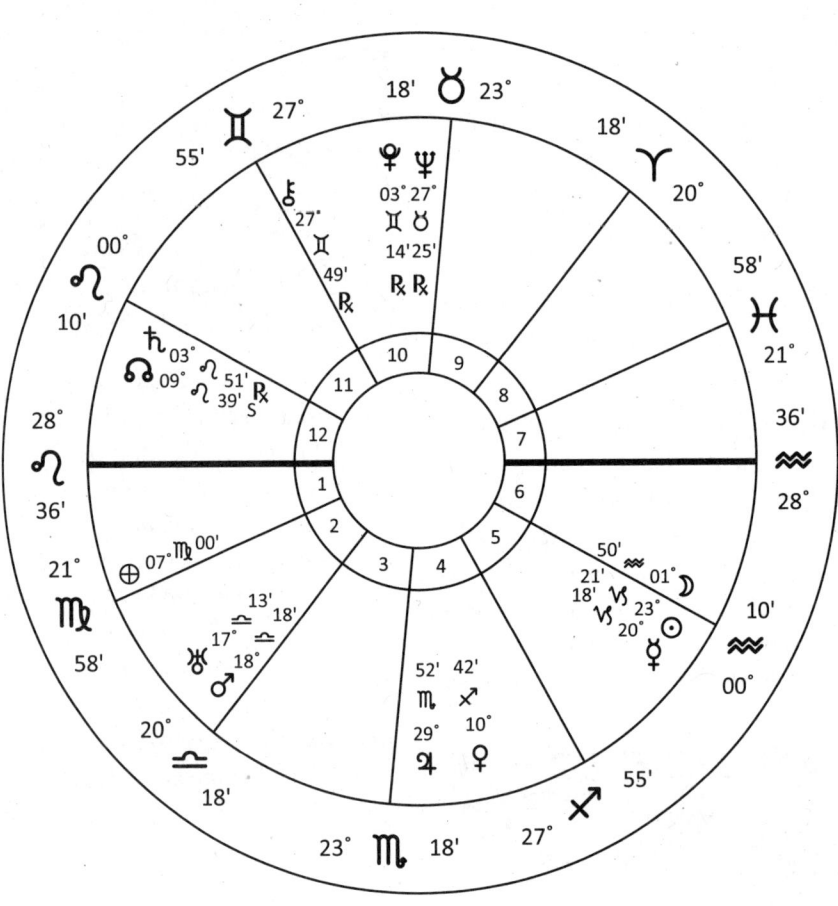

LA ASTROLOGÍA ordinaria se refiere a los horóscopos especiales hechos para empresas y organizaciones. pero… ¡no tiene nada de aburrida ni ordinaria!

La astrología ordinaria se refiere a los horóscopos especiales hechos para empresas y organizaciones. pero… ¡no tiene nada de aburrida ni ordinaria!

Al contrario, este tipo de astrología es apasionante y muy útil para buscar mensajes verdaderamente significativos escritos en las estrellas.

La astrología toca todos los aspectos de la vida cotidiana. Grande o pequeño, natural o hecho por el hombre, todo tiene un principio para el que puede prepararse su propia carta astral. Los acontecimientos previsibles se muestran en la carta, además de predicciones para la vida de una persona. Las empresas también emplean astrólogos en recursos humanos, para comprobar los datos del caandidato a un puesto de trabajo y determinar si encajaría bien en la compañía. Comprar un nuevo refrigerador, un automóvil, un caballo o cualquier otra cosa puede ser más fácil gracias a la astrología. Publisher's Weekly comparó una vez National Geographic con "la maternidad, la tarta de manzana y la bandera americana". Pocas instituciones han influido en la vida de tantos de nosotros durante tanto tiempo. Como estudio de astrología ordinaria, la "cosa" que es la longevidad de National Geographic sugería que su carta astrológica debía mostrar algunos indicadores celestiales de larga vida y poder. Generaciones y generaciones de personas encuentran alegría en sus páginas de coloridas fotografías e historias sobre animales exóticos, lugares lejanos y, principalmente, personas desconocidas. ¿Cuándo comenzó National Geographic? Eso revelaría su horóscopo.

La National Geographic Society, que publica la revista, es Capricornio. Comenzó hace más de un siglo, a las 8 p.m. del viernes 13 de enero de 1888, en Washington DC. La magia única del viernes (regido por Venus), sumada a la legendaria serendipia del viernes 13, estaba sin duda en acción. También era una hora planetaria de Venus. Había nacido algo realmente maravilloso. Se trataba de un grupo exclusivo de treinta y tres distinguidos caballeros que se reunieron cerca de la Casa Blanca y formaron un club. Inventores, profesores, banqueros,

así como oficiales militares y naturalistas, todos ellos afirmaron que querían formar una sociedad para aumentar y difundir el conocimiento geográfico sobre el mundo, sus tierras, su historia y sus gentes. Iban a tener un éxito más allá de sus más ambiciosos sueños.

Hoy la National Geographic Society tiene activos por cientos de millones de dólares. En 1984, el presidente Reagan habló en la inauguración del edificio más reciente de la Sociedad; ese mismo año, la revista ganó el Premio Nacional de Revistas por su excelencia general. Seguramente, ya que conocemos la hora y el lugar exactos de su nacimiento, la carta astrológica debería reflejar su progreso, impacto y crecimiento a lo largo de las décadas.

El Sol Capricorniano de *National Geographic* describe su imagen conservadora, consciente de la Tierra y atemporal. Atrae a personas de todas las

Primera edición de la
National Geographic Magazine

edades, de 8 a 108 años, niños, ancianos, yuppies y hippies. El Sol y Mercurio, que también está en Capricornio, coinciden en la 5ª casa. Es un vínculo con el ocio, el aprendizaje y los viajes. En sus propias palabras, *National Geographic* declara haber transformado el aburrido tema de la geografía en una visión única del mundo, gracias al talento de generaciones de hombres y mujeres.

La enorme riqueza de la sociedad (en su mayoría exenta de impuestos) puede verse en las posiciones de Capricornio en aspecto de trígono con la cúspide de la segunda casa (rige el dinero) y con Neptuno en Tauro en el Medio Cielo. Incluyendo la Parte de la Fortuna en Virgo, la carta muestra un poderoso y próspero gran trígono (orbe amplio) en los signos de Tierra (Tauro, Virgo y Capricornio). La Luna está en Acuario, lo que indica una conexión ideológica y humanitaria con el público.

Este signo lunar también describe el estilo de vida excéntrico y aventurero

de quienes colaboran con la Sociedad. Innovador e imprevisible, así como incondicionalmente leal, el personal de *National Geographic* es descrito por la posición de la Luna en la 6ª casa. *National Geographic* ha dado información sobre los exploradores de los Polos Sur y Norte, el descubrimiento y cartografiado de la antigua ciudad de Machu Picchu en Perú, visitas interiores a la Cuba castrista, la Alemania nazi, y el alunizaje de 1969. Ha recorrido las rutas de los primeros viajes de Cristóbal Colón al Nuevo Mundo.

La carta de la Sociedad tiene a Venus en Sagitario y a Júpiter en Escorpio, ambos en la cuarta casa. Esto alude a fuertes lazos familiares. Desde que Gilbert Grosvenor se convirtió en el primer empleado remunerado, presentándose a trabajar el 1 de abril de 1899, la familia Grosvenor ha estado vinculada a *National Geographic*. El control de su enorme riqueza e influencia ha sido un asunto familiar. Alexander Graham Bell, inventor del teléfono, fue uno de los fundadores originales. Con el

Editor de la revista National Geographic, Gilbert H.Grosvenor en la sede de Washington, D.C.

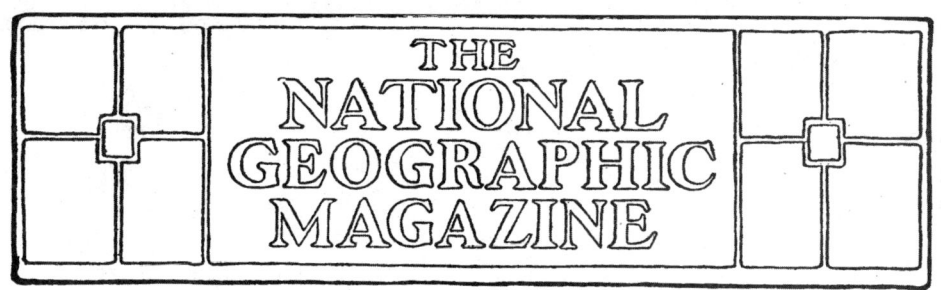

Logo de The National Geographic Magazine 1905.

matrimonio de la hija de Bell, Elsie, con Gilbert Grosvenor, la Sociedad adquirió el carácter de dinastía. Su riqueza y poder permanecen en manos de un grupo muy unido.

La fuerte décima casa de esta carta es interesante. Plutón a principios de Géminis y Neptuno al final de Tauro están ahí, en una conjunción fuera de signo. Esta combinación de estos dos planetas generacionales en la parte superior del horóscopo describe el poder político y social global. *National Geographic* siempre ha mantenido estrechos vínculos con la Casa Blanca. Sus objetivos han sido sancionados con frecuencia por Presidentes de Estados Unidos. Por ejemplo, el presidente Taft era primo de la familia Bell.

Críticos y defensores de la teoría de la conspiración afirmaron que Taft ayudó a dar credibilidad a la afirmación de Robert E. Peary de ser el líder de la primera expedición que llegó al Polo Norte en 1909, cuando el Dr. Frederick E. Cook había reivindicado un triunfo anterior. Controversias como ésta rodean a la Sociedad, reflejando la influencia explosiva de Plutón-Neptuno en el sector del estatus y el poder.

La conjunción Marte-Urano en Libra en la segunda casa describe el progreso tecnológico. *National Geographic* fue pio-

nera en el uso creativo de los ordenadores para producir documentales, por ejemplo. Esto siempre le ha reportado grandes beneficios económicos.

Libra, que es el signo de la belleza, combinado con el espíritu pionero de Marte y la originalidad uraniana, es una declaración astrológica elocuente sobre las maravillosas fotos a color por las que *National Geographic* es famosa. Los planetas de Libra forman un gran trígono (de orbe amplio) en signos de Aire con la Luna en Acuario y Plutón en Géminis. El trígono doble en los signos de Tierra y Aire crea un aspecto de Estrella de David singular y favorable. Saturno, el ascendente y el Nodo Norte de la Luna están todos en Leo. Aquí se muestra una gran calidad de trabajo, una presencia física llamativa y liderazgo. La sede de la Sociedad está ricamente decorada en el distrito más elegante de Washington. Uno de los puntos más significativos de esta impresionante carta es la recepción mutua entre el Sol en Capricornio y Saturno en Leo. La combinación de influencias allí grita distinción enigmática combinada con aventura y entretenimiento. Una recepción mutua (planetas en los signos regentes del otro) proporciona una capacidad casi mágica para cambiar de lugar, para escapar de cualquier problema en el que se esté metido. En el caso de la Sociedad, esto es ciertamente cierto. Un examen minucioso de su historia revelará escándalos, pero la imagen pública de *National Geographic* permanecerá intacta.

La recepción mutua Saturno-Sol en la duodécima casa describe el interés de la Sociedad por la ecología y las especies en peligro de extinción, así como su altruismo hacia las culturas del tercer mundo. La Sociedad se creó el día de una Luna Nueva.

En un horóscopo que muestra grandeza, como éste, una Luna Nueva puede indicar un simbolismo universal. Por ejemplo, la reina

Victoria, que nació en Luna Nueva, se convirtió en el símbolo de toda una época. *National Geographic* tiene este mismo tipo de identidad, lo que hace innecesaria una introducción más detallada.

Quizá baste con decir que sólo hay una *National Geographic*.

Cómo interpretar un horóscopo ordinario Cuando se lee el horóscopo de una ciudad, nación, estado, corporación, empresa, etc., los significados de las casas y los planetas deben ajustarse para ir más allá de las conocidas interpretaciones natales. Ésta es la guía que te ayudará a trabajar con este tipo de astrología:

El Sol: el liderazgo, las personas en el poder, el impacto mundial

La Luna: público en general, cambios, subordinados, historia

Mercurio: publicidad, publicaciones, valor educativo

Venus: ganancias, arte, funciones sociales

Marte: maquinaria, competición, aventura, disturbios, enfrentamientos, peligro

Júpiter: riqueza, expansión, crecimiento, éxito, valores filosóficos

Saturno: limitaciones, gente mayor, archivos, valores conservadores

Urano: nuevas tecnologías, innovaciones, accidentes

Neptuno: inspiración, misterio, factores ocultos, fantasmas, actividad paranormal

Plutón: luchas de poder, las masas, información confidencial

Parte de la fortuna: suerte y preferencia

Quirón: orientación, equilibrio entre puntos de vista liberales y conservadores

Nodo Norte de la Luna: dirección positiva de los objetivos

1ª Casa (Ascendente o Signo ascendente): moral, imagen, reputación

2ª Casa: bienes, ganancias, disposición de bienes

3ª Casa: tráfico, comunicaciones entre oficinas, correo, vecindario

4ª Casa: fundación, herencia, orígenes

5ª Casa: lugares de ocio, jóvenes, privilegiados

6ª Casa: personal, condiciones de trabajo, obligaciones diarias

7ª Casa: competencia, pleitos, lealtades

8ª Casa: tesorería, deudas, transmisión del poder y el patrimonio de generación en generación.

9ª Casa: asuntos exteriores, educación superior, religión, viajeros

10ª Casa: la máxima autoridad, el jefe, la fama y la fortuna

11ª Casa: espíritu fraternal, política, esfuerzos humanitarios

12ª Casa: secretos, penas, perdición, aislamiento, karma, futuro lejano

—DIKKI-JO MULLEN

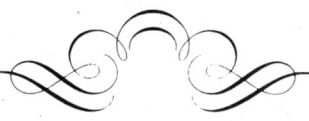

NATIONAL GEOGRAPHIC
13 de enero de 1888, 8:00 p.m. en Washington, D.C.
(Los "datos de nacimiento" se tomaron de The National Geographic
Society, 100 years of Adventure and Discovery de C.D.P. Bryan).

Tabla de datos
Casas tropicales de Plácido

Sol 23 Capricornio 21—5ª Casa

Luna 1 Acuario 50—6ª Casa

Mercurio 20 Capricornio 18—5ª Casa

Venus 10 Sagitario 42—4ª Casa

Marte 18 Libra 18—2ª Casa

Júpiter 29 Escorpio 52—4ª Casa

Saturno 3 Leo 51—12ª Casa (retrógrado)

Urano 17 Libra 13—2ª Casa

Neptuno 27 Tauro 25—10ª Casa (retrógrado)

Plutón 3 Géminis 14—10ª Casa (retrógrado)

Nodo Norte de la Luna 9 Leo 39—12ª Casa

Parte de la Fortuna 7 Virgo—1ª Casa

Quirón 27 Géminis 49—10ª Casa (retrógrado)

Ascendente (signo ascendente) 28 Leo 36

Medio Cielo 23 Tauro 18

CAD GODDEU

La Batalla de los Árboles

LOS HISTORIADORES Medievales se ocupaban de tres grandes asuntos, que eran los asuntos "de Francia, y de Bretaña, y de Roma, la grande". El asunto de Bretaña es el corpus de literatura, poesía, mitos y leyendas que ilumina la vida de los antiguos dioses, héroes y reyes de Gran Bretaña y Bretaña. Gran parte de las historias, mitos y poesías constituyentes del corpus sobrevivieron en los manuscritos antiguos -El Libro Negro de Carmarthen, El Libro de Taliesin, El Libro de Aneirin y El Libro Rojo de Hergest- que William Forbes Skeen reunió en un único manuscrito llamado Los Cuatro Libros Antiguos de Gales. Los manuscritos individuales contenían materiales que se remontaban hasta el siglo VI.

Todos los principales de Los cuatro libros antiguos de Gales son importantes por su contenido, ya que proporcionan pistas sobre la naturaleza de un rico corpus literario hablado. En El libro de Taliesin se encuentra el enigmático poema Cad Goddeu (La batalla de los árboles), cuyo autor es Taliesin, el bardo que según la leyenda nació de la hechicera Cerridwen.

Debido a las sugerentes alusiones poéticas y al estilo gramaticalmente ambiguo, las traducciones variaron mucho. En 1858, David William Nash proporcionó otra traducción. Él creía que el poema era una parte de un rastro poético artúrico más amplio. También creía que había sabiduría oculta que espigar en el poema, una teoría que abandonaría a su debido tiempo. Fue la traducción de Nash la que acabaría siendo aceptada por muchos como la más exacta.

A mediados de la década de 1900, Robert Graves, utilizando la traducción de Nash, se esforzó por interpretar Cad Goddeu mediante un proceso de "corrección", creyendo como Nash que el poema contenía sabiduría oculta. Postuló que la naturaleza obtusa del poema era una ceguera y que al regrabar las estrofas se podría desentrañar la verdadera naturaleza del poema. Muchos paganos modernos conocieron la traducción de Graves a través de su libro La diosa blanca.

En resumen, el poema narra la batalla entre Gwydion y Arawn, el señor de Annwn (el Otro Mundo.) La batalla se instigó cuando el labrador divino Amaethon robó un perro, una avefría y un corzo a Arawn. Aunque a primera vista parece como si los árboles fueran enviados a la batalla, al final se hace evidente que se trata de una batalla de ingenio y que al adivinar el nombre del hombre de Arawn, Bran, por las ramas de aliso que llevaba, la batalla fue ganada por Gwydion.

Aunque la mayoría de los eruditos consideran que la imaginación que hizo Graves de La batalla de los árboles es una inserción deseada más que una traducción exacta, sin duda se puede sacar algo de provecho examinando su texto. Vigorizó el poema mediante la inserción de algunas ideas evocadoras y también introdujo la métrica en su presentación inglesa. Ciertamente digno de consideración por los paganos.

—DEVON STRONG

La Batalla de los Árboles

Robert Graves después de Taliesin

Las copas de las hayas
han retoñado recientemente,
han cambiado y renovado
su estado marchito.

Cuando el haya prospera
con hechizos y letanías
las copas de los robles se enmarañan
y hay esperanza para los árboles.

He despojado al helecho,
con el que descubrí todos los secretos,
el viejo Math ap Mathonwy
no sabía más que yo.

Con nueve clases de facultades
Dios me ha dotado:
soy fruto de frutas
recogidas de nueve clases de árboles:

Ciruelo, membrillo, arándano,
morera, frambuesa, pera,
cerezo negro y blanco
con el serbo en mí participan.

Desde mi sede en Fefynedd,
una ciudad que es fuerte,
observé los árboles y las cosas verdes
apresurándose.

Apartándose de la felicidad
se disponían a asumir las formas
de las principales letras
del alfabeto.

Los viajeros se asombraban,
los guerreros se espantaban
ante la renovación de conflictos
como los que causó Gwydion:

Bajo la raíz de la lengua
una lucha sumamente terrible,
y otra furiosa detrás,
en la cabeza.

Los alisos de la primera fila
iniciaron la refriega.
El sauce y el fresno silvestre
tardaron en ordenarse.

El acebo, verde oscuro,
tomó una actitud resuelta;
está armado con muchas puntas de lanza
que hieren la mano.

Con el pisotear del rápido roble
cielo y tierra resuenan;
"Recio Guardián de la Puerta"
es su nombre en todas las lenguas.

Grande era el árgoma en la batalla,
y la hiedra en su flor;
el avellano era el árbitro
en ese tiempo encantado.

Tosco y salvaje era el abeto,
cruel el fresno,
no se desvía la medida de un pie,
golpea directamente en el corazón.

El abedul, aunque muy noble,
tardó mucho en armarse,
pero no fue por cobardía,
sino por su gran tamaño.

El brezo consolaba
al pueblo fatigado,
los álamos de larga resistencia
sufrían mucho en la lucha.

Algunos de ellos eran expulsados
del campo de batalla
a causa de los agujeros
hechos por la fuerza del enemigo.

Muy airada estaba la vid
cuyos secuaces son los olmos;
yo la elogio mucho
ante los gobernantes de los reinos.

Fuertes caudillos eran el endrino
con su fruto nocivo,
el espino blanco no amado
que lleva el mismo atuendo.

La caña que persigue velozmente,
la retama con su cría,
y la hiniesta que no se comportó bien
hasta que la domaron.

El tejo que desparrama dotes
estaba malhumorado al margen de la lucha,
con el saúco lento para arder
entre fuegos que chamuscan,

y la bendita manzana silvestre
riendo de orgullo
desde el Gorchan de Moelderw
junto a la roca.

Resguardados se quedan
el ligustro y la madreselva,
inexpertos en la batalla,
y el pino cortesano.

Pero yo, aunque menospreciado
porque no era grande,
combatí árboles en vuestra formación,
en el campo de Goddeu Brig.

POLARIDAD
No es lo que piensas

EXISTE UNA ENERGÍA que es una de las fuerzas primarias que impulsan el universo, y todo lo usted tiene que hacer para alcanzar ese poder es estar ahí.

Esto es la polaridad, tal y como me la enseñaron hace décadas. Vamos a deconstruir ese concepto para saber lo que significa. ¿Tiene sentido en la diversidad sexual del siglo XXI? Como mujer queer, me importaba averiguarlo y esperaba que la respuesta fuera que sí.

En su esencia, la polaridad es la interacción de energías entre dos fuerzas que se atraen o se repelen. El filósofo griego Empédocles consideraba que el amor y la lucha, atracción y repulsión, eran poderes divinos que creaban los cambios y la armonía del universo. Los elementos son estáticos, pensaba, pero el amor y la lucha los unen y los separan, siendo el pulso de la vida.

Los protones atraen electrones y alimentan sus baterías. La atracción erótica crea vida. A menudo, los ocultistas dicen "polaridad de género" como si ése fuera el único tipo. Aunque el género es a menudo una etiqueta conveniente para la polaridad, no debe confundirse el mapa con el territorio.

Imagine un poste: hay algo en cada extremo. Norte/Sur, blanco/negro, activo/pasivo: la energía se genera siempre que algo se mueve a lo largo de ese polo. Las cosas pueden moverse y se mueven a lo largo de él de forma natural, pero los magos también pueden empujarlas a lo largo de él. La existencia misma de los polos requiere la existencia de toda la zona comprendida entre ellos. Si hay un Polo Norte y uno Sur, entonces debe haber un Ecuador. La polaridad no significa que las personas o las cosas sean de un polo determinado, sólo que existen en algún lugar en relación con el polo en mención.

En la alquimia encontramos la primera magia de polaridad. *Solve et coagula*: separar y unir. La alquimia toma algo, un metal, una planta, o un alma humana, y lo descompone en partes, purifica cada una y vuelve a unir todo de forma pura. Así, el plomo original, la escoria sin examinar y sin diferenciar, puede purificarse y convertirse en oro. Este proceso aprovecha la polaridad porque a cada metal, planta y componente se le asigna un género. La alquimia, sin embargo, no se preocupa en absoluto por el género, sino sólo por separar y volver a unir. El objetivo es encontrar la unidad última.

Más de mil años después, los cabalistas del siglo XIII la definieron como la fuerza original de la creación. También fueron los primeros en tomarse en serio el género: las polaridades no sólo se etiquetan como "masculino" y "femenino", sino que se encarnan. La polaridad y la magia sexual se encuentran por primera vez en la Cábala.

Todo esto puede leerse fácilmente como queer. La alquimia quiere que usted desmonte sus ideas de los opuestos y las vuelva a unir como una sola cosa. La cábala considera que todo es también su opuesto: *Geburáh* está incompleta sin *Guedulá* y ninguna está completa de verdad hasta unirse para formar la *Tiféret*.

Es evidente que estoy resumiendo, pero igualmente podemos mirar la historia de lo oculto y encontrar en la polaridad un concepto filosófico y mágico que es a la vez antiquísimo y un tanto "queer". Podemos llamar a fuerzas opuestas, sean el azufre y el mercurio en la alquimia o la misericordia y la justicia en la cábala, "masculinas" y "femeninas", pero el género no es directo y la magia última consiste en ver que no son diferentes en absoluto. Tengo un tatuaje hebreo en el brazo que dice *shamor v'zachor* (conservar y recordar). En una canción cabalística, se nos dice que shamor v'zachor son dos, pero en realidad son uno porque Dios es Uno.

En el renacimiento ocultista de principios del siglo XX, la Aurora Dorada y grupos afines despojaron a la polaridad de gran parte de su estatus "queer" e hicieron del género algo físico y esencial. En poco tiempo, esta poderosa magia universal pasó a considerarse únicamente el producto de cuerpos con género. De hecho, la fuerza de la polaridad en esta iteración existe simplemente por los practicantes masculinos y femeninos que hacen magia juntos. ¡Ni siquiera tienen que tocarse! Esta polaridad, como he dicho, significa simplemente estar ahí.

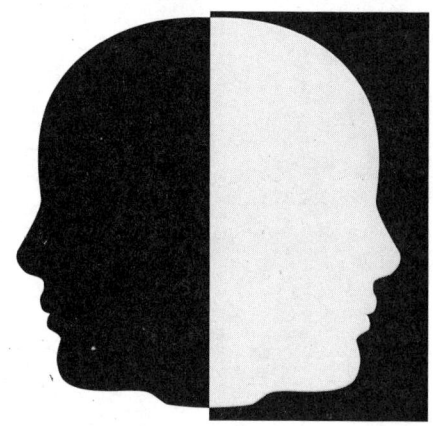

En el ocultismo actual, pues, tenemos esta idea de que la polaridad son dos personas, una masculina y otra femenina, en una alianza con frecuencia mal definida para generar poder, pero ese no es necesariamente el caso.

Amé descubrir la historia de la polaridad, pero el estudio académico tiene sus límites. Quería llevar estos conocimientos a mi práctica mágica. Como suma sacerdotisa queer de un aquelarre mayoritariamente queer, quería entender cómo se podía trabajar la polaridad en el siglo XXI. Y resulta que es bastante fácil.

La polaridad puede ser heterosexual, puede ser de género pero queer y también puede ser tan no de género como el azufre y el mercurio. Por ejemplo, un ritual de polaridad pasiva/activa consiste en que un miembro de la pareja sostenga cada polo, obligando al miembro pasivo a esperar al miembro activo en cada acción ritual.

Exploraciones como éstas pueden abrirnos los ojos al poder y la complejidad de la polaridad. Incluso trabajando una polaridad 100% heteronormativa, este tipo de experimentación puede aportar a su magia un poder que va más allá del "simplemente estar ahí."

—DEBORAH LIPP

EXPANDIR LA CONCIENCIA A TRAVÉS DE LA TONIFICACIÓN VOCAL

LA ENTONACIÓN VOCAL es el arte de canalizar la energía a través de la vocalización, una forma de canto más centrada en la energía creada que en las palabras o sonidos que se emiten. El sonido es largo y prolongado como la ópera o entonar *ohm*. Pero la verdadera clave reside en la capacidad de la bruja para abrirse a la energía del momento. Cuando se utiliza como herramienta para activar el poder personal y expandir la conciencia, los practicantes son capaces de conectar a través del sonido con la persona, el lugar o la situación que trabajan. Se recomienda paciencia ya que, como todo, requiere práctica. La experiencia de apaciguar y reducir el estrés suele notarse la primera vez que se intenta, ya que la respiración profunda y la vibración del sonido dan una sensación de calma similar a la de otras prácticas meditativas.

El trabajo mágico de la vocalización no es nuevo. Se ha usado para comunicar, encantar, calmar y ordenar.

La tonificación vocal, y sus hipnóticos sonidos vocálicos alargados, lleva a un estado de trance de ligero a medio. En este estado de conciencia, la bruja se convierte en la buscadora, utilizando el trabajo del viaje, la adivinación y la sanación para el crecimiento personal y la comprensión. Aunque el viaje suele comenzar con la exploración propia, puede crear ventanas al otro mundo del espíritu, con la magia no como estudio lineal, ¡sino una red de exploración!

A la hora de practicar la entonación vocal hay múltiples formas de proceder. Una de las más sencillas consiste en elegir dos o tres sonidos sencillos como *jai-jo* o *ii-ahoh*. Se dibuja cada sílaba (iiiiiiiii/ ahhhhhhh/ohhhhh) una y otra vez bajo cualquier afinación, tono o distorsión que aparezca. Esto se convierte en una especie de canción sin palabras que sonará y se sentirá diferente en distintas situaciones. Con el tiempo se volverá sensible a las diferencias en los sonidos creados y la información recibida en cada experiencia. Este canto de forma libre suele denominarse canto sagrado porque la experiencia va acompañada de un sentimiento de cercanía y comprensión. Cada canto sagrado es diferente: no hay una forma correcta o incorrecta de hacerlo y, en la mayoría de los casos, termina de forma natural. Sin embargo, si es nuevo en el canto sagrado y la tonificación vocal, empiece con tres o cinco minutos. Cuando esté preparado para profundizar en la conciencia, es útil apilar la baraja incorporando técnicas que mejoren la experiencia, como conectar conscientemente con la respiración y entonar palabras de poder y los nombres de los símbolos sagrados.

Las brujas conocen desde hace mucho el poder de trabajar con los Elementos, y la tonificación vocal no es excepción. Reconocer que el aire que entra en su cuerpo es una fuerza elemental es una forma poderosa de respiración consciente. El Elemento Aire va con la comunicación, la inspiración, los sueños y la respiración. Cuando reconoce su trabajo como colaboración con el Espíritu del Aire, cada inhalación es una invitación a compartirse y cada exhalación es una ofrenda. Puede incorporar esto simplemente dedicando unos momentos a concentrarse en la respiración antes de empezar una sesión o mediante una técnica más elaborada en la que se tome unos momentos para aspirar aire a través de los labios entreabiertos, inhalando y exhalando conscientemente antes de empezar.

Tras conectar con el Elemento Aire y pedirle que se una, llega el momento de entonar los símbolos mágicos como runas, símbolos reiki y palabras personales de poder. La activación a través de la entonación le conecta con la vibración energética de la palabra o símbolo utilizado. De este modo, palabras corrientes del vocabulario cotidiano se vuelven poderosas cuando se entonan en el trabajo con hechizos. Palabras como "abrir", "amar", "sanar" y "crecer" son poderosos ejemplos a explorar. Al igual que el canto sagrado, la entonación de símbolos y palabras de poder puede entretejerse en una canción -utilizando uno o muchos- que llegará a un final natural.

Con el tiempo, el trabajo con la tonificación vocal proporciona a la bruja un método rápido para ampliar la sensibilidad psíquica y alterar la conciencia, ya que la mente entrena para entrar en un estado de trance siguiendo la voz, ¡haciéndola una fuerte adición a las herramientas de cualquier bruja!

—SALI CROW

Las Curanderas de la Isla del Sol

LA SENSACIÓN bajo los pies de las lisas piedras negras de basalto de las antiguas calles adoquinadas del siglo XVII es un conmovedor recuerdo de la infancia. Estos adoquines pavimentaban el camino en la aldea local de Santa María, en las Azores. Conocida como la Isla del Sol porque los rayos de su primera luz matutina tocan sus costas antes que cualquier otra isla, el litoral volcánico natural y las aguas brillantes de color aguamarina evocan misterio. Las Azores son un archipiélago situado en la región macaronésica del Atlántico Norte y forman un conjunto de nueve islas en total. Pertenecen a Portugal y fueron colonizadas en el siglo XVII. Una historia de piratas, castillos construidos con piedra de lava, cuentos de espíritus errantes de marinos e incluso avistamientos de sirenas enriquecen la tradición local. Curiosamente, las leyendas han relacionado las Azores con la ciudad perdida de la Atlántida. Quizás las islas fueron una vez esta civilización perdida: la magia impregna sin duda la tierra y sus gentes.

Aunque Portugal es un país católico, sus raíces y tradiciones paganas estaban—y siguen estando—entrelazadas con la cultura popular del pueblo. Desde el siglo XVII, los azorianos (principalmente las mujeres) han tenido fuertes vínculos con la naturaleza debido a sus deberes domésticos socialmente esperados. Las madres enseñan a sus hijas jardinería, cocina, curación de enfermos y tareas domésticas. A los hombres se les enseña la zootecnia y el cuidado de los animales y las granjas. Sus deberes tradicionales estaban fuera del hogar pero seguían ligados a la tierra. Muchas historias se transmiten en las familias por las mujeres que vivieron una Azores rural y virgen, sobre la época reciente en la que habitaban un mundo alejado de la tecnología y la modernidad en una sociedad predominantemente agrícola en Santa María entre los años 1957 y 1960.

Tipos de curanderos

En las reuniones familiares, las mujeres suelen hablar de las historias de las *curan-*

deras o curandeiros que prestaban ayuda espiritual y médica a los isleños. En su mayoría, las mujeres—sanadoras o curandeiras curaban a los enfermos, adivinaban el futuro, anulaban hechizos y eliminaban maldiciones. Constituían un grupo social propio, visto por la mayoría como curanderas claramente separadas de las comadronas que atendían partos. Los curandeiros, por su parte, eran los líderes espirituales de la aldea cuando los sacerdotes de otras instituciones como la Iglesia no podían proporcionar orientación espiritual ante sucesos inexplicables. Eran muy respetados en la comunidad y conocidos por sus esfuerzos por atender a los aldeanos.

La mayoría de los curanderos eran analfabetos. Por lo tanto, sus prácticas se transmitían generacionalmente a través de las líneas familiares por una tradición de base oral. Eran extremadamente sensibles al mundo de los espíritus y eran capaces de expulsar el embrujo de los practicantes malignos o *feiticeira*. Era común en esta época en la región de Santa María, Azores, que no se utilizara la palabra "bruja". Más bien, la gente utilizaba el portugués vernáculo para describir la brujería o los tipos de magia. Por ejemplo, "curandeiras" tiene en su prefijo *"curar"*. Por lo tanto, "feiticeira" sería la oposición de curar mediante el uso de fuerzas maléficas ya que el prefijo *"feit" significa* haber hecho o estar predestinado. Esto implica una situación condenada o malhadada, por lo que si uno se involucrara con una feiticeira lo haría bajo su propio riesgo ya que hacerlo significaría a menudo tratar con magia maléfica.

Quizá ambos tipos de trabajadores de la magia podrían considerarse brujos o *buxas* por una cuestión de perspectiva,

ya que tanto las prácticas benéficas como las maléficas aparecen en las creencias populares. Los aldeanos solían pensar cuando los animales enfermaban o cuando las curas comunes no surtían efecto que se había producido un embrujamiento, generalmente protagonizado por una feiticeira. Otra posibilidad era el *cobranto*, traducido casualmente como "mal de ojo". Se consideraba un tipo de maldición debida a la envidia provocada por un vecino. En una sociedad aldeana, cuanto más se asciende en la escala social, más se agitan las conversaciones entre los aldeanos sobre cómo las familias adquieren riqueza, tierras y propiedades. Cuanta más riqueza adquieres, más envidia te traen por tu gran fortuna. En estas situaciones, las curandeiras pueden eliminar la maldición envidiosa con amuletos y fumigaciones.

Métodos de curación y protección

La curación solía ser un proceso más largo. En primer lugar, la adivinación informaba al cliente de qué era exactamente lo que le aquejaba espiritualmente. A diferencia del tarot o de las técnicas de adivinación basadas en la oracularidad, se utilizaba un tipo de médium para percibir los malos espíritus, las maldiciones o el cobranto. Entonces era aconsejable limpiar a la persona y al hogar de entidades o energía utilizando un tipo especial de fumigación en un tazón de cerámica u otro recipiente de hierbas. Las hierbas comunes utilizadas para la limpieza eran *el eucalipto* o eucalipto para los pulmones. El *alegrim o* romero se quemaba con fines de purificación general al igual que la *erva salvia* o salvia. El *arrude* o ruda siempre estuvo ligado a los misterios femeninos porque curaba las afecciones menstruales. Era habitual que todas las familias tuvieran esta hierba y también se utilizaba para alejar el mal de ojo, el cobranto. Además de estas plantas sagradas, el tomillo se utilizaba para los pulmones, la canela para la diabetes, la melisa para el dolor de estómago y el nerviosismo y el orégano para los pulmones, así como para pequeñas infecciones internas como los resfriados. Se preparaban tés para dolencias específicas ya que los productos farmacéuticos no estaban disponibles en grandes cantidades incluso en los años 50 y 60. No sería improbable que se utilizara un pequeño caldero, ya que la mayoría de los hogares de Santa María seguían teniendo hogares abiertos ¡incluso en el siglo XXI!

Las curanderas utilizaban su propio poder—*força* o *poder*—para limpiar las energías de la casa o del cuerpo humano. A menudo las personas mayores hablan de força o poder en referencia a los trabajos de las curandeiras. Se trata de una referencia a la fuerza o corriente mágica que un trabajador mágico alberga en su interior. Porque la palabra "força" significa "fuerza", como la fuerza que irradia el practicante para expulsar las energías negativas. "Poder" significa literalmente "tener," pero más concretamente en este contexto significa tener fuertes convicciones en la propia creencia. Quizá en el caso de la limpieza los sanadores utilicen el poder de la voluntad para realizar un cambio en el entorno espiritual de sus clientes.

En el momento del nacimiento, cada niño recibía un amuleto bendito que contenía cuatro amuletos sagrados. Generalmente llamado *o signo* (amuleto), el amuleto incluía el cuerno para dar fertilidad y fuerza en la vida, una *figa*—símbolo de un pulgar doblado entre los dedos índice y corazón—como amuleto de mano para alejar el mal de ojo, el pentáculo para protección y en referencia al principio divino del hombre

(macrocosmos frente a microcosmos) y, por último, la Luna para alejar la locura. El concepto de la Luna es el más interesante ya que su finalidad era mantener intacta la salud psicológica del niño, según la creencia de que la Luna tiene un gran efecto oculto sobre las condiciones de la mente.

Creencias populares, muerte, santos y días festivos religiosos

Los festivales se asociaban a menudo con los días católicos, especialmente con las fiestas de los santos. Una evaluación minuciosa de estos festivales sugiere un vínculo con antiguas tradiciones paganas de la Europa continental. Por ejemplo, la celebración de Santa Amaro, que tenía lugar el 15 de enero, era particularmente ocultista. Si se rompía un brazo o una pierna durante el año rezaba a San Amaro para que el miembro sanara. Usted hacía un trato con el santo, ya que si el miembro sanaba completamente el día santo de ese santo usted hornearía pan con forma de brazos y piernas para venderlo en su casa a los aldeanos. El dinero así recaudado se destinaría a la iglesia local. En la época clásica, se ofrecían regalos y sacrificios a las antiguas deidades griegas y romanas de forma similar. El sacrificio consiste en la creación de panes con forma de extremidades para rendir homenaje a ese santo por haber completado esa tarea mágica.

Los festivales se asociaban a menudo con los días católicos, especialmente con las fiestas de los santos. Una evaluación minuciosa de estos festivales sugiere un vínculo con antiguas tradiciones paganas de la Europa continental. Por ejemplo, la celebración de Santa Amaro, que tenía lugar el 15 de enero, era particularmente ocultista. Si se rompía un brazo o una pierna durante el año rezaba a San Amaro para que el miembro sanara. Usted hacía un trato con el santo, ya que si el miembro sanaba completamente el día santo de ese santo usted hornearía pan con forma de brazos y piernas para venderlo en su casa a los aldeanos. El dinero así recaudado se destinaría a la iglesia local. En la época clásica, se ofrecían regalos y sacrificios a las antiguas deidades griegas y romanas de forma similar. El sacrificio consiste en la creación de panes con forma de extremidades para rendir homenaje a ese santo por haber completado esa tarea mágica.

El 1 de noviembre, conocido como el Día de Todos los Santos pero llamado *Día de los Muertos* en Santa María, las campanas de las iglesias repicaban al anochecer, limpiando las tumbas y llamando a los lugareños a rezar por los difuntos. La muerte es inevitable y la mortalidad humana se interpreta constantemente a través de diversas tradiciones y creencias culturales. En la cultura aldeana de las Azores, si uno moría antes de tiempo o en un trágico accidente se creía que su espíritu vagaba. También se creía que esos espíritus probablemente tendrían efectos adversos sobre su familia y sus moradas, por lo que se consultaba al curandero para realizar las limpiezas y oraciones apropiadas. Rendir homenaje a los muertos también era importante para los aldeanos, pero sólo tenía lugar una vez al año. Sólo en la noche del 1 de noviembre la gente rezaba a sus seres queridos que habían fallecido. Los santos también eran muy apreciados y se les pedía ayuda en la vida cotidiana. Por ejemplo, se invocaba a Santa Barbera contra los rayos o el mal tiempo. Su fiesta era el 4 de diciembre, pero a menudo se le rezaba como a una deidad para que mantuviera la casa y el hogar protegidos cuando arreciaban las lluvias y los vientos.

La festividad de la *Senhora das Candeias*—que se traduce vagamente como "la fiesta de la Señora de la Luz"—se conoce como la Candelaria. Los aldeanos honraban a un enigmático ser de luz—un símbolo de la Virgen—y formaban velas con cera de abeja. Encendían las velas y desfilaban por el pueblo y hacia la iglesia por la noche. Este acontecimiento marcaba la celebración de la luz y la buena fortuna en el Año Nuevo. Curiosamente, todos los aldeanos participaban, incluidos los curanderos, ya que estas prácticas estaban entretejidas en su sistema de creencias.

Las creencias populares eran comunes entre todos los aldeanos de la comunidad. Todo el mundo estaba vinculado a las antiguas creencias agrícolas al igual que los curanderos o curandeiras: la Tierra proporcionaba todos sus recursos y era su principal fuente de vida. Incluso en la era moderna, la mayoría de las casas tenían suelos de piedra o de tierra compacta. Muy pocas personas disponían de los recursos necesarios para instalar cañerías interiores. Como las casas no tenían relojes, se colocaban agujeros estratégicamente entre la argamasa y el ladrillo: a medida que el sol salía y se ponía, los agujeros inferían la hora del día cuando la luz brillaba a través de ellos en la pared.

Algunos de los conocimientos transmitidos dentro de las familias incluían costumbres agrícolas. Por ejemplo, todas las cosechas y plantaciones se producen dentro de los ciclos de la Luna: siempre se debe plantar y podar antes de la Luna Llena. También hay épocas solares especiales de cosecha y plantación para los cultivos. Por ejemplo, el maíz se planta en enero. Si ve *raspa*—un pintoresco trazo de volutas en las nubes—prepárese para fuertes vendavales al día siguiente. Dirija su atención a las estrellas, la Luna y el Sol porque son los relojes del universo. Tenga cuidado con los espejos rotos porque pueden proporcionarle años de mala suerte. No pase nunca por debajo de una escalera porque le traerá mala suerte. Plante siempre sus hierbas sagradas en el jardín y tenga ruda atada y seca en casa para alejar el mal de ojo. Sobre todo, escuche a su intuición porque nunca le llevará por mal camino.

—LUCIUS

Guru Rinpoche (Padmasambhava)

Monasterio de Hemis en Leh, Ladakh
Jammu y Cachemira bajo control Indio

Pulgares y Dedos Verdes y Dorados

LA FASCINACIÓN de ver cómo una semilla arrugada se convierte en una flor colorida o cómo un retoño enjuto crece hasta producir deliciosas frutas y verduras, es un tipo de brujería especialmente atractiva y prolongada. El cuidado, la paciencia y la selección de las fechas favorables para la plantación, combinados con la suerte y las condiciones climáticas adecuadas, generalmente consiguen que un huerto se desarrolle correctamente. Los huertos de hierbas en los balcones y los huertos en los patios traseros de las urbanizaciones se están convirtiendo en un proyecto cada vez más popular entre muchos que anhelan conectarse con la tierra. Hay una emoción indescriptible al saborear un rábano cavado en el propio huerto o al hacer una hornada de mantequilla de

manzana con manzanas recién cogidas del árbol del rincón del jardín del patio trasero. Sin embargo, no todos los aspirantes a cultivadores tienen el mismo grado de éxito con sus cosechas. Incluso en épocas pasadas, algunos agricultores trabajaban duro para fracasar estrepitosamente o tener un éxito mediocre, mientras que otros eran la envidia de vecinos y amigos, pues su trabajo producía resultados asombrosos, a veces casi sin esfuerzo.

Con el tiempo, esta habilidad para encantar a las plantas ha llegado a describirse como "tener un pulgar verde" en Estados Unidos. En Europa el don se llama más a menudo "tener dedos verdes". En el cuento de hadas "Jack y las habichuelas mágicas" de 1807, Jack parece tener un pulgar verde. Este cuento alude a la mística de cómo una forma sobrenatural con las plantas interactúa con la práctica de la magia y abre todo un mundo nuevo. El nombre Jack alude a Jack el Verde o al Hombre Verde, seres anteriores que se alineaban con la brujería del verdor fructuoso.

El reconocimiento del talento de tener un pulgar verde parece remontarse al menos al año 1386 con la publicación del Prólogo general a Los cuentos de Canterbury de Geoffrey Chaucer. Originalmente, podría haber sido un pulgar de oro. Chaucer describe al Molinero que "tenía un pulgar de oro". Algunos lingüistas lo han interpretado como la habilidad del Molinero para seleccionar el trigo dorado más fino, mientras que otros opinan que indicaba que el Molinero era culpable de una actitud codiciosa al estilo de Midas en sus tratos comerciales. Otra referencia procede del Diccionario de argot de 1961 de Eric Partridge. Partridge describe la jerga en el sentido de que su éxito en jardinería proviene de su afinidad personal con las plantas.

La edición del 9 de julio de 1937 de The Ironwood (Michigan) Daily Globe cita "pulgar verde" en letra impresa, escribiendo: "Además de tener los ojos verdes, la señorita Dvorak tiene lo que se conoce como 'pulgar verde'. Es el argot hortícola para referirse a ser una jardinera de éxito con una comprensión instintiva del cultivo de las cosas".

Ese mismo verano, The Washington Post, el 6 de junio de 1937, también hacía referencia al don de tener pulgares verdes: "Creo que él es el tipo de jardinero con pulgares verdes, que ha vivido y amado sus flores y ha aprendido de ellas y de la tierra". Hemos visto muchas teorías sobre por qué el adjetivo verde se utiliza tanto con pulgares verdes como con dedos verdes. Las más comunes son que los pulgares u otros dedos se manchan al manipular macetas musgosas o al pellizcar flores viejas al deshojarlas.

Una referencia anterior a este regalo procede de Colour My Garden, de la escritora de jardinería Louise Beebe Wilder, que se publicó en 1918. Wilder escribió: "bajo el cuidado de nuestras abuelas de dedos verdes, los jardines florecían y se llenaban de un color vivo y saludable".

En el mundo eco-consciente del siglo XXI, la palabra "verde" se expande para abarcar una aplicación medioambiental al mostrar amor por las plantas con reverencia, atesorando el precioso don de la vida misma. Piense en la energía verde, la economía verde, el espacio verde, etc.

—MARINA BRYONY

149

La Brujeriá de Lozen, una Mujer Medicinal

La Juana de Arco apache

LOZEN nació por 1840 en una zona del condado de Taos, Nuevo México, llamada Ojo Caliente; un lugar famoso por sus manantiales de minerales cálidos y curativos. Fue y sigue siendo una personificación excepcional de la magia de las diosas y del poder chamánico de las guerreras. La banda apache en la que nació, los Chiricahuas orientales, era matriarcal. La historia de la creación de la tribu honra a una deidad conocida como Mujer Pintada de Blanco. El papel de las curanderas es especialmente exaltado en su cultura. Los Apaches Chiricahuas (también llamados Chihennes) eran antiguamente nómadas. Sus prácticas espirituales incluyen pintarse la cara con diseños ceremoniales de arcilla para otorgar habilidades sobrenaturales. Históricamente recurrían a estas fuerzas en busca de ayuda para realizar incursiones y vencer a sus enemigos.

Desde su infancia, Lozen—cuyo nombre significa "hábil ladrona de caballos"—mostró un asombroso talento psíquico. Luchó para librar a su patria de los invasores procedentes tanto de México como de Estados Unidos y Europa. La vida de Lozen estuvo completamente dedicada a realizar actos humanitarios de valentía para proteger a su pueblo. Su destreza militar se vio reforzada por su notable equitación y su habilidad para disparar. Su hermano era el famoso jefe apache Victorio, que fue un aliado de

confianza y a veces llamado la mano derecha del legendario Gerónimo. Tras la muerte de Victorio, Lozen cabalgó en la batalla con Gerónimo. Históricamente Gerónimo y Victorio son más conocidos pero la historia de Lozen sobrevive también. Victorio elogió a su hermana diciendo que Lozen era "un escudo para su pueblo, fuerte como un hombre, más valiente que la mayoría y astuta en la estrategia". Su incansable dedicación a los demás durante más de treinta años acuñó su apodo, "la Juana de Arco Apache." Los relatos describen a Lozen como hermosa, una magnífica mujer a caballo. En su época, las mujeres solían cabalgar junto a los guerreros masculinos, empuñando un cuchillo o una pistola para ayudarles. La cultura apache de aquella época no creía en la propiedad, por lo que robar no se consideraba un delito. Hoy en día se repiten historias que describen a Lozen como una especie de figura de Robin Hood. Una de ellas cuenta que robó un caballo para ayudar a una madre primeriza y a su bebé a escapar del peligro. A Lozen se le atribuye haber escondido a menudo a niños y ancianos para salvarles la vida.

Cuando localizaba a un enemigo, Lozen recurría a fuentes mágicas y sobrenaturales. Sus dones se activaron tras realizar los ritos de mayoría de edad cuando se adentró sola en el desierto

siendo una adolescente de apenas unos 12 años. Los informes documentan su talento para desplazarse sin ser vista y desaparecer en su entorno. Era una profetisa que podía encontrar la dirección de una posible presencia enemiga gracias a su conexión con una deidad suprema apache llamada Ussen. La tradición afirma que Ussen ya existía en los albores de los tiempos. No tenía padres, pero cantó cuatro veces—cuatro es un número sagrado entre los Apaches—para crear vida. Ussen creó tanto al primer ser humano como a un Dios del Sol.

Estas dos creaciones divinas se dieron la mano y apareció la Tierra. Al principio era demasiado pequeña, así que la pareja la pateó para que reuniera más masa. A medida que la Tierra crecía, Ussen creó a Tarántula para ayudarla. Tarántula lo hizo tejiendo una telaraña con cuatro cuerdas de las que se tiraba para que el planeta tuviera el tamaño adecuado. Después, Ussen creó las primeras tribus a partir de un fuego sagrado. Después se marchó, pero sigue vigilando a la humanidad desde el cosmos lejano. Ussen puede interceder para ayudar de vez en cuando, sobre todo si se le llama.

Para obtener su ayuda, Lozen se ponía de pie con las manos extendidas entonando una invocación a Ussen mientras giraba lentamente en círculo. Entonces sus venas se volverían de color azul oscuro o sus palmas comenzarían a hormiguear. Cualquiera de las dos reacciones revelaría la dirección significativa como respuesta de Ussen. En su canto, Lozen nombraba el poder de Ussen sobre la Tierra y luego reclamaba ese poder para sí misma para fines específicos.

Foto de Lozen como prisionera de guerra

No hay registro de una ceremonia de compromiso, como un matrimonio, de Lozen con un hombre. Sí tuvo una compañera durante mucho tiempo y se especula sobre la naturaleza de esta relación. Los Apaches reconocían varias, quizá hasta siete, identificaciones de género diferentes. Tras años de guerra y la muerte de Victorio, Lozen ayudó a otros nativos americanos en la negociación de un tratado de paz para liberar a unos 600 nativos americanos que estaban prisioneros. Fue un acuerdo de rendición y de deposición de las armas. Como ocurre con cualquier otro tratado, el gobierno rompería el acuerdo con los nativos americanos. Cinco días después, Lozen formaba parte de un grupo, incluido Gerónimo, que fue transportado en tren a Florida y luego al cuartel de Mount Vernon, en Alabama. Allí murió —probablemente de disentería o tuberculosis— el 17 de junio de 1889 a la edad de unos cincuenta años. Algunos miembros de su tribu consiguieron finalmente regresar al Oeste, a sus tierras ancestrales en Nuevo México, donde todavía se honra a Lozen. Los relatores mantienen una tradición oral que recuerda sus hazañas hasta nuestros días.

—GRANIA LING

La Luna Nueva sale con el Sol,
A mediodía muestra su mitad creciente,
Luego, Llena, sube en el ocaso,
Y su mitad menguante la medianoche consiente.

NUEVA	2025	LLENA	NUEVA	2026	LLENA
		Ene 13			Ene 3
Ene 29		Feb 12	Ene 18		Feb 1
Feb 27		Mar 14	Feb 17		Mar 3
Mar 29		Abr 12	Mar 18		Abr 1
Abr 27		May 12	Abr 17		May 1
May 26		Jun 11	May 16		May 31**
Jun 25		Jul 10	Jun 14		Jun 29
Jul 24		Ago 9	Jul 14		Jul 29
Ago 23		Sept 7	Ago 12		Ago 28
Sept 21		Oct 6	Sept 20		Sept 26
Oct 21		Nov 5	Oct 10		Oct 26
Nov 20		Dic 4	Nov 9		Nov 24
Dic 19			Dic 8		Dic 23

*Una excepcional segunda Luna Nueva en un mismo mes se denomina "Luna Negra".
**Una excepcional segunda Luna Llena en un mismo mes se denomina "Luna Azul".

La vida cobra una dimensión adicional cuando sus actividades coinciden con los crecientes y menguantes de la Luna. Fíjese en la secuencia de las fases para adquirir la sabiduría del cambio constante con total certeza.

Las fechas corresponden a los horario del Este y de Verano

presagio

por Dikki-Jo Mullen

ARIES, 2024–PISCIS, 2025

EL CUADRO CELESTIAL para el próximo año promete cambios increíbles y sin precedentes. Hacerles frente y mantener el entusiasmo, junto al valioso impulso de forjar un mundo personal de libertad y empoderamiento, es el objetivo del Almanaque de las brujas de este año. En Presagio puede encontrarse una guía astrológica para encontrar el camino a través del autocuidado. El objetivo es animar a los lectores a aspirar a cotas más altas. Los estudios espirituales pueden ayudar a conseguirlo. Cada persona habita en un universo creado por sí misma. Lo que se desea y en lo que se centra es lo que se manifiesta. El Presagio de este año pone el acento en la vida/la muerte, la curación, el crecimiento, la superación de obstáculos y mucho más.

Plutón, el transformador celeste, transita por Acuario. A Urano, el indicador del progreso y las sorpresas, se le une el expansivo y benévolo Júpiter en Tauro. El serio Saturno, el planeta de los parámetros y el karma, se mueve con el soñador y de otro mundo, Neptuno, en Piscis. Cinco eclipses puntúan el impor-

tante mensaje cósmico de este año. El raro eclipse total de sol del 8 de abril de 2024 será especialmente significativo. Llamado "El Anillo de Fuego", este eclipse tan esperado oscurecerá el cielo, bloqueando el Sol en toda Norteamérica, comenzando en México, con su sombra continuando sobre Estados Unidos para salir finalmente sobre Terranova y la Isla del Príncipe Eduardo, Canadá. (Este está siendo calificado como el acontecimiento cósmico más significativo desde "El Gran Eclipse Americano" del 21 de agosto de 2017, que abarcó los EE. UU. contiguos de costa a costa).

Para comprender lo que esto significa para usted, consulte primero la previsión para su signo solar, el signo de nacimiento familiar y el factor individual más significativo de la carta astral. A continuación, consulte las previsiones para su signo lunar y ascendente (signo ascendente). La previsión del signo lunar explora los recuerdos y las emociones. El ascendente describe la apariencia personal, cómo le ven los demás. Presagio comienza aquí.

CLAVES ASTROLÓGICAS

Signos del Zodíaco
Canales de expresión

ARIES: fogoso, pionero, competitivo
TAURO: terrenal, estable, práctico
GÉMINIS: dual, vivaz, versátil
CÁNCER: protector, tradicional
LEO: dramático, extravagante, cálido
VIRGO: concienzudo, analítico
LIBRA: refinado, justo, sociable
ESCORPIO: intenso, reservado, ambicioso
SAGITARIO: amistoso, expansivo
CAPRICORNIO: precavido, materialista
ACUARIO: inquisitivo, imprevisible
PISCIS: receptivo, dependiente, fantasioso

Elementos

FUEGO: Aries, Leo, Sagitario
TIERRA: Tauro, Virgo, Capricornio
AIRE: Géminis, Libra, Acuario
AGUA: Cáncer, Escorpio, Piscis

Cualidades

CARDINALES	FIJOS	MUTABLES
Aries	Tauro	Géminis
Cáncer	Leo	Virgo
Libra	Escorpio	Sagitario
Capricornio	Acuario	Piscis

Los signos CARDINALES marcan el comienzo de cada nueva estación: activa.
Los signos FIJOS representan la estación en su apogeo: firmes.
Los signos MUTABLES anuncian un cambio de estación: variables.

Cuerpos celestes
La energía generadora del cosmos

Sol: signo de nacimiento, ego, identidad
Luna: emociones, recuerdos, personalidad
Mercurio: comunicación, intelecto, habilidades
Venus: el amor, los placeres, las bellas artes
Marte: energía, retos, deportes
Júpiter: expansión, religión, felicidad
Saturno: responsabilidad, madurez, realidades
Urano: originalidad, ciencia, progreso
Neptuno: sueños, ilusiones, inspiración
Plutón: renacimiento, renovación, recursos

Glosario de Aspectos

Conjunción: dos planetas dentro del mismo signo o separados menos de 10 grados, favorables o desfavorables según la naturaleza de los planetas.

Sextil: aspecto agradable y armonioso que se produce cuando dos planetas se encuentran a dos signos o a 60 grados de distancia.

Cuadratura (Cuartil): importante efecto negativo de tres planetas a tres signos o 90° de separación.

Trígono: planetas separados cuatro signos o 120 grados, que forman una influencia positiva y favorable.

Quincuncio (Inconjunción): los planetas se encuentran a 150 grados o a unos 5 signos de distancia. La mano del destino está actuando y pueden surgir desafíos únicos. A veces surge una situación kármica.

Oposición: separación de seis signos o 180° entre planetas que genera fuerzas positivas o negativas según los planetas implicados.

Las Casas — Doce ámbitos de la vida

1.ª casa: apariencia, imagen, identidad
2.ª casa: dinero, posesiones, herramientas
3.ª casa: comunicaciones, hermanos
4.ª casa: familia, domesticidad, seguridad
5.ª casa: romance, creatividad, niños
6.ª casa: rutina diaria, servicio, salud
7.ª casa: matrimonio, parejas, unión
8.ª casa: pasión, muerte, renacimiento, alma
9.ª casa: viajes, filosofía, educación
10.ª casa: fama, logros, maestría
11.ª casa: metas, amigos, grandes esperanzas
12.ª casa: sacrificio, soledad, intimidad

Eclipses

Elementos de sorpresa, patrones climáticos extraños, cambio y crecimiento están ligados a los eclipses. Quienes cumplan años dentro de los tres días siguientes a un eclipse pueden esperar algunos cambios en el statu quo. Este año habrá cinco eclipses, dos totales y tres parciales.

25 de marzo de 2024—Luna llena—Eclipse lunar parcial en Libra, Nodo Sur

8 de abril de 2024—Luna nueva—Eclipse solar total en Aries, Nodo Norte

17 de septiembre de 2024—Luna llena—Eclipse lunar parcial en Piscis, Nodo Norte

2 de octubre de 2024—Luna nueva—Eclipse solar parcial en Libra, Nodo Sur

14 de marzo de 2025—Luna llena—Eclipse lunar total en Virgo, Nodo Sur

Un eclipse total es más influyente que uno parcial. Se cree que los eclipses que hacen conjunción el Nodo Norte de la Luna son más favorables que los del Nodo Sur.

Movimiento Planetario Retrógrado

Los retrógrados prometen un cambio de ritmo, diferentes caminos y perspectivas.

Mercurio Retrógrado

Impacta la tecnología, los viajes y la comunicación. Quienes han perdido el contacto, regresan. Revisar, repasar y recorrer caminos conocidos. Afectados: Géminis y Virgo

Del 1 al 25 abril 2024
en Aries
4–28 de agosto 2024
em Virgo and Leo
25 noviembre 2024–15 diciembre 2024
en Sagitario
15 marzo de 2025–7 abril 2025
en Piscis y Aries

Venus retrógrado

Venus retrógrado influye en el arte, las finanzas y el amor. Afectados: Tauro y Libra

1 marzo de 2025–12 abril 2025
en Piscis y Aries

Marte retrógrado

El ejército, el deporte y la industria pesada se ven afectados. Afectados: Aries y Escorpio.

6 diciembre 2024–23 febrero 2025
en Cáncer y Leo

Júpiter retrógrado

Los grandes animales, la especulación, la educación y la religión se ven afectados. Afectados: Sagitario y Piscis.

9 octubre 2024–4 febrero 2025
en Géminis

Saturno retrógrado

Las personas mayores, los desfavorecidos, el empleo y los recursos naturales están vinculados a Saturno. Afectados: Capricornio y Acuario

29 junio 2024–15 noviembre 2024
en Piscis

Urano retrógrado

Los inventos, la ciencia, la electrónica, los revolucionarios y el clima extremo se relacionan con Urano retrógrado. Afectados: Acuario

1 septiembre 2024–30 enero 2025
en Tauro

Neptuno retrógrado

El agua, las criaturas acuáticas, los productos químicos, las fuerzas espirituales y los fenómenos psíquicos se ven afectados por este retrógrado. Afectados: Piscis

2 julio 2024-7 diciembre 2024
en Piscis

Pluto retrógrado

La ecología, el espionaje, las tasas de natalidad y mortalidad, la energía nuclear y los misterios se relacionan con Plutón retrógrado. Afectados: Escorpio

2 mayo 2024–11 octubre 2024
en Acuario y Capricornio

ARIES
20 Marzo–19 Abril
Primavera 2024–Primavera 2025 para
los nacidos bajo el signo del Carnero

Emprendedor, bastante social y audaz, este signo de fuego regido por Marte siempre quiere ser el pionero. Aries es el primero en dar a conocer sus deseos y necesidades y el primero en explorar nuevas opciones. Aries se mueve hacia adelante y hacia arriba. Sin embargo, a menudo encuentra resistencia si presenta una sugerencia con demasiada fuerza. Usted prefiere tomar la iniciativa y crear algo nuevo antes que seguir el procedimiento estándar. Su atención se centra siempre en el futuro. Volver sobre el pasado tiende a aburrirle.

Mercurio influye en Aries desde el equinoccio de primavera hasta el 15 de mayo. Todo este tiempo favorece el estudio, los viajes y la comunicación. Durante la mayor parte de abril, Venus se desplaza junto con Mercurio por su 1.ª casa, estimulando la expresión creativa, el amor y el atractivo artístico. Para el primero de mayo, sus finanzas se ven afectado por el Sol y Urano. Explore cómo las tendencias actuales pueden afectar a sus ingresos. Cree un fondo de emergencia para anticiparse a futuras necesidades financieras. Una vibrante influencia de Marte inspira un espíritu competitivo durante mayo y principios de junio. Su entusiasmo alcanza su punto álgido cerca del 8 de junio.

De mediados de junio al 10 de julio, Venus ilumina su sector del hogar y la vida familiar. Redecire, decore , entretenga en casa y reciba invitados cerca del solsticio de verano. Las tres últimas semanas de julio acentúan las necesidades de transporte y mantenerse al día de la actualidad. Dedique un altar y un ritual estacional en el día de Lammas al bienestar. Su sector de la salud está activo durante las últimas semanas del verano. Esto favorece la exploración de nuevas modalidades dietéticas y de puesta en forma. Del 30 de agosto al 20 de septiembre, un fuerte aspecto de Venus trae buena sintonía con una pareja cercana. Deléitese con el éxito y el reconocimiento logrados por otra persona. Celebre el equinoccio dc otoño compartiendo un festín de frutas y verduras de temporada. Visualice la manifestación de los sueños y objetivos mutuos. La Luna Llena en Aries del 17 de octubre lleva las relaciones a un nuevo nivel. Desde finales de octubre hasta la noche de brujas, su atención se dirigirá hacia la investigación y la resolución de problemas. Disfrute leyendo una buena historia de misterio durante las noches frescas. Entre las páginas un personaje favorito inspira su disfraz de Halloween.

A lo largo de noviembre y principios de diciembre, varios patrones planetarios dirigen su atención hacia lugares lejanos y nuevos horizontes. Esto podría indicar viajes, una nueva dirección espiritual o incluso el interés por probar un nuevo trabajo o afición. El periodo comprendido entre el 25 de noviembre y el 5 de diciembre revela los detalles. Marte, su regente, inicia un ciclo retrógrado el 6 de diciembre. Éste planeará en el fondo de su vida hasta finales de febrero. La repetición de patrones trae consigo un déjà vu recurrente durante todo este tiempo. Los seres queridos, la ascendencia y los pasatiempos agradables pueden entrelazarse con esto. La Luna Nueva del 30 de diciembre ofrecerá claridad respecto a esta tendencia. En el solsticio de invierno surgen nuevos objetivos, quizá alentados por actividades sugeridas por amigos. Prepare un mapa del tesoro o un tablero de visión en los días más cortos para ilustrar su camino preferido este año futuro. El 3 de enero Venus se une a Saturno y Neptuno en su 12.ª casa. Los gestos caritativos le traerán consuelo durante enero. Encontrará satisfacción en ayudar a los menos afortunados. Esto podría incluir el rescate de animales necesitados. La mitad de enero puede ser especialmente agitada. Un fuerte énfasis de signo mutable, que involucra especialmente a Júpiter, promete entonces una apretada agenda que exige realizar varias tareas a la vez. Desde el 21 de enero hasta mediados de febrero habrá personas serviciales disponibles para ofrecerle ayuda. No intente hacerlo todo solo. El 4 de febrero Venus entra en Aries, donde permanecerá hasta el final del invierno. Le llegarán más aprecio y apoyo. Comienza un ciclo de mejora en las relaciones de todo tipo, junto con situaciones financieras más prometedoras. Marte completa su retrogradación el 23 de febrero. Su motivación y su nivel de energía mejorarán notablemente. Marzo le encontrará completando reparaciones y diversos proyectos de mejora del hogar. Las transacciones inmobiliarias pueden tener éxito durante esta época.

SALUD

Como un paso en el autocuidado, pruebe un entrenamiento de boxeo. El boxeo es maravilloso tanto para la forma física como para la liberación emocional del estrés. Su fuerza y sensación de poder pasarán a un nivel completamente nuevo. Tomar medidas preventivas de salud y mantener hábitos saludables es especialmente importante este año. Los eclipses en Aries del 8 de abril de 2024 y del 14 de marzo de 2025 revelarán cómo las elecciones de salud a largo plazo han afectado a su bienestar general.

AMOR

Es probable que este año se produzcan acontecimientos sorprendentes con una relación cercana. Podría haber un final o un nuevo comienzo que afecten a su viaje hacia el amor verdadero. Venus transita por su signo natal en primavera, a partir del 5 de abril, y de nuevo a finales de invierno, a partir del 4 de febrero, destacando la dicha romántica. Haga que una cita de San Valentín sea memorable y encante a la persona que desea cortejar.

ESPIRITUALIDAD

Saturno y Neptuno en su 12.ª casa indican que los momentos solitarios de reflexión contemplativa pueden potenciar la espiritualidad este año. De la paz y la tranquilidad surge una conexión más profunda con el Señor y la Señora. El trabajo voluntario y las actividades caritativas en beneficio de los menos afortunados encierran un potencial único de crecimiento espiritual este año. El despertar espiritual es especialmente probable cerca del eclipse lunar del 17 de septiembre o durante la Candelaria del 1 al 2 de febrero. Encienda una vela morada para estimular las percepciones espirituales.

FINANZAS

Urano se encuentra en medio de un largo pasaje de muchos años en su 2.ª casa del dinero. Las fluctuaciones tanto en el flujo de caja como en la fuente de ingresos probablemente le hayan llevado a una especie de montaña rusa financiera. Júpiter, a menudo un indicador de suerte y riqueza, se unirá a Urano en su sector del dinero desde el Equinoccio de Primavera hasta el 25 de mayo. Cultive entonces las oportunidades financieras. Un golpe de suerte puede cambiar las finanzas para mejor, e incluso traerle una ganancia inesperada.

TAURO
20 Abril–20 Mayo
Primavera 2024–Primavera 2025 para los nacidos bajo el signo del Toro

Genuino, práctico y paciente, este signo de tierra se deleita al conectarse con la naturaleza. Los taurinos suelen ser excelentes jardineros. Con una determinación estoica, una naturaleza devota y a veces obstinada, usted tiene consigue casi siempre lo que quiere. Regido por Venus, usted insiste en la calidad y buscará las cosas más finas que la vida pueda ofrecer. Esto puede incluir la última moda, joyas, arte y alimentos gourmet. Su amor por la belleza se extiende hasta el sonido agradable y la aversión a la contaminación acústica. La música, especialmente el canto, puede ser importante para usted.

En el Equinoccio de Primavera Venus resalta su 11.ª casa, prometiendo interacciones armoniosas con los amigos. Acepte las invitaciones. Es posible que en abril participe en una organización cívica o social. El Primero de mayo, Júpiter, Venus y el Sol se encuentran en su signo natal. Es una influencia brillante y benévola, las relaciones se profundizan. Llene las cestas de mayo con flores y dulces para sorprender a quienes admira. Una época positiva de curación y crecimiento continúa hasta el 25 de mayo. En la primera quincena de junio, Mercurio transitará por su 2.ª casa de las finanzas. Un viaje de negocios puede ser lucrativo cerca de la Luna Nueva del 6 de junio. Los pensamientos y conversaciones girarán en torno al dinero. Junio es un momento excelente para estudiar y recabar información financiera. En el solsticio de verano el Sol, Mercurio y Venus impactan en su 3.ª casa. Bendiga un cristal de citrino o una concha marina como talismán para los viajes. Agendará una serie de recados y viajes cortos. Un vecino servicial inicia una conversación y le tiende la mano en señal de amistad.

Las tres primeras semanas de julio traen una fuerte influencia de Marte. Su nivel de energía será alto. Su motivación y competitividad le impulsarán. Evite enfadar a una persona sensible cuando se acerque la Luna Llena del 21 de julio. Controle la ira con algo de humor y tolerancia. Mercurio trina a su Sol del 27 de julio al 14 de agosto. Otras personas comparten perspectivas y opiniones interesantes cerca del día de Lammas. Visite una librería o lugar histórico. Un tránsito favorable de Venus de mediados a finales de agosto abre la puerta a actividades recreativas agradables. Se alegrará por los logros de alguien joven. Del 1 al 8 de septiembre, una tensa influencia de Mercurio le trae varios proyectos que requieren atención inmediata. Establezca un ritmo y prioridades. A medida que se acerca el equinoccio de otoño su salud es el centro de atención. Disfrute de las frutas y verduras de temporada para sentirse más ligera de cuerpo y espíritu. Desde finales de septiembre hasta el 17 de octubre Venus se opondrá a su Sol. Las elecciones de otra persona pueden estar en desacuerdo con sus preferencias. La tolerancia ayuda a resolver un conflicto. En noche de brujas, cúbrase con ropa cómoda e informal y una bonita capa. Comparta sus historias favoritas de fantasmas y hable de experiencias psíquicas.

Durante el mes de noviembre, los planes y sugerencias ofrecidos por los demás marcan el ritmo. El trabajo en equipo y las asociaciones moldean el flujo de los acontecimientos.

La Luna Llena del 15 de noviembre lleva esta tendencia a un punto álgido y le encuentra sintiéndose preparado para ser más asertivo a la hora de tomar decisiones. Los planes para las vacaciones de invierno están implicados en este patrón. El ciclo retrógrado de Mercurio del 25 de noviembre al 15 de diciembre afecta a su 8.ª casa. Afloran mensajes del reino, de los espíritus y recuerdos de tiempos pasados. La resolución de un viejo misterio está implicada. En el solsticio de invierno, adivine la verdad con el Tarot o con un péndulo. De finales de diciembre al 5 de enero, una influencia de Marte trae la necesidad de ajustes en lo que respecta a su dinámica familiar. Una bendición de la casa podría ayudar a equilibrar cualquier energía discordante. La segunda y tercera semana de enero traen un refrescante tránsito de Mercurio en su 9.ª casa. Sus pensamientos dan un giro filosófico. Pruebe a llevar un diario y a iniciar debates. Podría merecer la pena asistir a un club de lectura o a un grupo de escritores. A medida que comience febrero, otras personas le expresarán sus preocupaciones sobre la seguridad. Ayude siendo un oyente atento. En la Candelaria queme velas blancas para aumentar la fe.

Júpiter completa su retrógrado el 4 de febrero en su 2.ª casa de las finanzas. Se resuelve una antigua obligación, lo que permite alcanzar un objetivo financiero. Durante la última mitad de febrero, una fuerte influencia de la 11.ª casa estimula el altruismo. En la Luna Nueva del 27 de febrero, tome decisiones que puedan beneficiar tanto a la Tierra como a la calidad de vida de los menos afortunados. El 1 de marzo Venus se vuelve retrógrado en su 12.ª casa. Los recuerdos de vidas pasadas pueden ser comprendidos y procesados. Se liberará de remordimientos y decepciones.

SALUD

Los eclipses del 25 de marzo y del 2 de octubre indican la necesidad de ser flexible con respecto a su agenda de bienestar. Un profesional de la salud le ofrece valiosos consejos. Su autocuidado puede mejorar conectando con la naturaleza. Relájese cerca del agua. Escuche las olas golpeando la orilla, un arroyo corriendo sobre las rocas o el canto de los pájaros. Disfrute de la sensación sensual y la fragancia de las hojas y la hierba caídas para sentirse menos estresado. Si salir al exterior le resulta poco práctico, pruebe a escuchar grabaciones de sonidos de la naturaleza.

AMOR

Mayo y agosto traen influencias favorables de Venus, que prometen interludios románticos. Usted tiende a aferrarse a los intereses amorosos. A veces es importante reconocer cuándo ha llegado el momento de pasar página. El eclipse del 14 de marzo de 2025 es el momento de considerar si una conexión romántica ha seguido su curso. Un interés amoroso totalmente nuevo podría sustituir al antiguo en ese momento.

ESPIRITUALIDAD

La Luna Llena del 21 de junio trae consigo el despertar espiritual. Combine un ritual de retirada con las observancias del solsticio para experimentar percepciones significativas. Libérese de una situación tóxica. Y avance espiritualmente.

FINANZAS

Puede estar tan preocupado por la seguridad financiera que se olvide de disfrutar de las bendiciones que tiene. Practique una actitud de gratitud. Júpiter en tránsito por Tauro promete mayor abundancia en primavera, cerca de su cumpleaños.

GÉMINIS
21 Mayo – 20 Junio
Primavera 2024 – Primavera 2025 para
los nacidos bajo el signo de los Gemelos

Versátil y polifacético, Géminis ha perfeccionado el arte de la flexibilidad, adaptándose al capricho del momento. Otros podrían incluso decir que usted parece diferente, casi irreconocible, en distintos momentos. Este don para cambiar de forma se extiende más allá de su apariencia e incluye rasgos de personalidad y comportamientos. Los Géminis mercuriales son encantadores e intrigantes, aunque también pueden resultar desconcertantes y exasperantes. Regidos por Mercurio, los Géminis suelen estar dotados de unas habilidades comunicativas excepcionales.

El Equinoccio de Primavera encuentra a Venus en su 10.ª casa , marcando el ritmo hasta el 4 de abril. Su creatividad y sus habilidades sociales le abren el camino hacia el éxito. Mercurio estará retrógrado durante la mayor parte de abril. Sus preferencias pueden vacilar en cuanto a sus objetivos y aspiraciones. De algún modo, volverá a visitar el pasado. Podría planearse un reencuentro. Mayo comienza con un anhelo de paz y privacidad. Varias colocaciones acentúan su 12.ª casa. Las percepciones llegan tras un sueño o una meditación el Primero de mayo o cerca de la Luna Nueva del 7 de mayo. A mediados de mayo, una influencia de Saturno puede hacer que la rutina diaria, su carga de trabajo, le parezca pesada. Siga intentándolo con paciencia. Haga lo que pueda. Venus transita por Géminis, trayéndole más amor y aprecio del 24 de mayo a mediados de junio. Compre joyas, moda o artículos de decoración para el hogar cerca de su cumpleaños. En el solsticio de verano, el afortunado Júpiter se unirá a su Sol. Busque oportunidades de crecimiento. Un deseo se cumple. En los días más largos, practique afirmaciones relacionadas con un objetivo preciado.

Desde la última semana de junio hasta el 20 de julio, su sector del dinero está activado. Preste atención a la información que le llegue sobre finanzas. Es un momento óptimo para perfeccionar sus habilidades laborales y actualizar su currículum. Marte entra en su 1.ª casa el 21 de julio, una tendencia que durará hasta el 4 de septiembre. Durante todo este tiempo su motivación será alta y su elevada vitalidad y entusiasmo serán un catalizador para la aventura. Dedique un rito en el día de Lammas a liberarse de la ira o el estrés y los días menguantes del verano serán muy memorables y emocionantes.

Un aspecto de Mercurio que entra en juego del 9 al 25 de septiembre puede volverle un poco charlatán e indiscreto. Piense bien las cosas antes de tomar una decisión precipitada o expresar opiniones controvertidas. En el equinoccio de otoño medite sobre las opciones. Un amigo le ofrece una nueva perspectiva sobre las opciones disponibles. El eclipse del 2 de octubre pone de relieve su sector del ocio, el romance y el placer. Es probable que surja una nueva afición o interés amoroso cerca de Halloween. Considere la posibilidad de un disfraz colorido, tal vez un look gitano. Añada abalorios, pañuelos y otros toques decorativos.

Noviembre comienza con una oposición de Venus. Esta tendencia se mantiene hasta el 11 de noviembre. Un compañero podría tener preferencias y gustos diferentes. Haga concesiones para mantener una relación feliz.

Mantenga una actitud tolerante respecto al amor. Permita que alguien cercano a usted sea él mismo. La Luna Nueva del 1 de diciembre está en su 7.ª casa de las asociaciones. Un compromiso entra en una nueva fase, permitiéndole ajustarse al papel que otro desempeñará o no en su vida. Mercurio retrógrado durante la primera quincena de diciembre, revela patrones en las relaciones. El pasado guarda pistas valiosas que pueden guiarle en la planificación del presente y el futuro.

La Luna Llena del 15 de diciembre despierta el espíritu de las vacaciones de invierno. Decore y prepárese para el solsticio. En la más larga de las noches el destino le habla durante un tiempo de ensueño o jolgorio. Desde finales de diciembre hasta el 2 de enero predomina un ambiente filosófico. Las historias y leyendas estacionales tienen relevancia personal. Desde mediados de enero hasta la Candelaria, Venus transita por su Medio Cielo. Es una época en la que expresar amabilidad y buenos modales mejora su reputación. Los compañeros de trabajo pueden verse afectados por los dramas personales de su vida. El 2 de febrero encienda una vela amarilla a Brígida para que le ayude a comprender a un individuo con problemas. A mediados de febrero, Mercurio crea un revuelo en su agenda. Podría haber muchas distracciones e interrupciones que enfrentar. ¿Cómo puede minimizar esto? El 23 de febrero Marte cambia de dirección en su sector financiero. Encontrará la forma de dejar atrás las frustraciones o bloqueos relacionados con asuntos de dinero cuando termine febrero. Durante marzo los recuerdos sentimentales se ven estimulados por Venus retrógrado. Alguien del pasado le tiende la mano.

SALUD

Desde finales de mayo hasta el resto del año, Júpiter estará en Géminis. Esto conlleva un potencial de progreso real en la superación de los retos de salud en curso. Sin embargo, la poderosa influencia de Júpiter puede indicar extremos. Mantenga una sana moderación respecto a los programas de ejercicio y las elecciones dietéticas. Al abordar el cuidado personal recuerde reírse y aligerarse. El sentido del humor puede ser un buen aliado para mantener el bienestar.

AMOR

Los eclipses del 25 de marzo y del 2 de octubre afectan ambos a su 5.ª casa del amor y el romance. Las conexiones amorosas pueden empezar, terminar o crecer cerca de esas fechas. Venus, la diosa del amor entre los planetas, le sonríe en junio y septiembre.

ESPIRITUALIDAD

Los viajes a lugares sagrados amplían sus horizontes espirituales. Visite lugares de importancia espiritual o histórica cerca de las Lunas Llenas del 21 de julio y del 19 de agosto. Es posible que siga múltiples caminos espirituales o que cambie de camino espiritual varias veces a lo largo de su vida. El estudio de religiones comparadas puede aumentar su conciencia espiritual.

FINANZAS

Marte transita por su sector del dinero del 5 de septiembre al 3 de noviembre y de nuevo desde el 6 de enero hasta el final del invierno. Esto conlleva la necesidad de hacer un esfuerzo extra para cumplir los objetivos financieros. La benévola presencia de Júpiter en Géminis durante la mayor parte del año le asegura ganancias a largo plazo. El invierno trae una conclusión satisfactoria en cuanto a las finanzas.

CÁNCER
21 Junio – 22 Julio
Primavera 2024 – Primavera 2025 para
los nacidos bajo el signo del Cangrejo

Fastidioso y sentimental, el Cangrejo oculta una psique interior vulnerable bajo su dura coraza exterior. Aprecia la historia, incluidos los recuerdos relacionados con la vida familiar y el patrimonio. Le gustan los recuerdos y puede reunir impresionantes conjuntos de objetos de colección. Los cancerianos son diplomáticos con una capacidad única para relacionarse con aquellos mucho más jóvenes o mayores. Considerados y hospitalarios, les gusta asegurarse de que los demás están cómodos y bien alimentados.

En el Equinoccio de Primavera se desarrollan indicios de cambios en la dinámica familiar cerca del eclipse del 25 de marzo. Este eclipse activa su 4.ª casa , el sector de la herencia y el hogar. Podría plantearse una mudanza. Durante el mes de abril, Mercurio en retrogradación marca el ritmo. Puede haber algunos cabos sueltos y viejos asuntos que completar en relación con una situación profesional. Verifique las citas y las instrucciones para que las cosas vayan sobre ruedas en el trabajo. Reflexionée sobre patrones pasados. Merece la pena recurrir a la experiencia adquirida durante el mes de abril para obtener ideas valiosas. El Primero de mayo Venus, Júpiter y el Sol iluminan su 11.ª casa. Esto favorece las reuniones con amigos. Honre a sus seres queridos haciéndoles saber que sus pensamientos están con ellos. Las noticias y las invitaciones se comparten a lo largo de mayo. La Luna Nueva del 7 de mayo es el momento de hacer planes, especialmente relacionados con viajes. Desde finales de mayo hasta mediados de junio, una fuerte influencia de la 12.ª casa trae consigo un anhelo de paz y privacidad. Encontrará consuelo realizando tranquilamente buenas acciones en beneficio de los necesitados. En la Luna Llena del solsticio de verano, los compañeros animales serán una parte especialmente importante de su vida. Considere entonces la posibilidad de adoptar un nuevo gato, perro, pájaro o conejito.

Del 1 al 25 de julio, un tránsito de Mercurio en su 2.ª casa hace que las finanzas se conviertan en el tema principal de las conversaciones. Afine entonces sus habilidades laborales y busque nuevas fuentes de ingresos. De finales de julio al 3 de agosto buscará la paz y la sencillez. Planee un píicnic para celebrar el día de Lammas. Comparta una fuente de frutas de temporada con una selección de quesos. Cerca de la Luna Nueva del 4 de agosto se abordan las necesidades de transporte. Durante el resto del mes de agosto, los demás buscarán su consejo e inspiración. Septiembre comienza con una semana de compras. Un estimulante aspecto del Sol despierta el impulso de sustituir las prendas de vestuario gastadas y reponer su despensa en preparación para la nueva temporada. Marte entra en Cáncer el 5 de septiembre. Este tránsito dinámico marca un ritmo ajetreado y competitivo hasta principios de noviembre. Hacia el equinoccio de otoño, cerca del 23 de septiembre, es posible que se encuentre en una posición de liderazgo. Dedique un ritual estacional de otoño a la unidad y a la liberación de la ira. El eclipse solar del 2 de octubre enfatiza el cambio de roles en la familia. Un ser querido comparte un secreto. Venus se desplaza por su 5.ª casa del 23 de septiembre al 17 de octubre. Estará rodeada de amor. Habrá oportunidades para compartir actividades de ocio, así como proyectos creativos o un interludio romántico con un ser querido. La semana de Halloween trae un tránsito dinámico de Mercurio. Un viaje improvisado resulta gratificante. Es un buen momento para pasarse por su librería, o biblioteca favorita. Un personaje literario inspira su elección de disfraz.

Durante el mes de noviembre, Mercurio pone de relieve su sector de la salud. Prepare comidas sanas y deliciosas. Disfrute del aire fresco y haga algo de ejercicio para fortalecer tanto la mente como el cuerpo. Otros le ofrecen valiosas reflexiones relacionadas con la salud. El 1 de diciembre la Luna Nueva favorece la realización de cambios en su horario diario para facilitar el confort y el bienestar. Marte inicia un ciclo retrógrado el 6 de diciembre que afecta a los asuntos monetarios durante las vacaciones de invierno. Compare precios y evite las compras impulsivas. En el solsticio de invierno queme velas de byas de laurel como amuleto de prosperidad. Visite una tienda de segunda mano para encontrar una ganga o un tesoro a principios de diciembre. Enero trae un enfoque tanto en los negocios como en las relaciones personales. La Luna Llena del 13 de enero le ofrece una visión de cómo le ven sus asociados.

La última quincena de enero trae una influencia favorable de Venus en su 9.ª casa. El arte, la música y la cocina de otras tierras le llaman ahora. En la Candelaria incluya un farolillo inusual o un acento de arte popular en su altar. En febrero Júpiter se vuelve directo en su 12.ª casa. Puede sanar y liberarse de remordimientos o malos recuerdos. La Luna Llena del 12 de febrero refuerza su sensación de seguridad. Marzo trae influencias favorables de los signos de agua. Interprete los sueños y las impresiones recibidas durante la meditación. La información podría ser una comunicación de ángeles y guías espirituales.

SALUD

Un paseo a orillas del agua o una tarde de navegación pueden reforzar a menudo su bienestar mental y físico. Controlar el estrés y la ira es esencial desde septiembre hasta principios de noviembre y de nuevo desde el 26 de enero hasta el final del invierno. Esos son los momentos en los que Marte se unirá a su Sol. Para cuidarse rápidamente, hornee una hogaza de pan casero. Todo el aroma y el tiempo dedicado a amasar y preparar la masa, seguido de tener listo un bocadillo fresco, promete una experiencia nutritiva.

AMOR

Del 17 de junio al 11 de julio se produce un tránsito de Venus por Cáncer. Esto favorece las conexiones amorosas cerca de su cumpleaños. Lleve o lleve una piedra lunar durante las Lunas Llenas del 23 de abril y el 13 de enero para facilitar los encuentros románticos.

ESPIRITUALIDAD

Saturno y Neptuno permanecerán en su 9.ª casa durante todo el año. Este patrón favorece el crecimiento espiritual a través de la meditación regular y las observancias rituales, así como mediante el estudio de la literatura espiritual. Llevar un diario ofrece una herramienta maravillosa para controlar el crecimiento espiritual a lo largo del año.

FINANZAS

Júpiter hará sextil a su Sol desde el Equinoccio de Primavera hasta el 25 de mayo. Este afortunado aspecto tiene el potencial de generar valiosas oportunidades financieras y conexiones comerciales. Cultivarlas debería favorecer el éxito monetario.

LEO
23 Julio–22 Agosto
Primavera 2024–Primavera 2025 para
los nacidos bajo el signo del León

Regido por el Sol, el León brilla. Usted tiene una presencia desenvuelta y regia. Con una calidez natural, confianza en sí mismo y entusiasmo, tiene usted facilidad para combinar los negocios con el placer. Es usted juguetón, generoso y joven de corazón, aunque digno. Siempre aprecia la calidad.

La primavera comienza con Mercurio en su 9.ª casa. Los viajes le atraen y tiene ganas de aventuras y exploración. Espere un cambio de dirección y nuevas posibilidades. De mediados a finales de abril, Marte y Saturno afectan a las finanzas, especialmente a las estrategias de inversión. Sea paciente y seleccione opciones de bajo riesgo. El Primero de mayo comienza un tránsito de Venus en su 10.ª casa. Esto trae factores sociales y de amistad a su entorno profesional hasta el 23 de mayo. Concéntrese en hacer que sus colegas se sientan cómodos y que el lugar de trabajo resulte más atractivo. En junio, un tránsito de Júpiter en su 11.ª casa cobra impulso. Su red de conocidos se amplía. Las promesas realizadas y los sueños compartidos afectan a su papel dentro de una organización importante. En el solsticio de verano, la participación en actividades de grupo será más que suficiente. Buscará más independencia. Del 1 al 25 de julio Mercurio en Leo estimula su mente. Nuevas publicaciones, una clase o

un viaje educativo pueden resultar atractivos. Facilite una mesa redonda en el día de Lammas. Intercambie ideas con quienes tienen puntos de vista diferentes. La Luna Nueva en Leo del 4 de agosto le aporta una nueva perspectiva respecto a sus prioridades. El resto de agosto le encontrará haciendo malabarismos con las finanzas. Las soluciones surgen después de que Mercurio retrógrado termine el 28 de agosto.

Del 1 al 22 de septiembre llega una agradable influencia de Venus en su sector de la comunicación. Una conversación alentadora con un vecino o un hermano alegra los últimos días del verano. Es un buen momento para ponerse al día con la correspondencia o un proyecto de escritura. En el equinoccio de otoño, adorne su puerta principal con acentos decorativos. ¿Qué le parece montar una corona de hojas, bellotas y hierbas de colores otoñales? ¿O una maceta de terracota con crisantemos dorados y rojos? Del 1 al 13 de octubre una serie de recados cortos le mantendrán en movimiento. Atienda las necesidades de transporte. La última mitad de octubre hasta el 11 de noviembre encuentra a Venus iluminando su 5.ª casa de las actividades de ocio y el romance. Puede disfrutar asistiendo a eventos deportivos o intentando un proyecto de manualidades. Organice una reunión de Halloween. Conceda premios a los mejores disfraces.

Marte entra en Leo a principios de noviembre.

Esta tendencia se mantiene hasta principios de enero. Aunque despierta la motivación y el entusiasmo, Marte también puede generar conflictos, ira e impaciencia. Dirija los esfuerzos y la energía de forma positiva y constructiva. La Luna Nueva del 1 de noviembre es un buen momento para abordar las necesidades de vivienda y la dinámica familiar. A mediados de noviembre - 6 de diciembre Venus transita por su 6.ª casa. Los compañeros anímicos cariñosos atraen la felicidad y la magia a la vida cotidiana. Es un buen momento para celebrar las fiestas estacionales con los compañeros de trabajo. También es favorable para acercarse a un primo, sobrino o tía especial. A medida que se acerca el solsticio de invierno, varios planetas retrógrados influyentes, entre ellos Júpiter y Marte, sugieren segundas oportunidades. Esto podría significar reparar una relación rota o reavivar un sueño abandonado. La nostalgia puede ser especialmente intensa cerca de la Luna Llena del 15 de diciembre. Exhiba adornos antiguos y fotos viejas para rememorar. Mientras honra, la más larga de las noches incluya fragancias en un ritual. Los aromas de pino o manzana y canela serían buenas opciones para atraer la prosperidad y espíritus afines.

Enero trae consigo consideraciones sobre la salud. Sea consciente de la necesidad de dormir lo suficiente. Limite el contacto con quienes no se encuentren bien. Podría ser vulnerable a coger un "bicho" pasajero, especialmente cerca de la Luna Llena del 13 de enero. Hacia la Candelaria su vitalidad mejorará. Celebre la festividad encendiendo tres velas rojas. Cerca del 12 de febrero, en la Luna Llena en Leo, las conversaciones y los mensajes son fundamentales. Preste atención a lo que le comunican los demás. A finales de febrero, Marte se estacionará en su 12.ª casa. Saboreará la soledad, liberada del drama y las distracciones que otros pueden generar. Se subraya la sabiduría de guardar silencio. Durante marzo, los tránsitos de Sol, Saturno y Neptuno en su 8.ª casa pueden indicar contactos con el más allá, incluida la interacción con elementales, como los elfos y otros feéricos. Estos visitantes espirituales son cariñosos y atentos. Interprete sus sueños durante los últimos días del invierno, porque se revelará un presagio o un mensaje.

SALUD

Este año Saturno y Neptuno equivalen a su Sol. El destino y la herencia influirán en su salud. Explore los parámetros de sus propios niveles de resistencia. Para cuidarse recurra a las energías naturales del reino mineral. Lleve consigo una bolsa medicinal de piedras de alta vibración para asegurarse siempre vibraciones elevadas. El ámbar, el peridoto, el jaspe leopardo y el ágata ojo de tigre son excelentes opciones.

AMOR

Dos Lunas Llenas serán significativas en lo que respecta a sus vínculos amorosos este año. La Luna Llena del 23 de mayo afecta a su sector del romance. La Luna Llena del 19 de agosto pone de relieve un compromiso serio con un alma gemela. Venus transitará por Leo del 11 de julio al 4 de agosto, un ciclo feliz para el amor.

ESPIRITUALIDAD

El Anillo de Fuego, el eclipse solar total del 8 de abril de 2024, afecta a su sector de la mente superior. El eclipse despertará fogosas experiencias espirituales. El incienso, los fuegos rituales, las velas de oración y la contemplación del fuego son técnicas que podrían fomentar la espiritualidad. Viaje a una zona donde el eclipse sea visible para profundizar en su espiritualidad.

FINANZAS

Cuando Júpiter cambie de signo el 26 de mayo se manifestarán mejores oportunidades financieras. El eclipse del 13 de marzo de 2025 está en su sector de los ingresos salariales. Es probable que entonces disponga de otra fuente de ingresos o de un nuevo empleo.

VIRGO
23 agosto – 22 Septiembre
Primavera 2024 – Primavera 2025 para
los nacidos bajo el signo de la Virgen

Meticuloso, atento, sensato y razonable, este signo de tierra regido por Mercurio tiene un auténtico don para la curación y la resolución de problemas. Es observador y siempre quiere tenerlo todo organizado. Con buenas intenciones y siempre en busca de la perfección, Virgo es propenso a preocuparse. Su dignidad íntegra y su comportamiento considerado inspirarán la confianza y la admiración tanto de sus compañeros de trabajo como de sus amigos.

El equinoccio de primavera trae una oposición de Marte a su Sol. Este aspecto competitivo insinúa cierta turbulencia en una relación. Dedique un rito estacional al compromiso y la armonía. Mercurio estará retrógrado en su 8.ª casa del 1 al 25 de abril. Se resuelve un viejo misterio. Puede haber algún reajuste en las finanzas, especialmente en lo que se refiere a bienes heredados o invertidos. El Primero de mayo Venus trinará a su Sol. Esta influencia suave y benévola crea armonía en las conexiones con la familia política, así como en las interacciones entre abuelos y nietos. Podrá disfrutar de acontecimientos culturales como exposiciones de arte, conciertos o producciones teatrales hasta el 23 de mayo, mientras esta tendencia esté vigente.

Junio comienza con Júpiter cruzando su Medio Cielo. Este influyente tránsito afecta a su sector profesional. Durará hasta finales de año. Pueden presentarse oportunidades para elevar su estatus profesional. Aspire. Tenga fe en sí mismo e intente afrontar un nuevo reto. Sin duda podrá avanzar y crecer. El 9 de junio Marte cambia de signo. El estrés empieza a disminuir. Se completa un proyecto y hay tiempo para unas vacaciones. Hacia el solsticio de verano se sentirá más cerca de la tierra y la naturaleza.

Durante el mes de julio su 11.ª casa está muy iluminada. Se discuten planes que implican un objetivo a largo plazo. Será consciente de lo influyentes que pueden ser los socios. La Luna Nueva del 5 de julio revela detalles concretos. Hacia el día de Lammas Mercurio entra en su 1.ª casa. Esto aumenta la curiosidad y agudiza su capacidad para procesar la información. Honre la cosecha temprana compartiendo un poema o una receta en una reunión estacional. Del 5 al 28 de agosto, Venus se une a su Sol. Tanto los negocios como las conexiones sociales son prometedores. Exprese una idea creativa. Haga una bonita presentación. La Luna Nueva del 2 de septiembre aporta un sentido renovado de propósito y dirección. A medida que se acerca el Equinoccio de Otoño, un estimulante aspecto de Marte genera entusiasmo. Las reuniones y conversaciones desde principios de septiembre hasta Halloween le proporcionarán los detalles necesarios para manifestar un sueño acariciado. En Halloween, un disfraz futurista, quizá inspirado en una historia de ciencia ficción, sería una buena elección.

La primera quincena de noviembre desplaza su atención hacia un asunto familiar. Podría tratarse de un proyecto de reparación del hogar. Dedíquese a escuchar bien, así sabrá qué pasos dar antes del 15 de noviembre. Durante la última quincena de noviembre, un tránsito terrestre de Venus le sugiere apreciar la naturaleza. Un paseo al aire libre para hacer fotos panorámicas o para recolectar algunas bayas o frutos secos comestibles le ofrece una distracción. En la Luna Nueva del 1 de diciembre, exprese su gratitud en una meditación o ritual mientras mira hacia el mar de las vacaciones de invierno. Marte afecta a su 12.ª casa en el solsticio de invierno. Se presenta la oportunidad de ayudar a los necesitados. Esto podría implicar el cuidado de un animal o la asistencia a una persona vulnerable. Del 7 al 16 de diciembre se revelarán los detalles. Los visitantes sorpresa interrumpen los planes, pero proporcionan una compañía agradable del 17 al 31 de diciembre.

Durante el mes de enero Venus resalta su sección de asociaciones. Apreciará los logros de alguien cercano a usted. Una relación con una persona especialmente inteligente o con talento le alegra el corazón. Reconozca un logro especial dedicando una vela a ese alguien especial el día de la Candelaria, del 1 al 2 de febrero. 14 de febrero-1 de marzo Nuevos puntos de vista y ofertas diferentes pueden favorecer un cambio de dirección. Se comparte información que ilumina nuevas opciones. La descripción de una situación se vuelve a contar para revelar un giro diferente a una historia después de la Luna Llena del 5 de marzo. A medida que el invierno llega a su fin, deseará abandonar una situación que se ha vuelto rancia. Abra las ventanas y las puertas de su casa para dejar que un viento fresco de marzo se lleve las telarañas del invierno el 20 de marzo, el último día completo del invierno.

SALUD
Este año percibirá cambios en su salud y vitalidad. El Eclipse lunar total en Virgo del 4 de marzo de 2025 aporta valiosas percepciones sobre su camino para mantener el bienestar. Para cuidarse, desarrolle su potencial como artista. Mezcle algunos colores que expresen cómo se siente. Diseñe un mandala incorporando palabras y símbolos que describan hitos importantes de su vida. Como experiencia de aprendizaje tómese tiempo para apreciar todo lo que ha tocado su vida, tanto si ha sido para bien como si no.

AMOR
Dos Lunas Llenas seguidas este año, el 21 de junio y el 21 de julio, son inusuales en el sentido de que ambas lunaciones caerán en su 5.ª casa del romance. Esto supone una oportunidad única para un romance estival que alimente un nuevo amor o para reavivar la felicidad con una pareja actual. Planee disfrutar de la contemplación de la luna con esa persona especial en esos momentos. Los rayos de luna iluminan el amor verdadero.

ESPIRITUALIDAD
El retroceso de Urano del 1 de septiembre al 30 de enero afecta a su sector de la filosofía y la conciencia superior. Esto favorece la exploración de encarnaciones pasadas y el acceso a los Registros Akáshicos , profundizando en la conciencia espiritual. También es un momento excelente para perdonar. Liberar los traumas y la ira del pasado ayuda a integrar la espiritualidad.

FINANZAS
Dos de los eclipses de este año, el 25 de marzo y el 2 de octubre, estarán en su 2.ª casa del dinero. Espere lo inesperado. Una fuente de ingresos diferente podría sustituir al status quo. Una influencia favorable de Júpiter desde el Equinoccio de Primavera hasta el 24 de mayo aporta un potencial financiero prometedor. Examine las opciones para mejorar su seguridad financiera durante ese tiempo.

LIBRA
23 Septiembre–23 Octubre
Primavera 2024–Primavera 2025 para los nacidos bajo el signo de la Balanza

Tal y como insinúa la balanza perfectamente equilibrada, este signo regido por Venus es todo justicia e igualdad. Llamado el "guerrero pacífico", Libra siempre está dispuesto a luchar por lo que es justo y correcto. Sin embargo, prefiere evitar los conflictos. Con compasión y dulzura te esfuerzas por mantener la paz. Su búsqueda implica arte, equilibrio y belleza en todas las cosas. Las relaciones de todo tipo, empresariales o personales, están en el centro de lo que más le importa. Sin embargo, la vacilación puede plantear obstáculos. Finalizar decisiones puede ser un reto.

El Equinoccio de Primavera encuentra a Venus transitando su 6.ª casa. Esta tendencia marca el ritmo hasta el 4 de abril. Un cariñoso compañero animal le ofrece consuelo y buena compañía. Hará un esfuerzo especial por mantener una agenda tranquila y organizada. El eclipse lunar del 25 de marzo en Libra revela opciones importantes y aporta percepciones. Una oposición de Mercurio que abarca desde abril hasta mediados de mayo promete conversaciones interesantes y controvertidas iniciadas por otros. La última mitad de mayo acentúa su 8.ª casa. Esto refuerza su interés por el mundo espiritual y los misterios del más allá. Vaya de compras en busca de tesoros antiguos. Visite una venta de bienes.

Del 1 al 8 de junio se presenta una situación competitiva. Una oposición de Marte trae a una persona dinámica que puede ser bastante asertiva en cuestiones clave. Durante el resto de junio, los tránsitos en su 9.ª casa marcan el ritmo. Anhelará horizontes más amplios y podría planear un largo viaje. Visitar lugares de importancia histórica puede despertar su interés. En el solsticio de verano honre el día más largo seleccionando una invocación o un poema que se inspire en las celebraciones de mediados de verano de otra tierra. Saturno cambia de dirección en su sector de la salud a finales de junio. Considere qué opciones son las mejores en relación con el bienestar. La dieta y el ejercicio son factores importantes. Julio introduce un fuerte enfoque en los sueños y objetivos relacionados con su carrera. La orientación llega a través del estudio de los últimos avances en su campo elegido. Dedique el día de Lammas a la planificación a largo plazo.

Durante el mes de agosto, Venus crea una profunda empatía con aquellos que son vulnerables. Le preocupan situaciones que cree que deben remediarse. La Luna Nueva del 2 de septiembre le permite liberarse de preocupaciones vagas sobre cualquier asunto que no pueda afectar. El eclipse lunar del 17 de septiembre hace que se centre en desarrollar un horario diario más eficiente y en crear un entorno de trabajo más atractivo. Sus conexiones con los compañeros de trabajo están cambiando. Alguien nuevo podría entrar a formar parte de su círculo laboral. En el Equinoccio de Otoño el ánimo se aligera. La sensación de aventura y descubrimiento predomina a medida que se acerca su cumpleaños. El eclipse en Libra del 2 de octubre le aporta ideas sobre su proceso de crecimiento personal. Hay elecciones que hacer. Las finanzas mejoran durante la segunda y tercera semana de octubre. En Halloween disfrutará especialmente de las fragancias Cueza a fuego lento una tetera de zumo de manzana con una rama de canela. Añada laurel, clavo y una cáscara de naranja. Utilice su habilidad artística y esculpa una fabulosa calabaza de Halloween. Guarde las semillas para tostarlas.

Desde el 3 de noviembre hasta principios de enero, su 3.ª casa está resaltada por Mercurio. Una variedad de recados y planes le mantendrán muy ocupado. Verifique las direcciones y los detalles para que todo vaya sobre ruedas mientras Mercurio esté retrógrado del 25 de noviembre al 15 de diciembre. Sea flexible si sus seres queridos son olvidadizos o están confusos. En el solsticio de invierno, Venus estará en su sector del amor y la súplica. Las reuniones navideñas serán especialmente alegres y brillantes durante los días más cortos. La Luna Negra del 30 de diciembre acentúa sus tradiciones familiares y su ascendencia.

La excitación y la controversia colorean su círculo profesional desde enero hasta el final del invierno. Marte será prominente en su 10.ª casa de logros y prominencia. Puede atraer la atención de universidades. Se espera mucho de usted, pero el esfuerzo extra que realiza le impulsa hacia adelante. En la Candelaria encienda una vela dorada para mejorar su estatus y su éxito. El progreso profesional le llegará después del 23 de febrero. Venus se vuelve retrógrado en su sector de las relaciones al comenzar marzo. Alguien que estuvo cerca de usted en el pasado, quizás un antiguo amor, puede regresar. Recuerde el pasado y comprenderá el presente y el futuro.

SALUD
A lo largo del año, Saturno y Neptuno rondarán su sector de la salud. La paciencia a la hora de comprender y atender los problemas de salud le recompensará con una mejora de su salud. Para cuidarse, comparta un acontecimiento con un amigo simpático o planee un capricho para él. Una sugerencia sería hacer una tarta o comprar entradas para ver juntos una película o un concierto.

AMOR
La Luna Llena del 19 de agosto impacta en su 5.ª casa del amor. La atracción mutua es alentadora cerca de esa fecha. Durante septiembre Venus transitará por Libra; esta influencia es muy prometedora en lo referente al amor. Cuando Venus se ponga retrógrado del 1 de marzo al 15 de abril de 2025, manténgalo ligero y casual. Asuma un enfoque de esperar y ver en el amor. Ese lapso de tiempo no es favorable para concretar ningún tipo de compromiso.

ESPIRITUALIDAD
Conectar con el arte y la belleza fomenta el crecimiento espiritual. Pasee por una exposición de arte o compre un arreglo de flores hermosas para profundizar su conexión con la espiritualidad. La música y los colores sagrados aumentarán su conexión con lo divino. Los eclipses en Libra del 25 de marzo de 2024 y del 2 de octubre de 2024 despiertan giros sorpresa en su camino espiritual. Esta influencia estimula el crecimiento espiritual.

FINANZAS
Urano permanecerá en Tauro, en su 8.ª casa, todo el año. Esto puede traerle un regalo monetario o el retorno de una inversión para aumentar sus ganancias. Desde el 26 de mayo hasta el final del invierno, Júpiter trinará a su Sol. Este aspecto benévolo le protege de graves problemas financieros. Sus necesidades esenciales estarán cubiertas.

ESCORPIO

24 Octubre – 21 Noviembre

Primavera 2024 – Primavera 2025 para los nacidos bajo el signo de Escorpión

De espíritu libre y agudo, el Escorpión se mueve entre el orden y el caos. Las emociones y los sentimientos intensos están velados por una fachada reservada y digna. Consciente y atento a la verdad, busca comprender las causas profundas de todo lo conocido o desconocido. El más allá, los procesos de nacimiento y reencarnación siempre le fascinan. Escorpio regido por Plutón resiste y penetra en lo desconocido.

El Equinoccio de Primavera susurra, llegando en alas del amor,, mientras Venus ilumina su sector del romance y el placer hasta el 4 de abril. Le sigue un aspecto optimista de Marte, que marca el ritmo del 5 al 29 de abril. Su energía y confianza serán elevadas. Como resultado, se logran muchas cosas. Cerca de la víspera de mayo se produce un sutil cambio de energía. Varias oposiciones planetarias indican controversia. No intente cambiar la opinión de nadie, simplemente avance manteniendo la independencia. Viva y deje vivir. El bienestar es un tema de estudio y conversación del 1 al 15 de mayo, cuando Mercurio destaca su sector de la salud. A finales de mayo y principios de junio la atención se desplaza hacia el fortalecimiento de las relaciones. Una sensación de finalidad se hace evidente en la Luna Nueva del 6 de junio. Júpiter y el Sol transitan por su 8.ª casa a mediados de junio, acentuando los finales y los nuevos comienzos.

En el solsticio de verano, Venus y Mercurio se alinean con el Sol en su 9.ª casa de la aventura y la conciencia superior. Los viajes, especialmente a un lugar de significado espiritual, pueden estar en su agenda al comenzar el verano. Visite un lugar sagrado para el trabajo ritual y la meditación en el más largo de los días. Julio se centra en su sector profesional. Su trabajo impresionará a una persona influyente. Puede que le ofrezcan un nuevo puesto o proyecto. Acepte el reto con entusiasmo. Hacia el día de Lammas sus esfuerzos se verán coronados por el éxito. Del 5 al 28 de agosto su 11.ª casa se ilumina con un tránsito de Venus. Esto es favorable para profundizar en su implicación dentro de una organización. Establezca relaciones de camaradería. Su círculo de amigos es especialmente valioso para usted durante agosto.

Los primeros días de septiembre dan paso a un ciclo más introspectivo. Buscará el ensueño tranquilo. El eclipse del 17 de septiembre aporta inspiración creativa y despierta nuevos intereses. En el equinoccio de otoño, Venus cruza a Escorpio. Este ciclo de amor y buen humor dura hasta el 17 de octubre. Se desarrolla una conexión social. La inspiración creativa también está presente. Escriba un poema o intente un proyecto artístico. A finales de octubre se despiertan nuevos intereses, Mercurio estará fuerte, por lo que los viajes así como las discusiones animadas pueden ser el centro de atención. En Halloween una fuerte 2.ª casa le hace consciente del presupuesto. Una visita a una tienda de segunda mano o a un mercadillo le traerá tesoros vintage para convertirlos en disfraces o decoración para las fiestas que se avecinan.

El 2 de noviembre Marte inicia un tránsito por su sector profesional. Se desarrolla un estado de ánimo competitivo. La motivación es alta. Se sentirá inspirado para dar lo mejor de sí mismo en sus logros. Profesionalmente. La Luna Llena del 15 de noviembre trae sugerencias e inspiración de sus allegados. Entre finales de noviembre y el 15 de diciembre, Mercurio está retrógrado en su sector financiero. Es un buen momento para revisar su presupuesto y sus gastos. Un trabajo u otra fuente de ingresos del pasado podría volver a estar disponible. A medida que se acerca el solsticio de invierno, decore su casa y planee una reunión estacional. Venus ilumina su sector de la familia y la residencia. Las visitas y los parientes están dispuestos a celebrarlo. Esta feliz tendencia prevalece hasta el 2 de enero.

Enero encuentra a Marte retrógrado en su 9.ª casa. Esto favorece la finalización de un curso de estudios o la terminación de un manuscrito que empezó y luego dejó de lado en el pasado. La Luna Llena del 13 de enero resalta los aspectos específicos. Al comenzar febrero, honre la Candelaria con luces dedicadas a la sanación. Las necesidades emocionales de un ser querido suponen una preocupación.

El 4 de febrero Júpiter se vuelve directo en su 8.ª casa. El rendimiento de una inversión o una herencia aumentan su seguridad financiera. Su panorama financiero mejorará durante el resto del invierno. Del 20 al 28 de febrero se presentan oportunidades para dedicarse a un hobby o disfrutar de deportes y juegos. El 1-20 de marzo trae aspectos favorables de Marte, Saturno y el Sol. Se logra un hito o se alcanza una meta en el eclipse lunar del 14 de marzo. Su nivel de energía es alto y pueden lograrse muchas cosas con facilidad al finalizar el invierno.

SALUD

El eclipse del 8 de abril, muy significativo, afecta a su 6.ª casa de la salud. Puede haber un gran avance en la superación de cualquier problema de salud cerca de esa fecha. El eclipse favorece la consideración de nuevas opciones en relación con la atención sanitaria. El 11 de octubre Plutón, su regente, completa su retrogradación. Esto indica una mejora en su vitalidad general. Para cuidarse, regálese una visita a un fantasma. Aprenda a validar e investigar los fenómenos paranormales.

AMOR

Saturno transita por su sector del amor durante todo el año. Un interés romántico de una generación mayor o menor puede capturar su corazón. Ahora buscará estabilidad, estructura y lealtad en una relación. Desde finales de septiembre hasta mediados de octubre y enero se producirán tránsitos de Venus muy prometedores. El amor puede florecer entonces.

ESPIRITUALIDAD

El tiempo dedicado a la reflexión en solitario puede ser el catalizador de un despertar espiritual este año. Los eclipses del 25 de marzo y del 2 de octubre señalan las semanas próximas a los equinoccios vernal y otoñal como momentos para anticipar experiencias espirituales. Prepare un altar estacional para honrar el crecimiento espiritual en las celebraciones de primavera y otoño. Un paseo primaveral u otoñal también podría ser el catalizador de una realización espiritual.

FINANZAS

El 26 de mayo Júpiter entra en su 8.ª casa, donde permanecerá hasta finales de año mientras realiza un aspecto de quincuncieo a su Sol. El destino afectará a sus finanzas. Adáptese y analice las tendencias económicas. La liquidación de un seguro, el rendimiento de una inversión, una herencia o un regalo pueden mejorar sus perspectivas financieras.

SAGITARIO
22 Noviembre – 20 Diciembre
Primavera 2024 – Primavera 2025 para
los nacidos bajo el signo del Arquero

De ingenio rápido, encantadores, competitivos y filosóficos, los nacidos bajo el signo del Centauro aprecian la libertad y los estímulos. Su en esencia trotamundos. Ser independiente es tan importante para usted que verse en una misma relación o carrera por mucho tiempo puede hacerle perder interés. Los animales de compañía son siempre muy queridos para usted.

El Equinoccio de primavera encuentra a Venus en su sector del hogar y la familia, marcando el ritmo hasta el 4 de abril. Motivado por mejorar sus circunstancias vitales, podría redecorar o hacer reparaciones en casa. Mercurio retrógrado del 1 al 25 de abril en el sector de sus deseos y conexiones sociales. Incertidumbre. Recopile información con paciencia y luego planifique. El Primero de mayo cultive sus amistades. En mayo, un aspecto favorable de Marte aumenta su energía y entusiasmo. Se pueden conseguir muchas cosas. La Luna Llena del 23 de mayo en Sagitario renueva la comprensión y perspectiva.

En junio, Marte entra en su 6.ª casa, un momento excelente para organizarse. Desarrolle un horario diario eficiente. En el solsticio de verano, el más largo de los días, prepare un banquete, un picnic, de frutas de la temporada y pan fresco. Dedique una nota o afirmación al bienestar de la mente y del cuerpo. Julio comienza con Saturno retrógrado en su 4.ª casa. Un familiar busca apoyo emocional y comprensión. Afronte amablemente algún drama emocional con humor. Del 2 al 25 de julio un aspecto favorable de Mercurio promete viajes productivos e interés por aprender algo nuevo. Julio favorece decisiones respecto a sus aspiraciones profesionales.

El día de Lammas reafirme la paz y la armonía. Una oposición de Marte afecta todo agosto. Comprométase para saldar un conflicto inminente justo después de la Luna Nueva del 4 de agosto. Septiembre comienza con un armonioso sextil de Venus. Un amigo cariñoso y talentoso apoya sus sueños y objetivos. Momento óptimo para implicarse más en un club u organización interesante. Los esfuerzos en equipo son satisfactorios. El eclipse del 17 de septiembre exalta las necesidades de los parientes. Un familiar podría comunicarle una sorpresa. A medida que el verano se funde con el otoño, hay cambios para mejor.

Del 1 al 8 de octubre las colocaciones del Sol y Mercurio favorecen la manifestación de un deseo largamente acariciado. Los viajes, los artículos de importación y el servicio a la comunidad pueden ser el centro de atención. El 9 de octubre Júpiter, su regente, inicia un ciclo retrógrado. Esto afecta a su 7.ª casa de las asociaciones hasta principios de febrero. Alguien que estuvo muy cerca de usted en el pasado regresa y se repite un patrón de comportamiento. El 18 de octubre Venus le trae un estado de ánimo positivo y prometedor que durará hasta el 11 de noviembre. Acepte o envíe invitaciones, planifique o asista a una fiesta. Las perspectivas sociales, incluidas las conexiones amorosas, son prometedoras. Prepare un disfraz glamuroso o parecido al de una celebridad para Halloween. De finales de octubre a mediados de noviembre es un momento espléndido para expresar ideas creativas y disfrutar de las artes. Mercurio inicia en noviembre un largo tránsito por su signo natal que durará hasta el 7 de enero. Las conversaciones animadas, el intercambio de ideas y una serie de viajes cortos marcarán el ritmo durante todo este tiempo. La Luna Nueva del 1 de diciembre en Sagitario le ofrece percepciones e iluminación. Un viejo rencor o malentendido puede liberarse entonces. En el solsticio de invierno celébrelo con canciones estacionales, historias festivas y poesía. Del 8 al 20 de enero, su sector financiero se verá realzado tanto por el Sol como por Mercurio. Sus pensamientos y conversaciones girarán en torno al poder adquisitivo y la liquidez. Dispondrá de una nueva fuente de ingresos. Una reunión de negocios es productiva cerca de la Luna Llena del 13 de enero.

Desde finales de enero hasta el final del invierno, Marte resalta su 8.ª casa del misterio y la vida después de la muerte. En la Candelaria, dedique un altar a honrar a los que han fallecido. Un espíritu bondadoso le visita desde el más allá con mensajes que expresan amor y preocupación.

Sea concienzudo y preste atención a los detalles en el trabajo durante el mes de febrero. Una fuerte influencia de Saturno promete entonces que el esfuerzo extra y la paciencia en el cumplimiento de las obligaciones profesionales serán apreciados por los colegas influyentes. Los detalles se aclaran cerca del eclipse del 14 de marzo de 2025. En marzo Venus se vuelve retrógrado. Esto indica influencias kármicas o de vidas pasadas en el amor. Sin embargo, por el momento mantenga su situación sentimental como está. El comportamiento considerado y los buenos modales allanarán el camino en todo tipo de relaciones durante marzo.

SALUD

Desde finales de mayo hasta el final del invierno, controle los excesos de todo tipo, desde los deportes extremos hasta las opciones de comida y bebida. Para cuidarse, dedique tiempo a aprender algo nuevo. Explore nuevos retos intelectuales. Vea documentales sobre viajes a lugares con una historia intrigante.

AMOR

El eclipse solar total del 8 de abril tiene un profundo impacto en su sector amoroso. Una nueva conexión romántica puede florecer entonces o una relación existente puede profundizar hasta un nuevo nivel de intimidad. A menudo comenzará y terminará relaciones de forma brusca. Intente desarrollar suavemente una conexión amorosa de forma gradual este año. Abril y del 18 de octubre al 11 de noviembre son ciclos amorosos prometedores.

ESPIRITUALIDAD

La relación con los animales de compañía es siempre una parte importante de su desarrollo espiritual. Las conexiones psíquicas con animales domésticos o criaturas salvajes pueden proporcionar experiencias espirituales especialmente profundas. Explore los estudios de los nativos americanos para conocer a los guías espirituales animales. La Luna Llena del 15 de noviembre puede abrir la conciencia espiritual.

FINANZAS

Intente siempre disfrutar de lo que tiene en lugar de lamentarse por lo que le pueda faltar en lo que se refiere a las finanzas. Las finanzas dan un giro prometedor a finales del invierno después de que Júpiter se ponga directo el 4 de febrero. La influencia de Saturno este año recompensa el esfuerzo sostenido y la paciencia con beneficios sólidos.

CAPRICORNIO
22 Diciembre – 19 Enero

Primavera 2024 – Primavera 2025 para los nacidos bajo el signo de la Cabra

La Cabra, dedicada y puntual, enfoca la vida como un asunto serio. Enraizarse y construir son las prioridades de este signo de tierra regido por Saturno. Usted es leal y bien organizada. También tiene usted un lado astuto y humorístico. Solo los afortunados que le conocen bien llegan a compartir la ironía desenfadada que caracteriza su verdadera visión de la vida.

El Equinoccio de primavera encuentra a Marte saliendo de su sector del dinero. Usted se está poniendo al día con los gastos y el presupuesto. Reciba la estación venidera con afirmaciones de prosperidad. El eclipse del 25 de marzo trae cambios en su trayectoria profesional. Adáptese a las nuevas tendencias para asegurarse el éxito. Durante el mes de abril, varios tránsitos afectan a su sector del hogar y el patrimonio. Puede haber elecciones sorprendentes expresadas por familiares. Podría plantearse un proyecto de renovación del hogar o una mudanza tras el gran eclipse del 8 de abril. Para el Primero de mayo los tránsitos favorables de la 5.ª casa afectan a su sector del amor y el placer. Los planes de vacaciones u otras actividades recreativas agradables alegran las tres primeras semanas de mayo.

El mes de junio se centra en los alimentos sanos y en las elecciones de estilo de vida. Su vitalidad mejora con la Luna Nueva del 6 de junio. El resto de junio le trae placer a través de los logros de sus allegados. Un asunto legal se resuelve favorablemente cerca del Solsticio de Verano. Incluya una vela violeta por la justicia en su altar del Solsticio. El 21 de junio, honre a la Luna Llena en Capricornio. Se cumple un deseo acariciado. El 29 de junio Saturno se vuelve retrógrado en su 3.ª casa. Comienza un ciclo que le encuentra analizando los acontecimientos actuales y tamizando pacientemente la comunicación que le llega. El esfuerzo por aclarar la información y conocer los hechos continúa como tema de fondo en su vida hasta mediados de noviembre. Durante la primera parte de julio, Marte se orienta favorablemente hacia su Sol. Su nivel de energía y entusiasmo se iluminan. Se sentirá motivado para asumir nuevos retos. Un programa de ejercicios o deportes puede ser especialmente beneficioso del 1 al 19 de julio.

A medida que se acerque, el día de Lammas se centrará en la gestión de las inversiones y otras consideraciones financieras. La investigación aporta valiosos conocimientos. De agosto a principios de septiembre se interesará por estudiar el significado más profundo de la vida. Las sesiones de meditación pueden mejorar sus conexiones con los espíritus guardianes o los ángeles. La Luna Nueva del 2 de septiembre aporta comprensión a través de matices y corazonadas. El 5 de septiembre, Marte se mueve en oposición a su Sol. Su 7.ª casa se ve afectada. Esta energía competitiva continúa durante el invierno. Céntrese en la cooperación. Cultive el espíritu de camaradería y fomente el trabajo en equipo. En el Equinoccio de Otoño, celebre la inclusividad.

Del 1 al 12 de octubre una influencia de Mercurio agita su 10.ª casa. La multitarea complica sus días. Establezca prioridades. Saque tiempo para relajarse. Libere el estrés. Finales de octubre acentúa nuevos sueños y metas. En Halloween se dará cuenta de que ha superado el pasado. Dé la bienvenida a un nuevo abanico de posibilidades. Un disfraz de Halloween que cree suspense y misterio sería ideal. Piense en un vagabundo misterioso; el Ermitaño del Tarot, envuelto en una capa y llevando un bastón.

12 de noviembre-5 de diciembre Venus se desliza por Capricornio activando su 1.ª casa. Su carisma está en su punto álgido. Los demás se sentirán atraídos por usted. Llegan las invitaciones. Durante las tres últimas semanas de diciembre, una influencia de grado retro de Marte afecta a su 8.ª casa. Surgen conexiones con el más allá. Honre la memoria de los seres queridos perdidos. En el solsticio de invierno, el calor de la luz de las velas o del fuego cura sus pensamientos y alivia los recuerdos conmovedores. En la Luna Nueva del 30 de diciembre, libere el pasado. Abrace el futuro.

Enero favorece los viajes. Mercurio está en su signo natal. Esto le asegura un ingenio rápido y una comunicación hábil. A principios de febrero, un fuerte aspecto de Marte atrae a personas dinámicas a su vida. Alguien cercano a usted hace planes u ofrece sugerencias. En la Candelaria, analice cómo le afectan los demás. Encienda una vela de fortalecimiento si siente que su confianza flaquea. Marzo comienza con Venus volviéndose retrógrado en su sector del hogar y la herencia. Los patrones de hábitos del pasado y las características heredadas pueden afectar a la dinámica familiar. Es probable que reciba la visita de un pariente perdido hace tiempo o de un viejo amigo cerca del final del invierno.

SALUD

Júpiter transita por su 6.ª casa de la salud desde el 26 de mayo hasta el resto del invierno. Esto es muy prometedor para la curación de cualquier problema de salud y para mantener el bienestar. Sin embargo, Júpiter representa la expansión, así que asegúrese de mantener un peso saludable. Evite especialmente las golosinas ricas en calorías mientras Júpiter esté retrógrado del 9 de octubre al 4 de febrero. Para usted, el autocuidado está relacionado con el mantenimiento de un plan diario bien elaborado que le impida malgastar tiempo y recursos valiosos. No obstante, varíe la rutina con cada estación para evitar que el ritmo del día se convierta en la rutina diaria.

AMOR

Construir una base sólida, un futuro seguro juntos formaría parte de su relación ideal. Marte transita por su 7.ª casa de las relaciones de pareja desde principios de septiembre hasta el 2 de noviembre y de nuevo del 5 de enero al 19 de marzo. Durante esos periodos se sentirá inclinada a alimentar un compromiso significativo o a poner fin a una situación que simplemente no está destinada a ser.

ESPIRITUALIDAD

Su sector de la espiritualidad está influido por Mercurio. Los viajes a lugares sagrados y la literatura sobre temas espirituales despertarán sus inclinaciones espirituales. El eclipse lunar total del 14 de marzo de 2025 tiene profundas implicaciones espirituales para usted. Planee asistir a un círculo de tambores, un ritual lunar u otra actividad espiritual en ese momento.

FINANZAS

Durante la mayor parte de mayo, los tránsitos de signos de tierra se orientarán favorablemente hacia su Sol. Mayo favorece la prosperidad y la abundancia. Sin embargo, dos eclipses de este año afectan a su 10.ª casa del éxito profesional. La flexibilidad, estar en sintonía con la dinámica cambiante de su profesión, es importante para mantener su seguridad financiera.

ACUARIO
20 Enero – 18 Febrero

Primavera 2024 – Primavera 2025 para los
nacidos bajo el signo del Aguador

Como humanitarios por excelencia, los acuarianos se deleitan aliviando las penas y disgustos de los demás. Aprecian las amistades, pero tienen un lado independiente que se inclina hacia el desapego si una asociación se vuelve demasiado dependiente. Con un toque de excentricidad, tiene el deseo de sacudir el statu quo y realizar cambios. Su originalidad le hace parecer a la vez intrigante y desconcertante, y siempre resulta memorable.

En el equinoccio de primavera, Marte está en su signo natal. Usted anhela desafiar las situaciones que son menos que satisfactorias. Hacia el 23 de marzo esta tendencia se suaviza y se produce un cambio de orientación. Su 2.ª casa está resaltada por Venus a principios de abril. Un amigo le sugiere una nueva fuente de ingresos. Su arte aumenta su potencial de ingresos. Durante la última parte de abril su sector de vecinos y hermanos está activo. Una reunión vecinal o un acto social refuerza su círculo de conocidos. Un pariente comparte noticias significativas cerca del Primero de mayo. Sea un buen oyente. 1-23 de mayo Venus se une a Júpiter y Urano en su 4.ª casa. Una idea de renovación o decoración del hogar resulta atractiva. Sentirá una renovada conexión con su herencia y podría descubrir una interesante anécdota familiar de antaño. Desde finales de mayo hasta mediados de junio, Venus trina a su Sol. Una relación se vuelve más íntima y el amor florece cerca de la Luna Nueva del 6

de junio. Una actividad de ocio favorita, que quizá incluya un deporte o un juego, alegra los días previos al solsticio de verano. Celebre el más largo de los días con sus seres queridos.

El mes de julio trae consigo la necesidad de organizarse. Piense en formas de hacer más cómodo su espacio de trabajo. A medida que se acerca el día de Lammas otros hacen planes que le afectan. Su cooperación será apreciada y recompensada. Mercurio estará retrógrado durante la mayor parte de agosto. Es probable que obtenga información sobre vidas pasadas. La comprensión de una conexión kármica con alguien a quien ha conocido en otra encarnación llega en un sueño o meditación cerca del momento de la Luna Llena del 19 de agosto.

A finales de agosto, una reunión de negocios pone de relieve la lealtad y el trabajo en equipo. Del 1 al 22 de septiembre Venus afectará a su 9.ª casa. Los artículos importados le atraerán. Pruebe las recetas, escuche la música o aprenda algunas frases en el idioma de otra tierra. Urano, su regente, inicia un ciclo retrógrado el 1 de septiembre. Espere un déjà vu si visita un destino desconocido. Un viaje al extranjero sería inspirador y placentero. En el equinoccio de otoño, Venus cruza su Medio Cielo. Esto se relaciona con el estatus y la reputación. Ponga el encanto para causar una buena impresión duradera. Coloque un espejo en su altar para que le ayude a visualizar su yo superior mientras da la bienvenida a la nueva estación.

Del 1 al 12 de octubre, una influencia favorable de Mercurio favorece las experiencias de aprendizaje. Asista a una clase o lea un libro recién publicado para ampliar sus perspectivas. Las conversaciones serán reveladoras y estimulantes durante el resto de octubre. Haga hablar a los demás. Haga preguntas. En Halloween inicie una conversación sobre observancias rituales o discuta sobre disfraces. El 4 de noviembre Marte entra en su 7.ª casa, donde permanecerá durante las vacaciones de invierno. La felicidad en una estrecha relación de pareja se convertirá en una prioridad. La tolerancia y el humor ayudan. Persiga objetivos compartidos para profundizar un vínculo importante con alguien que es importante para usted. Celebre un compromiso en el solsticio de invierno. Brinden el uno por el otro con champán, cacao caliente o sidra con especias en la más larga de las noches.

Durante enero Venus entra en su sector financiero donde se unirá tanto a Saturno como a Neptuno. Esto puede traerle dinero extra, aunque es posible que se preocupe por las finanzas. Céntrese en disfrutar de todo lo que tiene y tenga fe. De algún modo, podría resultarle difícil evaluar con precisión los asuntos de dinero. Evite ser demasiado generoso con los demás. Ofrezca ánimos y sugerencias útiles en lugar de dar más de lo que pueda. En la Candelaria prepare velas de prosperidad y afirmaciones. Del 1 al 13 de febrero, un fuerte tránsito de Mercurio aporta una explosión de energía mental. Las soluciones llegan mientras está considerando opciones y recopilando información. La última mitad de febrero encuentra a Marte volviéndose directo en su 6.ª casa. Los compañeros animales le ofrecen amor y consuelo. Una nueva mascota puede llegar a su casa y a su corazón. En marzo, Venus y Mercurio se vuelven retrógrados en su sector del transporte y la comunicación. Puede necesitar un nuevo vehículo o un método alternativo para desplazarse. Sentirá curiosidad y es posible que explore nuevos caminos y rutas. Un amigo o pariente que ha estado ausente se reencuentra con usted cerca del eclipse lunar del 14 de marzo.

SALUD

Sea delicado con usted mismo si este año participa en un programa de fitness exigente o practica deportes extremos. Concéntrese siempre en mantenerse cómodo cuando las temperaturas sean extremas. Necesita abrigarse durante el frío invierno y mantenerse fresco durante el caluroso verano. Para cuidarse, involucrarse en puestos de voluntariado puede aportar experiencias gratificantes. Pruebe a hacer bocadillos para los necesitados, dar clases particulares a niños en edad escolar, cuidar de animales necesitados o visitar pacientes en centros asistenciales.

AMOR

Sus relaciones más exitosas comenzarán normalmente estableciendo una base firme de amistad. Venus, la diosa cósmica del amor, será favorable durante la primera quincena de junio y de nuevo en diciembre. El amor verdadero puede alimentarse exitosamente en esas épocas.

ESPIRITUALIDAD

Los eclipses del 25 de marzo y del 2 de octubre impactan ambos en su 9.ª casa de los viajes y la conciencia superior. Visitar un lugar sagrado o un grupo espiritual cerca de esas fechas puede facilitarle un importante despertar espiritual.

FINANZAS

La paciencia y la persistencia son sus claves este año en lo que respecta a las finanzas. El serio Saturno transita por su sector de los asuntos monetarios. El reto consiste en vivir dentro de sus posibilidades, disfrutar de lo que tiene y desarrollar una estrategia financiera; entonces el dinero fluirá libremente.

PISCIS
19 Febrero – 20 Marzo
Primavera 2024 – Primavera 2025 para
los nacidos bajo el signo del Pez

Los nacidos bajo el signo del Pez son individuos imaginativos y serenos que anhelan
que se les permita vivir en un apacible mundo
de ensueño. Es importante que encuentre una
salida creativa constructiva. Evite dejarse
arrastrar por el escapismo. Reserve un tiempo
cada día para la meditación, la soledad o las
actividades artísticas. Pasear por la playa
o bailar al ritmo de música relajante puede
resultarle atractivo. La suya es una naturaleza
apacible. Usted gravita hacia intereses místicos y espirituales con el objetivo de desarrollar su intuición y una relación más profunda
con el lado sagrado de la vida.

Desde el equinoccio de primavera hasta
el 4 de abril, Venus se desliza por Piscis. Será
admirado y apreciado; los demás estarán
encantados con usted. Tanto los contactos
sociales como los de negocios pueden ser productivos. Durante el resto de abril se pueden
conseguir muchas cosas. Marte está en su 1.ª
casa. Estará más firme de lo habitual. Céntrese
en el trabajo creativo o en proyectos de superación personal. Del 1 al 15 de mayo afecta a
su sector del dinero. Los pensamientos y las
conversaciones girarán en torno a sus ingresos
y su poder adquisitivo. El Primero de mayo
le encontrará planeando una salida de compras para adquirir regalos o un objeto personal
largamente deseado. De finales de mayo a
mediados de junio se centrará en actividades
orientadas a la familia y en realizar mejoras en
el hogar. Los visitantes llegan cerca del solsticio de verano. En la noche más corta, una
fiesta en el patio o en el jardín, quizás con una
reunión alrededor de una hoguera para cantar
a coro, sería una buena forma de dar la bienvenida a las vacaciones de verano. Neptuno,
su regente, inicia un ciclo retrógrado el 2 de
julio, lo que aporta una nota nostálgica. Podrá
disfrutar de reencuentros y reminiscencias
durante las semanas previas al día de Lammas.
Cerca de la Luna Llena del 21 de julio, un
sueño resucita recuerdos de vidas pasadas.

Durante el mes de agosto Mercurio y
Venus acentúan su sector de las asociaciones. Reflexionará mucho sobre el futuro
de un compromiso importante. Se sentirá
orgulloso de los logros de alguien cercano.
Los primeros días de septiembre traen mejoras en las finanzas. Llega la devolución de
una inversión u otro pago. El eclipse del
17 de septiembre en Piscis trae cambios en
el statu quo. Hacia el equinoccio de otoño
se revelan los detalles. Prepare un altar de
gratitud y dé gracias por las nuevas oportunidades. Un cambio a mejor en su residencia
o trayectoria profesional podría aparecer en
el horizonte. 23 de septiembre-17 de octubre
Venus influirá favorablemente en su 9.ª casa.
La relación con un abuelo o un nieto será
especialmente agradable. También es un
buen ciclo para viajar. Disfrutará explorando
un lugar lejano y conociendo otra cultura. En
Halloween comparta fotos y recuerdos de sus
viajes y aventuras. El arte y el folclore de un
destino que haya visitado pueden inspirarle
para probar un toque extranjero como idea
de disfraz. El 4 de noviembre Marte inicia
un tránsito por su sector de la salud. Busque
formas de aliviar el estrés y aligerar su carga
de trabajo. Este ciclo dinámico dura todo el
invierno. Es el momento de ser amable con-

sigo misma. Haga ejercicio moderadamente y descanse lo suficiente.

Diciembre le trae progresos en su carrera. Comuníquese con sus colegas para aumentar el éxito. Después del 16 de diciembre las situaciones están mejor establecidas. Hacia el solsticio de invierno experimentará progresos. Bendiga su espacio de trabajo con salvia y sal en los días más cortos para dispersar las energías discordantes. El 3 de enero Venus entra en Piscis, donde permanecerá hasta la Candelaria. Añada belleza a su persona y a su entorno. Es un buen momento para intentar proyectos de artesanía o asistir a una obra de teatro o a un concierto. Renueve su vestuario y su decoración. Los primeros días de febrero traen consigo un deseo de intimidad. Durante la celebración de la Candelaria encienda una vela azul dedicada a aislarse de quienes drenan su energía. El ambiente cambia cuando Mercurio transita por su signo del 14 de febrero al 2 de marzo. La comunicación le resultará estimulante e inspiradora. Acepte invitaciones a finales de febrero, sobre todo si se trata de una excursión corta.

Revise su presupuesto a principios de marzo. Los tránsitos retrógrados en su sector del dinero en ese momento insinúan que podría tener facturas mensuales elevadas. Busque formas de conservar recursos. El eclipse del 14 de marzo afecta a su 7.ª casa de las asociaciones estrechas. Al terminar el invierno una asociación está evolucionando y cambiando. Saque lo mejor de ello esforzándose por comprender el punto de vista y las necesidades de la otra persona.

SALUD

Saturno permanece en Piscis todo el año. La paciencia es importante en lo que respecta al cuidado de la salud. Las consecuencias para la salud de las elecciones de estilo de vida pasadas, para bien o para mal, serán evidentes. También lo harán los factores hereditarios. Para el autocuidado céntrese en la salud de sus pies. Los pies pueden afectar a su bienestar general. La reflexología, el calzado cómodo y los baños de pies con sales de Epsom o hierbas curativas pueden ser rejuvenecedores.

AMOR

Marte, el planeta de la pasión, pasará por su 5.ª casa del romance del 5 de septiembre al 3 de noviembre y de nuevo desde el 6 de enero hasta el final del invierno. Esto promete una conexión amorosa épica. Es probable que sea tormentosa y tempestuosa más que dulce y serena. La Luna Llena del 13 de enero trae una pista sobre los detalles.

ESPIRITUALIDAD

Neptuno, el indicador de la espiritualidad, transitará por Piscis durante todo el año. Usted está evolucionando espiritualmente. La interpretación de los sueños puede ser útil para comprender su camino espiritual. Mientras Neptuno esté retrógrado del 2 de julio al 7 de diciembre, la regresión a vidas pasadas puede ser útil. Considere la posibilidad de viajar para visitar el escenario de un importante recuerdo de vidas pasadas.

FINANZAS

Los eclipses del 25 de marzo y del 2 de octubre afectan a su 8.ª casa. Esto puede indicar ingresos procedentes de una inversión, un acuerdo o una sociedad. El eclipse del 8 de abril afecta a su 2.ª casa de los ingresos salariales. Todo este patrón apunta a sorpresas relacionadas con las finanzas. Sea receptivo a nuevas estrategias financieras. Evite prestar o pedir dinero prestado.

Lugares asombrosos

El Río Rin

HOY TENDRÉ el placer de tomar un crucero por el río Rin de Alemania. Estoy muy emocionado. Tengo muchas ganas de ver Lorelei, una gran roca situada en una zona del río que se estrecha y dobla en una curva cerrada. Tengo que armarme de paciencia, me parece que navegaremos el río un par de horas antes de llegar a ella.

El día es estupendo: el sol brilla, pero no hace demasiado calor. El barco es bonito y puede transportar a más de 200 personas en el turno de día. Subimos al barco y, mientras le entrego mi billete al hombre del muelle, me doy cuenta de que va vestido con un atuendo tradicional del viejo mundo. Estoy seguro de que está pensado para complacer a los turistas, pero prefiero pensar que su atuendo me prepara para "ver" lo que está oculto a la mayoría de la gente que viaja por el río. También espero sentir la energía de los lugares por los que pasemos y oír los misteriosos sonidos de los espíritus del agua. Muchas expectativas para un solo lugar.

A lo largo de la historia, el Rin ha desempeñado un papel importante en la conformación de la cultura y la mitología de los pueblos que viven a lo largo de sus orillas. Dado que el Rin fue el hogar de pueblos celtas y germanos, el río es rico en leyendas, mitos y folclore que se remontan siglos atrás. Será mejor que deje de caer en la nostalgia y busque un asiento. Elegiré algo en la sombra. No soy un fan del sol ardiente.

Bueno, ahora que han terminado con los infernales anuncios, podemos empezar. Inmediatamente me doy cuenta de que ésta es tierra de vinos. Hay viñedos a

Estatua de Lorelei contemplando el Rin

La ciudad de Kaub y el castillo medieval de Gutenfels

ambos lados de las orillas. Recuerdo que hace muchos años nuestro aquelarre solía utilizar un vino tinto alemán en el ritual y es divertido pensar que pudo haber venido de aquí. Creo que echaré un vistazo a la cabaña interior para ver si sirven vino… ¡y lo hacen! Una copa de blanco del Rin para empezar la excursión suena genial. Es más dulce de lo que pensaba. Siempre he preferido el vino tinto, pero como dicen "Cuando estés en Roma…".

Vuelvo a salir. No quiero perderme de nada.

Las altas orillas a ambos lados descienden hasta hileras de pequeñas casas pintorescas y otros edificios. Aquí se encuentran con el río. A medida que la travesía continúa, veo castillos a ambos lados. Se encuentran en lo alto de las colinas. Desde su atalaya, los observadores podían ver el curso alto y bajo del Rin por kilómetros. Y estos castillos son arquitectónicamente magníficos. Hay un poder que emana de ellos como si fueran dragones encaramados en las cimas de las colinas. Las torres alcanzan las nubes como si señalaran o invocaran el poder o el rayo. Son absolutamente impresionantes. Hay una majestuosidad en estos gigantes sobre las colinas: parecen tener autoridad para defender o para derrotar. En cualquier caso, la sensación de poder prevalece. Cada castillo parece tener sus casas, su pueblo y su iglesia residiendo a su sombra. Esta estructura de la sociedad me recuerda a las estructuras de la naturaleza. En la época medieval, la gente vivía más cerca de la tierra y, por tanto, existía un mimetismo simbiótico entre ambos. Hoy vivimos en función de la eficacia y el beneficio, dejando atrás las leyes naturales y sin saber cuánto poder dejamos con ellas.

Vuelvo a entrar porque es hora de otra copa de vino. La primera bajó muy fácilmente. El camarero me sugiere otro vino: un blanco. Lo probaré. Ah, menos dulce y muy delicioso. Será mejor que le tome una foto a la botella para más tarde.

Hay teleféricos en los viñedos de la ladera de la montaña. Quizás esperaba otra cosa, no lo sé, pero supongo que los

Medieval Heidelberg

teleféricos son una forma más fácil de subir estas empinadas colinas.

Nuestro barco de varios pisos ofrece una gran vista de ambos lados del río. Por un lado, hay una línea de ferrocarril que abraza el río. Supongo que recorre toda la distancia, ya que algunas de las excursiones comienzan cientos de kilómetros río arriba. Creo que los recorridos deben ir en ambas direcciones y los pasajeros toman el tren de vuelta a su punto de partida.

Es hora de otra copa de vino.

Mientras espero mi copa, veo un gran comedor a bordo. Volveré aquí por algo de comer pronto. ¡De vuelta al exterior!

He estado esperando oír algo sobre el folclore local pero el personal no dice mucho. Todos están ocupados, pero he encontrado algunos folletos y material de lectura al lado del bar. Este dice que:

El río Rin goza de un rico significado oculto y metafísico que se ha conservado a través de los tiempos. Los celtas creían que el río era un lugar sagrado y el hogar de espíritus y dioses. Los romanos también veían el río como un lugar de significación divina y se construyeron muchos templos a lo largo de sus orillas. El Rin también tiene una rica historia en alquimia y magia. Se decía que el agua del río tenía propiedades curativas y muchos alquimistas la utilizaban en sus experimentos. El famoso alquimista Paracelso creía que el río Rin era la fuente de la piedra filosofal, una sustancia que podía convertir los metales comunes en oro y dar la vida eterna. Se creía que la piedra filosofal estaba escondida en algún lugar a lo largo del Rin y muchos alquimistas la buscaron a lo largo de las orillas del río.

También recuerdo haber leído que Aleister Crowley afirmaba haber sido iniciado en la Aurora Dorada por el espíritu del Rin. Se decía que Crowley veía el Rin como un lugar de poder y que utilizaba su energía en sus rituales.

Qué bonita excursión. El tiempo es precioso y estoy disfrutando con la información de estos folletos. Uno de ellos dice:

El río Rin ha sido fuente de muchos mitos y leyendas a lo largo de la historia. Los antiguos celtas creían que el río era el hogar de la diosa del Rin, que era la protectora del río y de su gente. Se decía que la diosa tenía el poder de controlar las corrientes del río y proteger a la gente del peligro.

¡Bien!

Bueno, creo que llegó la hora de tomar un tentempié. Este comedor es bastante grande, pero hay muy poca gente. El momento perfecto para evitar hacer la fila. Menú interesante, pero no como carne y la mayoría de las opciones tienen salchicha.

Mmm. Después de preguntar por una opción vegetariana, me sugirieron *spätzle*. Lo pruebo.

Mirando por la ventana, casi me he echado una siesta, pero mi camarero me ha despertado con el spätzle. ¡Vaya, esto es como macarrones con queso, pero mucho mejor! Puede que tenga mejor sabor, pero estoy seguro de que el ambiente tiene mucho que ver. Tengo que devorarme esto, tomar un vaso de vino y volver a salir para ver qué sigue. Espero ver u oír a una de las Doncellas del Rin, las tres hermosas sirenas que vivían en las profundidades del río y de las que se decía que guardaban el tesoro del Rin: ¡un inmenso tesoro de oro!

A lo largo de este río, que pasa de Suiza a través de Alemania y los Países Bajos antes de llegar al Mar del Norte, el folclore es rico. Y gran parte de él tiene que ver con Lorelei: esté

La legendaria Roca de Loreley en el río Rin

escarpado, acantilado, rocoso, se eleva más de cuatrocientos pies sobre la orilla oriental del Rin. El nombre "Lorelei" significa "roca murmurante" en alemán. Lorelei representa uno de los hitos más famosos y significativos del río y durante muchísimos años se ha asociado con poderes místicos y sobrenaturales.

Vaya, alguien se acerca con una bandeja de vino de cortesía. Ok… sólo una copa más.

Le pregunto a esta mujer tan amable con la bandeja de vino por Lorelei y me pide que le espere unos minutos. Me dirijo a la parte delantera izquierda del barco para tener una buena vista. Cámara cargada, todo listo, vino en la mano, estoy listo…

Y, ¡ahí está! La gente se abalanza a la borda para hacer fotos. Después de tomar unas cuantas, voy a quedarme aquí y ver con mis "ojos mágicos" y escuchar con mis "oídos mágicos" a ver si puedo sentirla: ¡la sirena!

Oigo una canción. No sé de dónde viene, pero tengo los ojos cerrados y no quiero abrirlos. Suena como si viniera de lejos, pero de todas direcciones a la vez. Una melodía suave, tentadora, cautivadora y seductora. Se me eriza el vello de la nuca. Necesito tiempo para escuchar…

Me fallan las palabras al intentar dar más detalles sobre la canción. Creo que es una canción continua, pero no estoy seguro. Casi me da la sensación de adentrarme en un sonido "intermedio" que no es de origen humana. Aunque no diría que el sonido me emociona, la experiencia en sí misma lo logra. Estoy muy contento de ser bendecido por el espíritu del agua.

Mientras bordeamos el río y seguimos bajando por el Rin, la canción se va apagando en la distancia, pero una nueva canción ha comenzado cuando una banda de música alemana de cuatro músicos empieza a tocar *Die Lorelei*. Me pregunto cuánto tiempo lleva la gente visitando este lugar para presenciar la gran roca que ha mantenido su misterio durante tantos años. Estoy muy agradecido por esta preciada visita y espero con impaciencia el momento en que pueda traer a otros a este recorrido fluvial y visitar a la sirena de la leyenda.

Reflexiones posteriores:

En épocas más recientes, Lorelei se ha asociado a diversos movimientos ocultistas y sociedades secretas. Algunos creen que el acantilado es un portal a otras dimensiones o que posee algún tipo de poder místico que puede aprovecharse con fines mágicos. Otros creen que Lorelei está conectada a las líneas ley que atraviesan la Tierra y que tiene un papel especial en la energía espiritual del planeta.

El significado oculto de Lorelei también se refleja en las obras de muchos escritores y artistas famosos. Por ejemplo, el escritor alemán Heinrich Heine escribió un poema sobre Lorelei en el que describía la encantadora voz cantarina de la sirena y el peligro que suponía para los marineros. El poema ha sido musicalizado por muchos compositores, entre ellos Franz Liszt y Friedrich Silcher, y sigue siendo popular hoy en día.

—ARMAND TABER

Los Cuervos de Odín

LOS CUERVOS DE ODÍN ocupan un lugar destacado en la mitología nórdica y guardan una estrecha relación con la perspicacia del dios y su influencia sobre el Destino. Representados como inteligentes, poderosos y misteriosos, desempeñan un papel importante en las historias y leyendas de la mitología nórdica. Apodado el Errante, el Engañador y el Huésped Ciego, Odín es el dios principal de los Aesir, un grupo de dioses y diosas del Norte que residen en el reino de Asgard. Odín es conocido por su sabiduría, su magia y su destreza en la batalla y a menudo se le representa con dos cuervos a su lado. Llamados Huginn y Muninn, se dice que estos cuervos son los ojos y los oídos del dios y que desempeñan un papel importante en sus historias.

El nombre de Huginn significa "pensamiento" y encarna el ingenio y la astucia de Odín. El nombre de Muninn significa "memoria" y encarna los recuerdos de Odín a lo largo de las muchas generaciones de su largo reinado sobre los dioses. Juntos, los cuervos representan el conocimiento y la sabiduría del Enmascarado, y son un símbolo de su poder e influencia. En la leyenda, Huginn y Muninn son los fieles compañeros de Odín y a menudo se les representa encaramados a sus hombros o volando sobre su cabeza. Inteligentes y sabios, los cuervos sirven como exploradores de Odín, recopilando información y llevándosela de vuelta. ¡En algunas historias tienen incluso la capacidad de cambiar de forma y adoptar la humana!

En la mitología nórdica los cuervos están asociados con la muerte y el más allá. Su función de aves carroñeras los vinculaba estrechamente al Señor de los Ahorcados: consumían los cuerpos de las víctimas sacrificadas colgadas en la arboleda sagrada de las afueras de Uppsala, y es de suponer que también lo hacían en otros lugares sagrados. También se dice que los cuervos están presentes en la muerte de los guerreros junto con las valquirias que recogen las almas de los caídos y las llevan al Valhalla: la sala de los muertos de Odín donde los guerreros heroicos viven después de la muerte.

El Todopoderoso es un dios de la sabiduría y la magia capaz de ver y modelar el futuro y, en la mitología nórdica, sus cuervos también están estrechamente ligados al Destino. Se dice que son capaces de ver el futuro por sí mismos; Huginn y Muninn son capaces de influir en los acontecimientos al igual que el Dios al que sirven.

Las obras revisadas a continuación, a nuestro entendimiento, solo están disponibles en inglés.

The Grimoire Encyclopaedia: Volumes 1 & 2: A convocation of spirits, texts, materials, and practices
David Rankine
Vol 1: ISBN-13: 978-1914166365
Vol 2: ISBN-13: 978-1914166372
Hadean Press Limited
$44.99 each

DE VEZ EN CUANDO, un autor emprende una odisea intelectual en los dominios de la sabiduría esotérica, y lo documenta territorios inexplorados. Reserve un lugar en su biblioteca, porque David Rankine ha ascendido simbólicamente a la cima del monte Sinaí, resurgiendo con dos volúmenes que son una necesidad absoluta en la colección de cualquier mago. En los volúmenes 1 y 2 de la Encyclopaedia: Volumes 1 & 2: A convocation of spirits, texts, materials, and practices le espera un valioso conjunto de resúmenes y un análisis de los seres mágicos, que abarcan 756 y 676 páginas, respectivamente. Estos tomos contienen muchísimos conocimientos indispensables que no dejarán a ningún aspirante a mago con las ganas.

En el Volumen 1, Rankine expone una serie de ponencias concisas que dan luz tanto a los caminantes novatos como a los viajeros curtidos en la senda mística. En su exposición inicial, complace al lector con una rápida exploración de la era anterior al grimorio, señalando meticulosamente los orígenes y las fuentes de este conocimiento arcano. Este significativo segmento abarca un profundo tratado sobre las enigmáticas "Jerarquías de los espíritus", un tema rara vez abordado en otras obras de esta naturaleza. Otra joya notable es el extenso análisis sobre el intrincado arte de la "Conjuración". Rankine profundiza en el ámbito de los conjuros, explorando a fondo los modos y metodologías rituales. Para concluir esta sección, ofrece amablemente una cronología exhaustiva de los textos, concediendo a los lectores una mirada al viaje evolutivo de la tradición de los grimorios a través del tiempo.

Tras sentar una sólida base para el lector, Rankine se embarca en el extenso dominio de la sección "Entradas enciclopédicas" de las 756 páginas restantes. Es aquí donde realmente brilla este inestimable tomo. Para cada entrada, Rankine ofrece detalles clave de forma meticulosa, como la fecha estimada del texto, la lengua en la que está escrito, las influencias que dieron forma a su composición, el origen del propio libro, la ubicación del segmento de tamaño máximo (MSS) y si el ritual emplea un Círculo como modus operandi. Además, incluye una lista detallada de las herramientas utilizadas y las bebidas espirituosas asociadas a cada texto, cada una con una descripción concisa pero muy informativa. Rankine concluye cada entrada ofreciendo una visión general de las lecturas esenciales, estimulando una mayor exploración y estudio.

El volumen 2 reúne una serie de apéndices elaborados meticulosamente por Rankine, que profundizan en diversos aspectos de los rituales tratados en en el volumen 1. Proveen de valiosas referencias a los manuscritos, aportando una visión más profunda. Por ejemplo, en el Apéndice II, Rankine da un inventario exhaustivo de los ingredientes del incienso, con detalles como el tipo específico de incienso, su forma de uso, su finalidad, sus atribuciones planetarias y textos que lo mencionan. Rankine va más allá al documentar diversas modalidades y elementos ritualistas, incluyendo el uso de círculos mágicos y otras prácticas pertinentes. Estos apéndices enriquecen la comprensión del lector y ofrecen un amplio recurso para una exploración más profunda.

Sólo un puñado de libros pueden clasificarse como imprescindibles en cualquier biblioteca mágica. The Grimoire Encyclopaedia: Volumes 1 & 2: A convocation of spirits, texts, materials, and practices no es una mera colección que se lee una vez y acumula polvo luego en el estante. Al contrario, es un conjunto que llevará las huellas inevitables del uso frecuente, reflejo de su carácter indispensable...

Bending the Binary; Polarity Magic in a Nonbinary World

Deborah Lipp
ISBN-13: 978-0738772622
Llewellyn Publications
$18.99

LOS TEMAS que abordan cuestiones sociales tienden a ser controvertidos, y la polaridad no es una excepción. Y aunque en muchas comunidades mágicas se han trazado firmes límites, Lipp se rehúsa a hacerlo. Bending the Binary explora la historia y aplicación práctica de la polaridad como principio oculto y tecnología mágica desde sus muchos años de experiencia y con un profundo amor por la magia, sus tradiciones, y sus personas. Sin tratar la polaridad como algo desechable y opresivo, ni como algo inamovible e irrevocablemente ligado al género sexual del cuerpo físico, Lipp esboza su amplio papel en el ocultismo y la aplicación en las tradiciones mágicas modernas, con especial atención a la asociación mágica. Enfocada en lo práctico, incluye numerosos ejercicios para quienes deseen explorar la polaridad más profundamente en sus propias prácticas. Asimismo, sugiere a lo largo del libro un diario y temas de debate para que los lectores puedan comprometerse personalmente con ideas complejas y potencialmente desafiantes.

Además de negarse a polemizar, dos características principales separan a este libro de muchos blogs sobre el tema y de otros títulos que tratan la polaridad mágica desde una perspectiva queer. En primer lugar, su profunda inmersión en la historia de la polaridad en el ocultismo, analizado desde el cabalismo, la alquimia y otras formas más antiguas de ocultismo, e interpretaciones posteriores a la Aurora Dorada y uso en las tradiciones wiccanas. En segundo lugar, y quizá lo más importante, se basa en la historia de la autora y en la evolución de sus prácticas mágicas. Habla de cómo se formó como bruja en relación con la polaridad, y de las formas en las que mantiene y adapta esa formación dentro de su aquelarre, de mayoría queer.

No todo lo que llega usted desde el pasado es un tesoro, y tampoco todo lo antiguo es obsoleto. Las tradiciones ocultistas llegan al presente a través de un filtro victoriano de marco dorado, que no siempre les hace encajar muy bien con la vida moderna de muchos ocultistas. Lipp le presenta la posibilidad de aceptar, utilizar e incluso amar ese marco sin sentir que necesita redecorar toda su casa para que combinen.

Liber Kaos
Peter Carroll
ISBN-13: 978-1578638048
Weiser Books
$18.95

LA MAGIA del Caos, también conocida como Kaos Magic, se ha hecho popular en las últimas décadas. Peter J. Carroll, figura clave en su formalización y popularización, ha contribuido notablemente a la tradición. Sus tres libros fundacionales, publicados muy seguidos, dieron forma a este movimiento a principios de los 2000.

La nueva edición de Liber Kaos, publicada treinta años después de su estreno, es un valioso recurso para los practicantes de la magia del caos. Las actualizaciones y adiciones de Carroll aportan interesantes perspectivas y mejoras.

Liber Kaos sirve de guía exhaustiva de la magia del caos, explicando sus principios y aplicaciones prácticas. El estilo de Carroll es claro, atractivo y accesible para principiantes y practicantes experimentados. Comunica hábilmente ideas complejas con precisión y claridad.

Destaca por su material adicional, que amplía el contenido original. Las propias experiencias de Carroll y la evolución de sus pensamientos aportan nuevos puntos de vista al libro. Su continua presencia en la comunidad de la Magia del Caos sigue siendo significativa.

El libro abarca diversos temas, como la teoría e historia de la magia, rituales prácticos y ejercicios. Carroll mezcla hábilmente la psicología, la física cuántica y el ocultismo tradicional, creando un sistema mágico poderoso y único. Usted explorará la magia del sigilo, el viaje astral, la invocación, la adivinación y mucho más; un conjunto de herramientas para sus viajes mágicos.

Liber Kaos se distingue por promover la experimentación personal y la creatividad dentro del marco de la magia del caos. Carroll anima a los lectores a desarrollar sus propios métodos, adaptar las técnicas existentes y explorar nuevos enfoques, empoderando a los individuos para personalizar sus caminos mágicos siguiendo sus necesidades y aspiraciones específicas.

La inclusión de ejercicios prácticos, rituales y ejemplos durante todo el libro mejora la comprensión y la práctica del material. Las instrucciones paso a paso y las reveladoras explicaciones permiten tanto a magos principiantes como avanzados embarcarse en sus experimentos mágicos con confianza.

Star Magic
Sandra Kynes
ISBN-13: 978-1-959883-00-5
Crossed Crow Books
$26.95

"...el polvo de cuyos pies son los ejércitos del cielo..." Las estrellas asombran e inspiran por igual a brujas y paganos, pero ¿cuántos contemplan maravillados el cielo nocturno con pocos recursos, aparte de la astrología, para relacionarse con las estrellas espiritualmente o trabajar con ellas mágicamente? En una edición revisada y actualizada de Crossed Crow Books, Star Magic de Sandra Kynes ofrece una guía de las estrellas y constelaciones más allá del Zodíaco.

Kynes da una visión general histórica del uso de las estrellas en la magia y pasa rápidamente a eliminar las barreras prácticas que impiden a muchos lectores trabajar con ellas. Informa sobre la lectura de los mapas estelares, y sobre la mejor forma de usar las aplicaciones que aportan información similar a la de los mapas estelares tradicionales.

Junto al apéndice que enumera las latitudes de las principales ciudades del mundo, los lectores tendrán las herramientas e información necesarias para hallar cualquier constelación o estrella que deseen mirar en el cielo nocturno. Luego guía al lector en un trabajo energético con las estrellas antes de adentrarse en el corazón del libro, que es la información detallada sobre cada constelación.

Organizado por estaciones, cuatro capítulos se centran en las estrellas visibles desde el hemisferio norte en primavera, verano, invierno y otoño, con un capítulo adicional sobre el hemisferio sur. En cada entrada está la mitología y la historia de cada constelación, así como las estrellas significativas dentro de la misma, abreviaturas utilizadas en los mapas estelares, información sobre el significado de cada estrella, usos mágicos, y sugerencias de rituales para conectar con la energía de la estrella o constelación espiritual y mágicamente. Hay varios apéndices útiles adicionales: tablas de colores de las estrellas para su uso en la magia cromática, información sobre las estrellas fijas de la magia medieval (las estrellas behenias de Agrippa) y fechas de las lluvias de meteoros.

Bien viva en el campo y observe maravillado el cielo nocturno con regularidad, o en la ciudad y desee conectarse con la energía de las constelaciones sin contaminación lumínica, con la riqueza de conocimientos y la orientación práctica de Kynes, dispondrá de todo lo necesario para convertir su contemplación de las estrellas en magia estelar.

Desde el buzón de una bruja

Esta casa ahora está limpia

¿Debo limpiar mi casa antes de hacer rituales mágicos? ¿puedes sugerir un método?-Enviado por Carey Kraus

Eso depende de algunas variables. Como practicante de magia, te conviene seguir reglas de higiene mágica. En un nivel muy básico, como mago o bruja te conviertes en una especie de faro para cualquier tipo de entidad que puede ayudar o dificultar tus iniciativas mágicas. Además, estas energías no distinguen necesariamente entre tu vida cotidiana y tu vida mágica. Como sugerencia, existen numerosas formas de limpiar tu hogar. Para una solución rápida, una fumigación con incienso y mirra será suficiente. Este sería el caso tanto de magos como de wiccanos. En un nivel más meta, harías bien en crear el hábito de una gran limpieza una vez al mes y un refuerzo rápido de fumigación cuando surja la necesidad. Será bueno que mensualmente limpie cada entrada de su casa (ventanas incluidas) con agua salada, así como el suelo de cada habitación con un producto de limpieza (agua salada, agua con una pequeña cantidad de cloro o agua perfumada son buenas opciones) y que fumigue cada habitación con un incienso purificador de su elección (incienso, mirra, enebro o salvia son buenas opciones). Hay otros métodos que también funcionan. Por ejemplo, si practicas magia ceremonial, puedes elegir hacer un Ritual de Destierro Menor o una circunambulación con los elementos en cada habitación. Si trabajas con raíces o practicas la magia popular, puedes utilizar un baño de salvia, manzanilla, lavanda y un poco de vinagre en el suelo, la puerta y las ventanas. Lo más importante es que concentres tu mente y tu cuerpo en el acto de purificar el espacio. Con el tiempo, la frecuencia de las limpiezas dependerá de la cantidad de trabajo que hayas realizado, de quién entre en tu espacio y, sobre todo, de que sigas tus instintos.

Cuando la madera es mágica

¿Cuál es el mejor árbol para extraer madera para hacer una varita? - Enviado por Arlana Hensley*La fabricación de varitas es muy específica en algunas tradiciones mágicas y no tanto en otras. Si eres nueva en tu camino y trabajas con un Aquelarre o Logia Mágica, la primera sugerencia es la obvia: consulta al líder oficiante o a los ancianos del grupo. Una vez que te hayan dado alguna orientación, pregúntales los porqués. Sin timidez. Si tu camino es solitario, tienes varias opciones.*

Muchas tradiciones de Magia Ceremonial exigen que la varita se haga con la madera de un árbol frutal, inclinándose mucho por el almendro, probablemente porque se dice que Aarón, en el Éxodo, hizo su vara del almendro. La tradición es identificar el árbol removiendo una rama apropiada. Luego se corta la rama en un solo tirón. Hay muchas formas de procesar y purificar la vara recién hecha.

Si eres pagano o wiccano, muchos utilizan el manzano, el serbal o el sauce para fabricar sus varitas. Cada uno de ellos se asocia fuertemente a las tradiciones de la Diosa. Sin embargo, no todos respetan estas reglas. En algunas tradiciones la varita se inclina con una piña de forma muy deliberada para que sea masculina. Si éste es el caso, el pino, el roble o el aliso podrían funcionar mejor.

En cualquier caso, si decides utilizar la rama de un árbol vivo, procura al menos ser respetuoso y cortés. Muchas tradiciones exigen que dejes una ofrenda como pago.

Todo es simbólico

He visto muchas fotografías de brujas y otros practicantes de magia de pie formando un círculo doble con símbolos dibujados entre los dos círculos. ¿Debería hacer esto?—Enviado por Jennifer Miller

Lo más probable es que el sabor de tus prácticas te indique cómo configurar tu espacio ritual. El círculo como espacio sagrado es común a la mayoría de las tradiciones de la Wicca. En cuanto a las prácticas paganas, algunas utilizan un círculo mágico y otras no. Si la práctica Pagana tiene sus raíces en la Wicca, lo más probable es que suscriban el uso de un Círculo como espacio sagrado. Prácticas como la pagana, la helénica, la romana o de hadas, en su mayoría, no utilizan círculos.

En cuanto al uso de un Círculo doble, teniendo en cuenta lo anterior, tienes que tomar una decisión. En muchas tradicio-nes wiccanas se utiliza un solo Círculo. Sin embargo, hay tradiciones que pueden utilizar el doble Círculo: hay algunos alejandrinos que sí utilizan el doble Círculo. Los magos ceremoniales utilizan a veces el doble círculo. En las organizaciones basadas en logias tienden a no hacerlo. Tu elección debe basarse en algo de lo anterior y debes informarte más leyendo y consultando a otros que estén en tu mismo camino.

Déjanos escucharte también a ti

Nos encanta recibir noticias de nuestros lectores. Las cartas deben incluir el nombre del autor (o sólo su nombre o iniciales), su dirección, su número de contacto diurno y su dirección de correo electrónico, si la tiene. El material publicado puede editarse por motivos de claridad o longitud. Todas las cartas y correos electrónicos pasarán a ser propiedad de he Witches' Almanac Ltd. *y no se devolverán. Debido al volumen de correspondencia, lamentamos no poder responder a todas las comunicaciones.*

The Witches' Almanac, Ltd.
P.O. Box 25239
Providence, RI 02905-7700
info@TheWitchesAlmanac.com
www.TheWitchesAlmanac.com

Los productos y servicios ofrecidos arriba son anuncios pagados.

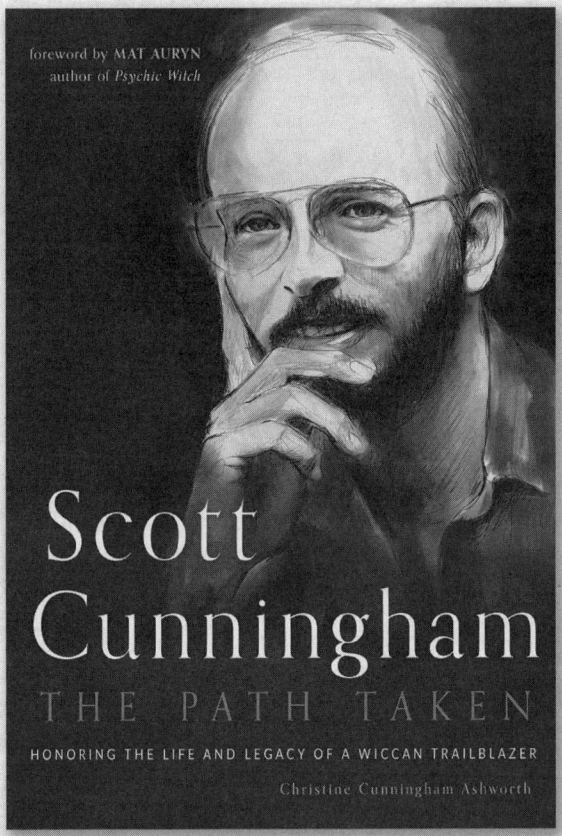

❧Mᴇʀᴄᴀᴅᴏ❧

www.AzureGreen.net Jewelry, Amulets, Incense, Oils, Herbs, Candles, Statuary, Gemstones, Ritual Items. Wholesale inquiries welcome.

Voodoo Queen specializing in removal and reversal of evil spells. Be careful of what you wish for before you call me: **678-677-1144**

Wendy Wildcraft Herbal Apothecary. Wild gifts and botanical wisdom to inspire the body, mind and spirit. **(978) 219-9453**, info@wendywildcraft.com, www.wendywildcraft.com

The Crystal Fox 311 Main Street, Laurel, MD 20707 USA. The largest new age/metaphysical gift shop in the mid-Atlantic region. Monday-Saturday 10am-9pm Sunday 11am-7pm. **(301) 317-1980**, cryfox@verizon.net, www.TheCrystalFox.biz

Los productos y servicios ofrecidos arriba son anuncios pagados.

TO: The Witches' Almanac
P.O. Box 1292, Newport, RI 02840-9998
www.TheWitchesAlmanac.com

Email (required) _____

Name_____

Address_____

City_____ State_____ Zip_____

EL MISTERIO intrínseco de la podría mantener en secreto la información que necesitamos para mantenernos en contacto. Asegúrese de que sepamos dónde se encuentra, compartiendo su nombre, correo electrónico y dirección postal. Le garantizamos que sabrá de nosotros.

The Witches' Almanac 2024
Wall Calendar

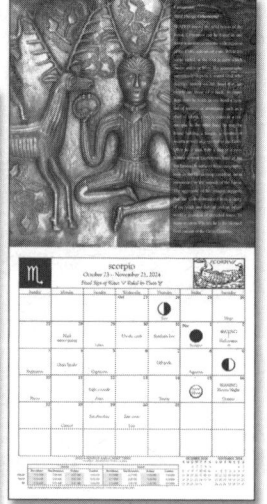

The ever popular Moon Calendar in each issue of The Witches' Almanac is a wall calendar as well. Providing the standard Moon phases, channeled actions and an expanded version of the topic featured in the Moon Calendar are now available in a full-size wall calendar.

Aradia
Gospel of the Witches
Charles Godfrey Leland

ARADIA IS THE FIRST work in English in which witch-craft is portrayed as an underground old religion, surviving in secret from ancient Pagan times.

- Used as a core text by many modern Neo-Pagans.
- Foundation material containing traditional witchcraft practices
- This special edition features appreciations by such authors as Paul Huson, Raven Grimassi, Judika Illes, Michael Howard, Christopher Penczak, Myth Woodling, Christina Oakley Harrington, Patricia Della-Piana, Jimahl di Fiosa and Donald Weiser. A beautiful and compelling work, this edition is an up to date format, while keeping the text unchanged. 172 pages $16.95

The ABC of Magic Charms
Elizabeth Pepper

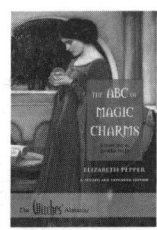

Mankind has sought protection from mysterious forces beyond mortal control. Humans have sought the help of animal, mineral, vegetable. The enlarged edition of *Magic Charms from A to Z*, guides us in calling on these forces. $12.95

The Little Book of Magical Creatures
Elizabeth Pepper and Barbara Stacy

AN UPDATE of the classic *Magical Creatures*, featuring Animals Tame, Animals Wild, Animals Fabulous—plus an added section of enchanting animal myths from other times, other places. *A must for all animal lovers.* $12.95

The Witchcraft of Dame Darrel of York
Charles Godfrey Leland, Introduction by Robert Mathiesen

A beautifully reproduced facsimile of the illuminated manuscript shedding light on the basis for a modern practice. A treasured by those practicing Pagans, as well as scholars.   Standard Hardcover $65.00 or Exclusive full leather bound, numbered and slipcased edition $145.00

DAME FORTUNE'S WHEEL TAROT: A PICTORIAL KEY
Paul Huson

Based upon Paul Huson's research in *Mystical Origins of the Tarot*, *Dame Fortune's Wheel Tarot* illustrates for the first time the earliest, traditional Tarot card interpretations as collected in the 1700s by Jean-Baptiste Alliette. In addition to detailed descriptions, full color reproductions of Huson's original designs for all 79 cards.

WITCHES ALL

A Treasury from past editions, is a collection from *The Witches' Almanac* publications of the past. Arranged by topics, the book, like the popular almanacs, is thought provoking and often spurs the reader on to a tangent leading to even greater discovery. It's perfect for study or casual reading,

GREEK GODS IN LOVE

Barbara Stacy casts a marvelously original eye on the beloved stories of Greek deities, replete with amorous oddities and escapades. We relish these tales in all their splendor and antic humor, and offer an inspired storyteller's fresh version of the old, old mythical magic.

MAGIC CHARMS FROM A TO Z

A treasury of amulets, talismans, fetishes and other lucky objects compiled by the staff of *The Witches' Almanac*. An invaluable guide for all who respond to the call of mystery and enchantment.

LOVE CHARMS

Love has many forms, many aspects. Ceremonies performed in witchcraft celebrate the joy and the blessings of love. Here is a collection of love charms to use now and ever after.

MAGICAL CREATURES

Mystic tradition grants pride of place to many members of the animal kingdom. Some share our life. Others live wild and free. Still others never lived at all, springing instead from the remarkable power of human imagination.

ANCIENT ROMAN HOLIDAYS

The glory that was Rome awaits you in Barbara Stacy's classic presentation of a festive year in Pagan times. Here are the gods and goddesses as the Romans conceived them, accompanied by the annual rites performed in their worship. Scholarly, lighthearted – a rare combination.

CELTIC TREE MAGIC

Robert Graves in *The White Goddess* writes of the significance of trees in the old Celtic lore. *Celtic Tree Magic* is an investigation of the sacred trees in the remarkable Beth-Luis-Nion alphabet and their role in folklore, poetry and mysticism.

MOON LORE

As both the largest and the brightest object in the night sky, and the only one to appear in phases, the Moon has been a rich source of myth for as long as there have been mythmakers.

MAGIC SPELLS
AND INCANTATIONS

Words have magic power. Their sound, spoken or sung, has ever been a part of mystic ritual. From ancient Egypt to the present, those who practice the art of enchantment have drawn inspiration from a treasury of thoughts and themes passed down through the ages.

LOVE FEASTS

Creating meals to share with the one you love can be a sacred ceremony in itself. With the Witch in mind, culinary adept Christine Fox offers magical menus and recipes for every month in the year.

RANDOM RECOLLECTIONS
III, IV

Pages culled from the original (no longer available) issues of *The Witches' Almanac*, published annually throughout the 1970s, are now available in a series of tasteful booklets. A treasure for those who missed us the first time around, keepsakes for those who remember.

Liber Spirituum

BEING A TRUE AND FAITHFUL REPRODUCTION OF
THE GRIMOIRE OF PAUL HUSON

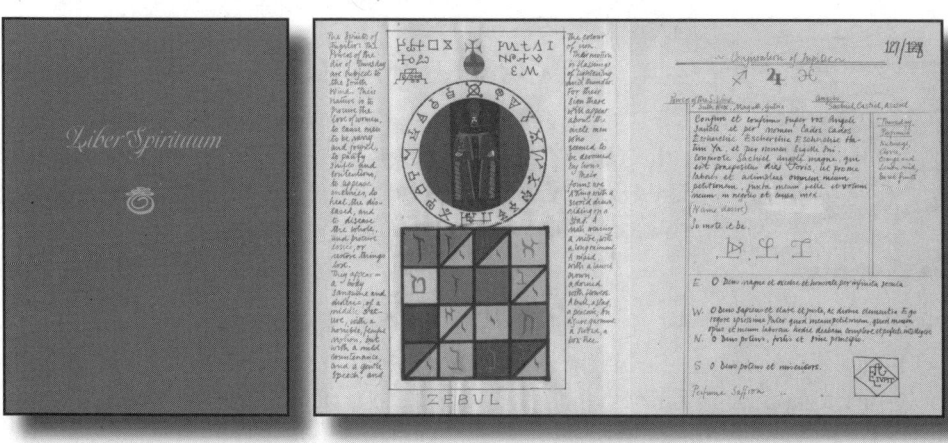

In 1966, as an apprentice mage, Paul Huson began the work of constructing his personal *Liber Spirituum* or *Book of Spirits*. The origins of his work in fact have their genesis a number of years before he took up the pen to illuminate the pages of his *Book of Spirits*. It was in his tender youth that Paul's interest in matters magical began. It was his insatiable curiosity and thirst for knowledge that would eventually lead him to knock on the doors of Dion Fortune's Society of the Inner Light in 1964, as well as studying the practices of the Hermetic Order of the Golden Dawn and the Stella Matutina under the aegis of Israel Regardie. Drawing on this wellspring of knowledge and such venerable works as the *Key of Solomon*, *The Magus*, *Heptameron*, *Three Books of Occult Philosophy* as well as others set down a unique and informed set of rituals, in addition to employing his own artistry in the creation of distinctive imagery.

Using the highest quality photographic reproduction and printing methods, Paul's personal grimoire has here been faithfully and accurately reproduced for the first time. In addition to preserving the ink quality and use of gold and silver paint, this facsimile reproduction has maintained all of Huson's corrections, including torn, pasted, missing pages and his hand drawn and renumbered folios. Preserved as well are the unique characteristics of the original grimoire paper as it has aged through the decades. In this way, the publisher has stayed true to Paul Huson's *Book of Spirits* as it was originally drawn and painted.

223 Pages
Paperback — $59.95
Hardbound in slipcase — $149.95

For further imformation visit: TheWitchesAlmanac.com

MAGIC
An Occult Primer
50 YEAR ANNIVERSARY EDITION
David Conway

The Witches' Almanac presents:

- *A clear, articulate presentation of magic in a workable format*
- *Updated text, graphics and appendices*
- *Foreword by Colin Wilson*

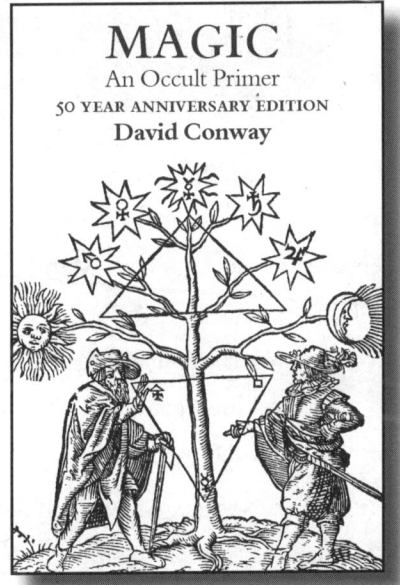

David Conway's *Magic: An Occult Primer* is a seminal work that brought magical training to the every-magician in the early 70s. David is an articulate writer presenting the mysteries in a very workable manner for the serious student. Along with the updated texts on philosophy and practical magic is a plethora of graphics that have all been redrawn, promising to be another collector's edition published by The Witches' Almanac.

384 pages — $24.95

For further information visit TheWitchesAlmanac.com

Ancient Holidays Series

INTRODUCING ANCIENT HOLIDAYS, an exhilarating new book series that immerses readers into the captivating world of ancient civilizations' spiritual calendars. Authored by the exceptionally talented Mab Borden, these books offer profound and enlightening journeys through the sacred calendars of the ancient Egyptians, Greeks, and Romans. With great excitement, we present this series, confident that it will not only provide invaluable knowledge but also kindle inspiration for our own spiritual observations.

Within each captivating title of the series, readers will delve into comprehensive explanations of the months and seasons, gaining profound insights into the significance of sacred days. Every sacred day is meticulously detailed, encompassing the deity being honored and the social and ritual activities associated with it. Additionally, each publication is enriched with information-packed appendices, which provide a wealth of knowledge, including the mapping of deity holidays to the corresponding seasons.

For futher details and to order visit us at:
TheWitchesAlmanac.com/pages/the-ancient-holiday-series

Formulario de Pedido

Cada atemporal edición de *The Witches' Almanac* es única. *Hay disponibles números limitados de ediciones de años anteriores.*

Artículo	Precio	Cant	Total
2024-2025 The Witches' Almanac – Fire: Forging Freedom	$13.95		
2023-2024 The Witches' Almanac – Earth: Origin of Chthonic Powers	$13.95		
2022-2023 The Witches' Almanac – The Moon: Transforming the Inner Spirit	$12.95		
2021-2022 The Witches' Almanac – The Sun: Rays of Hope	$12.95		
2020-2021 The Witches' Almanac – Stones: The Foundation of Earth	$12.95		
2019-2020 The Witches' Almanac – Animals: Friends & Familiars	$12.95		
2018-2019 The Witches' Almanac – The Magic of Plants	$12.95		
2017-2018 The Witches' Almanac – Water: Our Primal Source	$12.95		
2016-2017 The Witches' Almanac – Air: the Breath of Life	$12.95		
2014-2015 The Witches' Almanac – Mystic Earth	$12.95		
2013-2014 The Witches' Almanac – Wisdom of the Moon	$11.95		
2012-2013 The Witches' Almanac – Radiance of the Sun	$11.95		
2011-2012 The Witches' Almanac – Stones, Powers of Earth	$11.95		
2010-2011 The Witches' Almanac – Animals Great & Small	$11.95		
2009-2010 The Witches' Almanac – Plants & Healing Herbs	$11.95		
2008-2009 The Witches' Almanac – Divination & Prophecy	$10.95		
2007-2008 The Witches' Almanac – The Element of Water	$9.95		
1993-2006 issues of The Witches' Almanac	$10.00		
The Witches' Almanac 50 Year Anniversary Edition, paperback	$15.95		
The Witches' Almanac 50 Year Anniversary Edition, hardbound	$24.95		
2023-2024 The Witches' Almanac Wall Calendar	$14.95		
SALE: Bundle I—8 Almanac back issues (1991, 1993–1999)	$50.00		
Bundle II—10 Almanac back issues (2000–2009)	$65.00		
Bundle III—10 Almanac back issues (2010–2019)	$100.00		
Bundle IV—30 Almanac back issues (1993–2022)	$199.00		
Ancient Egyptian Holidays	$16.95		
Ancient Greek Holidays	$18.95		
Ancient Roman Holidays	$19.95		
Liber Spirituum—The Grimoire of Paul Huson, paperback	$59.95		
Liber Spirituum—The Grimoire of Paul Huson, hardbound in slipcase	$149.95		
Dame Fortune's Wheel Tarot: A Pictorial Key	$19.95		
Magic: An Occult Primer—50 Year Anniversary Edition, paperback	$24.95		
Magic: An Occult Primer—50 Year Anniversary Edition, hardbound	$29.95		
The Witches' Almanac Coloring Book	$12.00		
The Witchcraft of Dame Darrel of York, clothbound, signed and numbered, in slip case	$85.00		
The Witchcraft of Dame Darrel of York, leatherbound, signed and numbered, in slip case	$145.00		
Aradia or The Gospel of the Witches	$16.95		
The Horned Shepherd	$16.95		
The ABC of Magic Charms	$12.95		

Artículo	Precio	Cant	Total
The Little Book of Magical Creatures	$12.95		
Greek Gods in Love	$15.95		
Witches All	$13.95		
Ancient Roman Holidays (original first printing)	$9.95		
Celtic Tree Magic	$9.95		
Love Charms	$9.95		
Love Feasts	$9.95		
Magic Charms from A to Z	$12.95		
Magical Creatures	$12.95		
Magic Spells and Incantations	$12.95		
Moon Lore	$9.95		
Random Recollections Volumes III and IV	$9.95		
The Rede of the Wiccae – Hardcover	$49.95		
The Rede of the Wiccae – Softcover	$22.95		
Keepers of the Flame	$20.95		
Sounds of Infinity	$24.95		
The Magic of Herbs	$24.95		
Harry M. Hyatt's Works on Hoodoo and Folklore: A Full Reprint in 13 Volumes (including audio download) *Hoodoo—Conjuration—Witchcraft—Rootwork*	$1,400.00		
Single volumes are also available starting at	$120.0		
Subtotal			
Tax *(7% sales tax for RI customers)*			
Shipping & Handling *(See shipping rates section)*			
TOTAL			

VARIOS			
Artículo	Precio	CANT.	Total
Colofón de plata de ley	$35.00		
Bolso	$3.95		
Bufanda calavera	$20.00		
Sudadera con capucha, negra	$30.00		
Sudadera con capucha, roja	$30.00		
Camiseta de manga L, negra	$15.00		
Camiseta de manga L, roja	$15.00		
Camiseta de manga S, negra/W	$15.00		
Camiseta de manga S, negro/R	$15.00		
Manga S T, Dk H/R	$15.00		

VARIOS			
Artículo	Precio	CANT.	Total
Manga S T, Dk H/W	$15.00		
Camiseta de manga S, Rojo/B	$15.00		
Camiseta de manga S, Fresno/R	$15.00		
Camiseta de manga S, morada/W	$15.00		
Imanes – juego de 3	$1.50		
Subtotal			
Tax *(7% de impuesto sobre las ventas para los clientes de RI)*			
Shipping and Handling *(Consulte la sección de tarifas de envío)*			
Total			

Pago disponible por cheque o giro postal pagadero en fondos de EE.UU. o tarjeta de crédito o PayPal

The Witches Almanac, Ltd., PO Box 25239, Providence, RI 02905-7700

(401) 847-3388 (teléfono) • (888) 897-3388 (fax)
Correo electrónico: info@TheWitchesAlmanac.com • www.TheWitchesAlmanac.com